本书是国家社科基金青年项目"旧石器时代旧大陆东西方人类技术比较研究"（16CKG004）最终研究成果

中西比较视野下旧石器时代石器技术演化研究

陈宥成　著

科　学　出　版　社

北　京

内 容 简 介

本书从中西比较视角考察旧石器时代石器技术的演化历程，研究地域聚焦非洲、欧洲、西亚、南亚和东亚，从早期石核-石片技术、阿舍利技术、勒瓦娄哇技术、发展的石核-石片技术、石叶技术、修背细石器技术、细石叶技术、小型两面器、研磨石器和磨刃石器等多个方面开展比较研究。本书揭示出旧石器时代旧大陆"多元一体"的石器技术演化格局，并从技术创新、文化传播、生态适应与社会边界机制探讨了旧大陆"多元一体"技术格局的形成原因，从而更加深入地理解东亚旧石器时代石器技术的演化历程。

本书适合从事考古、历史、文博等方面的专家、学者和相关专业院校的师生阅读和参考。

图书在版编目（CIP）数据

中西比较视野下旧石器时代石器技术演化研究 / 陈宥成著. —北京：科学出版社，2023.6
ISBN 978-7-03-075676-3

Ⅰ．①中… Ⅱ．①陈… Ⅲ．①旧石器时代考古—研究—中国
Ⅳ．①K871.114

中国版本图书馆CIP数据核字（2023）第102171号

责任编辑：王琳玮 / 责任校对：邹慧卿
责任印制：肖 兴 / 封面设计：金舵手世纪

科 学 出 版 社 出版
北京东黄城根北街 16 号
邮政编码：100717
http://www.sciencep.com

北京厚诚则铭印刷科技有限公司印刷
科学出版社发行 各地新华书店经销
*
2023年6月第 一 版 开本：787×1092 1/16
2024年1月第二次印刷 印张：16
字数：400 000
定价：198.00元

（如有印装质量问题，我社负责调换）

内 容 概 要

本书主要从中西比较视角考察旧石器时代石器技术的演化历程，从早期石核-石片技术、阿舍利技术、勒瓦娄哇技术、发展的石核-石片技术、石叶技术、修背细石器技术、细石叶技术、小型两面器、研磨石器和磨刃石器等多个方面开展比较研究。本书的关注区域涵盖非洲、欧洲、西亚、南亚和东亚等地区，试图通过比较研究更加全面地理解世界格局下石器技术的演化进程，从而更加深入地理解东亚史前石器技术的演化机制。

在比较研究基础上，本书提出旧石器时代旧大陆存在"多元一体"的石器技术演化格局。所谓"一体"，主要体现在旧大陆不同地区石器技术演化之间的关联性。不同地区之间存在多个相同的石器技术因素，这些石器技术的先后出现序列基本一致，并且存在统一的内在逻辑关联。阿舍利技术显示出与石核-石片技术中两面剥片石核的技术关联。勒瓦娄哇技术与阿舍利工业中等级化两面体石核技术具有技术关系。早期石叶技术与早期勒瓦娄哇技术关系密切。小石叶技术是由石叶技术发展而来，细石叶技术可以看作是石叶与小石叶技术在某些地区的特化现象。

所谓"多元"，主要体现在某种石器技术在旧大陆不同地区出现时间、延续时间和出现频率等方面的差异性与多样性。就出现时间而言，现有考古资料显示，大多重要石器技术在非洲的出现时间远远早于非洲以外的其他地区，但磨刃石器技术在旧大陆东侧的出现时间早于旧大陆西侧。就延续时间和出现频率而言，石核-石片技术在我国的延续时间更长且出现频率更高。阿舍利技术、勒瓦娄哇技术与石叶技术等在我国的出现频率均低于西方，但细石叶技术在我国北方的出现频率高于旧大陆西部。此外，任何某种石器技术在某地区都存在独特的演化与适应历程，这种历程在某个具体时段内的变化是灵活多变的。相同石器工业在不同地区的具体演化轨迹不存在绝对的对应关系。

本书指出旧石器时代旧大陆"多元一体"技术格局的形成机制。技术创新如同生物基因变异是一个随机现象，我们无法计算并推测某种新兴石器技术的出现节点。现有资料显示旧大陆大多重要石器技术首先出现在非洲，这一方面表明早期人类在非洲拥有相对较大的适应压力，包括人口压力和资源环境压力等；另一方面表明非洲早期人类拥有更具优势的技术禀赋基础。旧石器时代狩猎采集人群人口密度低，不同群体的接触频率相对较低，石器技术知识的传播首先是在人群内部传递的，并且往往长期保持稳定。旧石器时代石器技术的变化往往伴随着相对大规模人群的迁徙、更替和互动。

　　本书认为，当某个狩猎采集人群有条件接触和学习到某种外来技术，同时认为外来技术具有明显适应优势时，为了增强适合度会积极学习新的石器技术。但有时人群在接触的过程中认为石器技术差异不足以改变他们对自己器物风格的坚持，不同人群在一定时段内的适度社会-生态压力下都坚守了自身的社会边界。世界不同地区史前狩猎采集者开发利用了多种不同的石器技术，这些石器技术就工艺设计层面而言有简单与复杂之分，但对于史前人类演化适应而言需要针对具体的情境具体分析究竟何种石器技术可以最佳地提高适合度。世界不同地区成功延续的史前狩猎采集者所采用的石器技术都是成功的技术策略。

　　自早期石核-石片技术伴随早期人类迁徙进入东亚之后，东亚地区长期延续石核-石片技术传统，表明石核-石片技术在相当长时段内很好地适应了东亚地区社会-生态环境。新兴石器技术虽然在不同情境下不同程度地扩散至东亚地区，但始终未能完全取代东亚史前狩猎采集人群的石核-石片技术传统。这些历史过程证明了东亚人群演化的相对连续性以及旧大陆人类适应策略的多样性。

Abstract

This book examines the evolution of lithic technology in the Paleolithic period from the comparative perspective between the east and west of the Old World. The lithic technology investigated in this book includes early core-and-flake technology, Acheulian technology, Levallois technology, developed core-and-flake technology, blade technology, backed microlithic technology, microblade technology, small bifacial tools, grinding stone tools, and edge-ground tools, etc. The research area focused here covers Africa, Europe, West Asia, South Asia, and East Asia, etc. It attempts to understand the evolutionary process of lithic technology in the world more comprehensively and further understand the evolutionary mechanism of prehistoric lithic technology in East Asia through comparative study.

Based on the comparative study, this book proposes the 'pluralistic unity' evolution pattern existing in the Paleolithic period of the Old World. The 'unity' is mainly reflected in the correlation between the evolution of lithic technology in different regions of the Old World. There are many same lithic technology factors in different regions, the emergence sequence of which is basically the same, and they share the unified internal logical correlations. The Acheulian technology shows a technological connection with the bifacial core in the core-and-flake technology. The Levallois technology has a technological correlation with the bifacial hierarchical core in the Acheulian industry. The early blade technology has a close technological affinity with the early Levallois technology. The bladelet technology is a later form of blade technology and the microblade can be viewed as the specialization of blade and bladelet in certain regions.

The 'pluralism' is mainly reflected in the differences and diversity of the appearance, duration, and frequency of a certain lithic technology in different areas of the Old World. In terms of appearing time, the available archaeological data show that most important lithic technology appeared in Africa much earlier than in other areas outside Africa, but edge-ground tools appeared in the eastern side of the Old World earlier than in the western side. In terms of duration and frequency of occurrence, the core-and-flake technology has a longer duration and a higher frequency of occurrence in China. The occurrence frequency of the Acheulian technology, Levallois technology, and blade technology, etc. is lower than that in the West, but the occurrence frequency of microblade technology in north China is higher than that in the west of the Old World.

In addition, any kind of lithic technology has a unique evolution and adaptation process in a certain area, which is flexible and changeable in a specific period. There is no absolute correspondence between the evolution of the same lithic technology in different areas.

This study points out the formation mechanism of the technological pattern of 'pluralistic unity' in the Old World during the Paleolithic period. Technological innovation, like genetic variation, is a random phenomenon, and we cannot calculate and predict the timing of the emergence of new lithic technology. Existing data show that most important lithic technology in the Old World first appeared in Africa, which on the one hand indicates that the early human populations in Africa had relatively large adaptation pressure, including population pressure and resource pressure, and on the other hand indicates that early human populations in Africa had more advantageous technological endowment foundation. The population density of paleolithic hunter-gatherers was low, and contact frequency between different groups was relatively low. The spread of knowledge of lithic technology was first transmitted within the groups and tended to remain stable over time. The changes of lithic technology during the Paleolithic period were often accompanied by migration, replacement, and interaction of relatively large numbers of people.

This book observes that when a hunter-gatherer population has access to and learns an exotic technology and believes that the new technology has obvious adaptive advantages, they will actively learn the new lithic technology in order to enhance fitness. However, sometimes people think that the differences in stone tools are not enough to change their insistence on their own style in the process of contact, and different groups adhere to their own social boundaries under moderate socio-ecological pressure in a certain period of time. Prehistoric hunter-gatherers in different parts of the world have developed and utilized a variety of different stone tools. These tools can be simple or complex in terms of technological design, but for the evolutionary adaptation of prehistoric humans, it is necessary to analyze which stone tools can best improve the fitness of specific situations. Lithic technologies used by successful prehistoric hunter-gatherers in different parts of the world are all successful technological strategies.

Since the early core-and-flake technology entered into East Asia with the migration of early hominins, the tradition of core-and-flake technology has been continued in East Asia for a long time, indicating that this technology has been well adapted to the socio-ecological environment in East Asia for a long time. Although the new lithic technologies have spread to East Asia in different contexts, they have not completely replaced the core-and-flake technology tradition of prehistoric hunter-gatherers in East Asia. These historical processes demonstrate the relative continuity of east Asian population evolution and the diversity of human adaptation strategies in the Old World.

序　言

中西比较视野下的旧石器时代石器技术演化，从全球角度对东西方旧石器时代石器技术的发展进行比较研究，是一件学术意义十分重要也很迫切需要完成的课题。该书作者在攻读博士学位及随后工作期间，一直没有停止对此问题的思考探索，相继完成过多篇论文。该课题2016年获得国家社科基金立项资助。前段时间得知经过作者几年努力，"中西比较视野下旧石器时代石器技术演化研究"项目已经完成。现在看到这部准备交付出版的书稿，虽有些意外，但更感到欣慰。意外和欣慰都是因为作者在很有限的时间内能够完成这件重要的工作。

从1920年第一件出自黄土地层的石制品被发现算起，中国旧石器时代考古已经有超过百年的历史。百年来几代学者对中国境内发现的旧石器遗存的技术特点及形成机制的探讨，一直是旧石器考古学科的基础工作。早在20世纪70年代，即有学者指出以不规则形石片为毛坯加工石器是中国旧石器的突出特点。差不多同时，"华北旧石器两大系统"的假说也正式提出。到20世纪90年代，随着南北方各地的旧石器发现迅速增加，中国旧石器南北"二元结构"的认识也逐渐形成并发表。这些对中国境内已发现旧石器特点的探讨与总结，都还是在本地区材料的研究基础上进行。近年来，随着中国旧石器考古研究的不断深入，将中国境内的发现放到东亚乃至全球范围内的讨论研究则逐渐增多，标志着学科发展迈入新阶段。作者刚刚完成的这部新作，也正是这些努力的一部分。

与以往研究相比，这项成果的不同之处是以全球视野对中西方石器技术进行全面分析研究。该书首先系统总结石器技术研究的最新理论与方法，并以此为基础展开本课题的深入研究。这项成果另一值得称道之处，是很全面地搜集了到目前为止旧大陆西方与中国境内已经发现的旧石器时代石器技术材料，资料数据翔实可靠，研究工作也很扎实。在此基础上，对中西石器技术发展的整体脉络与区域性不同特点进行全面总结与讨论，为认识中西远古人类文化发展历史及相互关系提供了新的理论框架与资料基础。尤其是该书对中西旧石器时代石器技术"多元一体"发展特点的阐释，更为系统认识旧石器技术与中国境内远古人类文化发展历史提供了一个非常重要的新视角。

这部新作除去绪论和讨论与结语两部分，主体部分有八章，从早期石核-石片技术开始，依次有阿舍利、勒瓦娄哇、石叶、细石叶乃至早期磨制石器等旧大陆各地旧石器时代常见石器技术类型的讨论。与以往的划分不同，该书将晚期石核-石片技术和小型两面器技术单独列出，进行专门探讨。从正文的系统讨论，到引证的大量参考文献，均可见作者的用心与努力。对石核-石片技术两阶段的划分，反映了作者对近年来中国旧石器技术研究进展的把握。更新世不同时段中国境内的石器技术，也远非可以用石器技术模式一，即简单石核-石片技术所能概括。从早期石核-石片到晚期石核-石片技术的发展，正是中国旧石器技术复杂性与多样性的反映。小型两面器的专门讨论，也更清楚地反映了两面器技术在不同时代与地区的区别与联系。尤为重要的是，作者强调小型两面器在晚更新世，特别是晚更新世晚期人类迁徙与扩散，以及生态适应等功能作用，为研究者提供了将功能适应与文化史两个研究范式结合起来的实践案例。

　　通读这部新作，最重要的感受还是作者与已往研究明显有别的观察角度。该书是通过中西方比较视野，来系统梳理分析中国与旧大陆西侧旧石器技术的发展历程。无论是20世纪40年代就开始讨论的莫维斯线，还是近年来相继提出的现代人扩散北线与南线，以及中国境内的勒瓦娄哇技术等问题，实际上都涉及如何对旧大陆两边石器技术的发展历史进行系统阐释。现在这部新作的面世，无疑会为上述问题的讨论展示了一个非常重要的新方向。具体石器技术的特点与演化路径的研究虽然也十分重要，但如果缺乏系统分析，则还是很难从整体上把握中西旧石器技术发展特点的联系与区别。前述中西方学者长期争论的多个问题，无论是莫维斯线存在与否，还是莫斯特-勒瓦娄哇技术的真伪等，都长期难以取得共识的一个重要原因，也正是如此。相信这部新作系统展示的中西旧石器技术发展的时空特点，会更有助于我们对中国境内旧石器文化发展路径，以及旧大陆两侧远古人类演化与旧石器文化关系等问题的深入探讨。

　　这项国家社科基金结项成果即将出版面世的时间，恰逢中国考古学的百年诞辰。在中国考古学迈入新百年之际，追溯中国境内远古人类文化基因的形成与发展线索，探讨中华文明起源的根系，正在成为摆在中国考古学者，尤其是旧石器时代考古工作者面前的最重要的课题。这部新作的出版，无论是其展示中西比较视角下对旧大陆两侧旧石器时代石器技术进行综合研究的努力方向，还是经过全面梳理与系统分析所提供的世界各地旧石器文化与技术发展框架与演化历史，都为史前考古学，以及古人类学、第四纪地质学、历史学等众多相关学科的研究者与学生带来诸多助益。无论是对文化历史，还是功能适应两个不同研究范式拥趸者，石器技术都是最基本的研究内容。对于史前史的研究者来说，保存在不同时代与地区石制品所展现的石器技术，更可以视作早期人类遗留的文化基因。对中国境内与旧大陆西侧旧石器时代石器技术的复原与追溯，正是捕捉远古人类的文化基因，探寻中华文明远古根系的需要。因此，这部新作的出版正可谓恰逢其时，为读者熟悉了解远古人类历史打开一扇新窗口，更为研究者提供了旧石器技术分析的重要参考资料。

王幼平

2021年11月

目 录

第一章 绪 论

一、引 言

　　早期人类技术是人类适应自然与社会的重要行为方式，同时是人类能够在第四纪逐步迈向食物链顶端的关键因素。与自然界其他动物使用的技术相比，早期人类技术具有更高的复杂性、计划性和传承性。早期人类技术伴随人类远距离迁徙扩散，在世界不同地区不同人群中广为使用，在不同人群内部和人群之间存在着多样化的传播途径，并形成多样化和复杂性技术网络。世界不同地区考古学和人类学证据显示，在农业出现之前，远古人类技术已经在石器、骨角器、竹木器、陶器等工具制作领域，以及狩猎、采集、用火、编织、建筑等技术领域达到相当高程度的知识积累和实操技能，并在音乐、绘画、雕塑、装饰等艺术领域形成行为现代性，为人类技术与社会随后的进一步复杂化奠定重要基础。

　　与其他加工处理动植物有机质材料的技术不同，早期人类石器技术的产品可以在古代人类遗址中得到更好地保存。目前，世界不同地区均发现了相当数量的史前时期的打制石器。打制石器广布非洲、亚洲、欧洲、大洋洲、美洲等几乎所有当代人类生活的地区，包括北欧、西伯利亚、东北亚、阿拉斯加等寒冷的高纬度地区，也包括以青藏高原、埃塞俄比亚高原等为代表的低温、缺氧的高海拔地区。目前考古发现的全世界最早的打制石器的年代超过距今三百万年，此后数百万年的时间范围内狩猎采集人群保持了浓厚的打制石器的文化传统，并且积极利用石器工具开拓新的环境。更新世晚期打制石器技术伴随现代人的迁徙扩散至新大陆。更新世末期至全新世早期，西亚和东亚等地区人群出现了从狩猎采集经济向农业经济的过渡，人群流动性降低并向定居发展，但是打制石器行为并没有终止，而是在不同地区得到了不同程度的延续。全新世时期，我国南北方地区新石器时代文化和中美洲玛雅文明等均存在大量的打制石器。

　　打制石器不但广为存在，而且蕴含了关于早期人类的丰富的技术、文化、认知和适应信息，可以归纳为如下几个方面。第一，年代信息。19世纪末至20世纪上半叶考古学家往往根据石器类型学判定遗址的相对年代，手斧对应于旧石器时代早期，勒瓦娄哇技术对应于旧石器时代中期，石叶技术对应于旧石器时代晚期[①]；20世纪下半叶以来虽然各种科学测年技术得到快速发展，学者们也逐渐意识到石器技术类型与绝对年

---

① 　Bordes F. *The Old Stone Age*. New York: McGraw-Hill Book Company, 1968: 51-240.

代之间并非存在绝对的对应关系，但是石器技术类型学仍然是考古学家在没有测年条件或测年材料时探究年代的重要手段。第二，认知信息。打制石器往往被学者们称为人类的"思想化石"。不同的打制石器蕴含了不同复杂程度的剥片技术和操作程序①。最早期人类的打制石器技术往往体现出简单特点或原始性，随后人类石器技术发展与大脑演化呈现出较为密切的相关性②。当早期人类对石器技术的认知能力发展到一定程度时，考古学家可以根据不同的打制石器技术探索石器组合所反映的多样化认知特征。第三，人群信息。从事石器技术研究的学者往往认为，不同结构的石核是不同的剥片策略的体现，并且可以进一步反映不同人群的剥片行为。而相似的器物样式可能反映共享的文化知识、共同的社会系统和人群身份③。如在东亚地区晚更新世时期，石核-石片技术往往被认为是东亚本土人群的传统，而勒瓦娄哇技术、石叶技术和细石叶等则很可能代表了外来人群④。第四，行为信息。过程考古学家认为文化是人类的体外适应方式，不同的石器技术是人类适应不同资源环境的不同方式。如东亚地区旧石器时代晚期的石叶和细石叶技术被一些学者认为是狩猎者应对末次冰期环境恶化的适应性行为，石叶与细石叶技术的小型标准化产品更便于携带和维护，是人群提高流动性适应如生态交错带等不确定环境的产物⑤。

正因为上述打制石器的广泛存在和研究价值，所以它在旧石器时代考古中备受关注，始终处于研究的核心地位。不了解打制石器技术的演化机制，就不可能对旧石器时代人类行为和文化的演化有深入的理解。

二、研究背景与选题意义

20世纪以来中国旧石器时代考古百年历程发现了较为丰富的遗址和石制品，同时已经建立起了较为完备的文化发展框架，并在此基础之上对中西石器技术进行了广泛而深入的比较研究。

---

① Bar-Yosef O. Chinese Paleolithic challenges for interpretations of Paleolithic archaeology. *Anthropologie*, 2015, 53: 77-92.

② Klein R. G. Archaeology and the evolution of human behavior. *Evolutionary Anthropology*, 2000, 9 (1): 17-36.

③ Foley R., Lahr M. M. Mode 3 technologies and the evolution of modern humans. *Cambridge Archaeological Journal*, 1997, 7 (1): 3-36.

④ 高星、裴树文：《中国古人类石器技术与生存模式的考古学阐释》，《第四纪研究》2006年第4期。

⑤ 陈胜前：《细石叶工艺的起源———一个理论与生态的视角》，《考古学研究（七）》，北京：科学出版社，2008年，第244—264页。

关于中国境内旧石器文化的认识，1972年贾兰坡先生等提出"华北两大系统说"，认为华北旧石器时代文化的发展至少存在两个系统，分别是"匼河-丁村系"和"周口店第1地点-峙峪系"，前者为"大石片砍砸器-三棱大尖状器传统"，后者为"刮削器-雕刻器传统"①。1990年张森水先生提出"中国北方旧石器工业的区域渐进与文化交流"体系，认为中国北方地区以小石器工业为区域特点，在旧石器时代早期和中期发展缓慢，在旧石器时代晚期通过与邻近地区的文化交流改变了石器工业格局②。1999年张森水先生提出"中国旧石器工业南北二元结构"，指出北方主工业为小型石片石器，南方主工业为大型砾石石器③。1999年高星先生提出关于"中国旧石器时代中期"的探讨，认为中国旧石器时代考古学应摒弃传统的三期断代模式，使用早、晚两期划分方法，早期涵盖整个晚更新世晚期之前的阶段，晚期为晚更新世晚期④。2005年王幼平先生对中国远古人类文化源流进行了更为详细的分期与分区研究，将我国旧石器文化分为早更新世、中更新世、晚更新世早中期和晚更新世晚期文化等阶段，并探讨了自然地理因素、更新世气候变化及石器原料因素等对古人类文化发展的影响⑤。

关于中西方旧石器文化比较研究，1996年林圣龙先生指出中西方旧石器技术模式间存在着明显的二分现象，中国最早的旧石器文化可能是外来的，但是很快就自成为连续而独立发展的一支，虽然在较晚的时候可能与外界有局部的文化交流，但是在整个发展过程中似乎没有发生过大规模的文化替代现象⑥。2003年王幼平先生提出"青藏高原隆起与东亚旧石器文化的发展"的理论框架，认为旧大陆的东西跨度很大，其西侧是非洲、西亚和欧洲，东侧是东亚等，其间有中亚沙漠、青藏高原等地理屏障，这些因素为人类的演化提供了复杂的地理格局，造成旧大陆东西方人类文化较为长期的分异⑦。2006年高星与裴树文先生提出了"中国古人类综合行为模式"，认为我国古人类在行为演化上具有连续性、稳定性、高频迁徙性、务实简便性、灵活机动性、因地制宜性和与环境的和谐性，东亚人类对石器的加工具有简单、随意的特点，与西方存在显著不同⑧。2009年黄慰文先生等指出中国旧石器文化中存在成序列的"西方元素"，包括阿舍利工业-莫斯特工业-石叶工业等，旧大陆两侧的旧石器文化难分东西，旧石器文化是早期人类在进化过程中应对全球气候波动和环境变化而反复进行的

① 贾兰坡、盖培、尤玉柱：《山西峙峪旧石器时代遗址发掘报告》，《考古学报》1972年第1期。

② 张森水：《中国北方旧石器工业的区域渐进与文化交流》，《人类学学报》1990年第4期。

③ 张森水：《管窥新中国旧石器考古学的重大发展》，《人类学学报》1999年第3期。

④ 高星：《关于"中国旧石器时代中期"的探讨》，《人类学学报》1999年第1期。

⑤ 王幼平：《中国远古人类文化的源流》，科学出版社，2005年，第1—333页。

⑥ 林圣龙：《中西方旧石器文化中的技术模式的比较》，《人类学学报》1996年第1期。

⑦ 王幼平：《青藏高原隆起与东亚旧石器文化的发展》，《人类学学报》2003年第3期。

⑧ 高星、裴树文：《中国古人类石器技术与生存模式的考古学阐释》，《第四纪研究》2006年第4期。

横贯大陆的双向迁移、交流与融合的结果[①]。2017年李锋先生提出中国史前石器技术的多样性，不应仅借用西方技术模式体系套用中国考古材料[②]。2018年李锋与高星先生认为中国的早期现代人可能有三个主要源头，由石核-石片技术体系代表的中国本土人类，由IUP技术体系代表的走出非洲沿欧亚大陆北部扩散的现代人，由中国南方具有预制技术特征的石器技术系统代表的走出非洲沿欧亚大陆南部扩散的现代人[③]。2018年李浩先生指出我国晚更新世石器技术的多样性和复杂性，包括以手斧、手镐和薄刃斧等大型工具为特色的阿舍利技术体系，以盘状石核和各类小型工具为特征的小型石片石器技术体系，以勒瓦娄哇石核为特点的莫斯特技术体系等，认为至少在晚更新世早期阶段我国至少部分地区可能已经进入旧石器时代中期阶段[④]。

当前，西方旧石器考古学者主体关注的焦点仍然是旧大陆西侧的非洲、西亚和欧洲地区，基于大量旧石器考古材料构建了更为精细的不同时期人群及其技术文化起源与扩散的图景。相比之下，国际学术界对旧大陆东侧旧石器考古材料的关注度较低，仅有少数学者持续关注并多次实地考察我国旧石器遗址及出土材料，以2012年和2015年Ofer Bar-Yosef的研究成果为代表，指出中国旧石器时代存在西方阿舍利等技术遗存[⑤]，但中国石核-石片工业的教授-学习传统的长期延续与西方形成鲜明对比[⑥]。

数十年来，我国旧石器时代考古学者以极大的热忱投身于石器技术研究，一方面对我国旧石器时代石器技术的分区、分期认识不断深入，认识到东亚史前打制石器技术的多样性与复杂性；另一方面认识到中西方石器技术之间关系的复杂性，并将石器技术研究与人类演化特别是现代人起源问题关联起来，积极参与国际重大学术问题争论。已有研究显示，迄今为止，对于定居和农业出现之前的漫长的旧石器时代，打制石器是研究史前狩猎采集人群历史最丰富，也是蕴含信息量最大的文化遗存，是我国旧石器时代考古研究中最为热门的研究领域。打制石器是人类数百万年童年时期的重要历史见证，记录了人类思想和文化的演化与传播过程，同时也记录了早期人类在不断迁徙扩散过程中适应新的自然环境和在第四纪期间应对不断波动变化气候环境的生态适应过程。

学者们已经注意到我国史前石器工业面貌与旧大陆西部石器工业存在着复杂而微

---

① 黄慰文、侯亚梅、高立红：《中国旧石器文化的"西方元素"与早期人类文化进化格局》，《人类学学报》2009年第1期。

② 李锋：《克拉克的"技术模式"与中国旧石器技术演化研究》，《考古》2017年第9期。

③ 李锋、高星：《东亚现代人来源的考古学思考：证据与解释》，《人类学学报》2018年第2期。

④ 李浩：《中国旧石器时代早、中期石器技术多样性研究的新进展》，《人类学学报》2018年第4期。

⑤ Bar-Yosef O., Wang Y. P. Paleolithic archaeology in China. *Annual Review of Anthropology*, 2012, 41: 319-335.

⑥ Bar-Yosef O. Chinese Paleolithic challenges for interpretations of Palaeolithic archaeology. *Anthropologie*, 2015, 53 (1-2): 77-92.

妙的关系。人类的起源、迁徙与扩散是一个全球化的问题。多年来积累的考古证据显示,早期人类最早出现在非洲,随后扩散至欧亚大陆,并在晚更新世扩散至大洋洲和美洲。大河河谷、沿海平原、开阔草原和众多海峡等很可能是早期人类迁徙扩散的重要通道,旧石器时代人类的足迹已经遍布世界各地。考古证据显示这种迁徙与扩散不是一次性事件,而是一个时断时续、反反复复、积少成多的过程,这种迁徙扩散直接促使了人群之间的碰撞与融合,也促使了人类石器技术的交流与更替。旧石器时代是人类最早期的全球化时代。因此,我们探讨东亚人类演化与石器技术演化,不能脱离非洲、西亚、南亚和欧洲等国外地区的考古材料。

就国外地区而言,欧洲、西亚和非洲的旧石器时代考古由于起步较早,积累了丰富的石器资料,与这些地区的比较研究,可以帮助我们更深入地认识我国的史前石器技术,进一步厘清我国史前石器技术出现与演化的背景与相关机制。并且近年来,国外仍不断有新的考古材料与相应研究成果涌现,这些新的出土材料也在不断更新国际学术界对西方旧石器时代石器技术的认识,也促使我国学者在进行石器研究过程中不断吸纳国外新出土考古材料及相应研究成果。

就国内而言,近20年来旧石器时代田野考古的规模和研究成果的发表数量进入高速发展阶段,在早更新世时期泥河湾盆地地核-石片工业和百色盆地阿舍利工业、中更新世至晚更新世早期秦岭地区石核-石片工业和阿舍利工业、晚更新世中晚期我国北方地区莫斯特工业、石叶工业和细石叶工业等领域均有较大进展。这些新发现促使我们及时从最新的研究视野出发,探讨全球背景下我国史前人类技术的演化机制。我们需要进一步梳理中西石器技术之间的相似性与差异性,并且进一步探索早期人类文化相似性与差异性出现的原因。这对于我们探究早期人类演化与适应问题具有重要学术意义,同时也对我们深入理解中国和中国史前文化具有重要学术价值,由此进一步为历史时期与当代东西方文化交流与互动研究提供一定的借鉴和参考。

基于上述认识,本书将主要从旧大陆中西比较视角考察旧石器时代石器技术的演化历程。具体而言,本书将重点关注旧石器时代狩猎采集者打制石器技术,个别章节会涉及新石器时代早期或中石器时代人群石器技术。就研究区域而言,本书一方面以旧大陆东部我国考古材料为关注重点,另一方面是以旧大陆西部非洲、西亚、欧洲和南亚的考古资料为关注重点,试图通过比较研究更加全面地理解世界格局下石器技术的演化进程,从而更加深入地理解东亚史前石器技术的演化机制。

三、理论基础

(一)文化传播与人群迁徙

19世纪下半叶,在考古学发展初期,学者们已经开始利用文化间迁徙接触的概念来解释文化与行为的变化。20世纪上半叶博厄斯学派的历史特殊主义认为，文化传播而非人群迁徙，是影响文化变化的主要动力[①]。20世纪上半叶，早期文化传播理论逐渐成熟，学者们利用地层学和类型学研究不同类型遗存的空间分布特征和不同地区之间的文化交流，将文化历史考古学推向深入。20世纪50年代开始，放射性测年技术逐渐应用于考古学，绝对测年法增加了年代学研究的准确度，为文化传播研究提供了更有力的技术支持，学者们有机会在跨地区和跨文化之间探讨更大时空视野下的文化传播方向与路线。20世纪后半叶，我国考古学者通过多年努力，运用地层学、类型学和文化因素分析法等逐渐建立了史前时期和历史时期的文化编年谱系，在此基础上运用文化传播理论探讨了大量的区域性的文化交流案例。

20世纪60年代，早期文化传播理论开始受到新考古学的质疑，新考古学认为考古学家无法区分遗存之间的相似性究竟是同源性（homologous）还是类比性（analogous）。因此，新考古学家开始关注器物的类比性（因功能相同而相似）而不是同源性[②]。新考古学家把文化作为"人类的体外适应"来研究[③]，通过实际研究有可能证明，一个特定的人工制品形式对一个特定的工作比另一种形式在消耗的能量、花费的时间或消耗的原材料方面更合适或更有效。过程考古学家追求的是文化过程的普遍原理，进而拒绝基于传播和迁徙的"特殊主义"解释，这导致过程考古学家缺乏对人口迁徙等重大历史实践的关注[④]。

20世纪80年代开始，受到后过程考古的影响，欧美学者开始关注情境考古和人类能动性[⑤]，在此基础上重新关注文化的传播，并在文化历史考古、过程考古及后过程考古思想的综合影响下，提出新的侧重于人群内部文化传播理论，将文化定义为"能够影响个体表型的信息"，这些信息是个体通过学习或模仿从其他同族个体获得的[⑥]。文化传播理论的分析单位是社会习得的知识，信息的传递可以是垂直的（vertical），来自父母；信息的传递可以是斜向的（oblique），来自长辈的亲属或非亲属；信息的传递也可以是水平的（horizontal），来自同代。新的文化传播理论认为，文化史是实证

① Tostevin G. B. *Seeing Lithics: a Middle-range Theory for Testing for Cultural Transmission in the Pleistocene*. Oxford: Oxbow Books, 2012: 23-92.

② Binford L. R. Archaeological systematics and the study of culture process. *American Antiquity*, 1965, 31 (2): 203-210.

③ Binford L. R. Archaeological systematics and the study of culture process. *American Antiquity*, 1965, 31 (2): 203-210.

④ Hegmon M. Setting theoretical egos aside: Issues and theory in North American archaeology. *American Antiquity*, 2003, 68 (2): 213-243.

⑤ Hodder I. Interpretive Archaeology and its role. *American Antiquity*, 1991, 56 (1): 7-18.

⑥ Boyd, R, Richerson P. J. *Culture and the Evolutionary Process*. Chicago: University of Chicago Press, 1985: 33.

的基础，文化史是研究文化变迁过程的开始。考古学者在文化史基础上，可以研究文化进化上显著的选择性力量[1]。就石器技术而言，学者们注意到石器技术是知识与实践的交集，石器打制是思想和材料互动的过程。人类并非天生就会打制石器，民族考古和实验考古显示高水平掌握打制石器技术的知识和运动技巧需要2～3年的学习和实践，石器打制者需要在特定的文化传统和社会群体中学习打制石器技术[2]。与之相应，旧石器时代打制石器蕴含了大量史前人群打制石器剥片模式信息，已有考古证据显示这些剥片模式信息可以通过早期人类社会的教授-学习传递系统延续数万年而不变[3]。

同样大体从20世纪80年代开始，伴随着考古学、人类学与分子生物学的发展，学者们开始重新关注不同人群之间的文化传播，不同空间尺度下的人群迁移与扩散重新成为考古学研究的重要主题，不同人群在流动过程中的碰撞接触与融合促进了技术文化的传播与交流。伴随人的流动的文化传播被定义为跨空间的对称传播，没有伴随人的流动的文化传播被定义为跨空间的不对称传播[4]。旧石器时代狩猎采集人群人口密度低，而石器剥片技术又往往拥有复杂的操作链条，不伴随人群流动的技术思想往往难以跨空间传播，新兴技术传播过程中往往伴随着人群的迁徙与互动。

（二）风格与功能

20世纪文化史研究的基本框架是基于器物风格的，认为风格是高度具体和有特点的做事方式，因而是具体的时间和地点特有的，并且可以反映人群的传统。20世纪60年代过程考古的一个重要影响是提出功能与风格的二元对立学说。宾福德（Binford, L. R.）利用生物学中基因漂变（随机改变）概念，指出器物风格是独立于功能和技术之外的，就像遗传漂变不受自然选择的影响一样。过程考古不鼓励风格和文化史研究，认为这些是器物多样性中表面和装饰性的方面，进而认为风格没有自然选择价值，功能与达尔文适合度有关具有自然选择价值[5]。20世纪70年代有学者从理论和民族

[1] Rindos D. R. Diversity, variation and selection // Leonard, R. D, Jones, G. T. *Quantifying Diversity in Archaeology*. Cambridge: Cambridge University Press, 1989: 13-23.

[2] Bamforth D. B., Finlay N. Introduction: Archaeological approaches to lithic production skill and craft learning. *Journal of Archaeological Method and Theory*, 2008, 15 (1): 1-27.

[3] a. Shennan S. Evolution in archaeology. *Annual Review of Anthropology*, 2008, 37 (1): 75-91.
b. Bar-Yosef O. Chinese Paleolithic challenges for interpretations of Paleolithic archaeology. *Anthropologie*, 2015, 53 (1/2): 77-92.

[4] Boyd R, Richerson P. J. *Culture and the Evolutionary Process*. Chicago: University of Chicago Press, 1985: 178-200.

[5] Binford L. R. Archaeological systematics and the study of culture process. *American Antiquity*, 1965, 31 (2): 203-210.

学角度阐明了风格作为一种具有适应性的重要信息传播媒介的作用，风格可以传播多种社会信息，如情感状态、身份认同（亲缘关系、社会群体归属等）和所有权等，认为风格是生产者的有意识投入象征性内容的结果[①]。霍德（Hodder，I.）在东非的民族考古研究表明，在更频繁互动的群体之间存在着更大的风格差异，这证实了风格是一种社会机制，在实质上调节边界维持的压力[②]。

有学者进一步提出风格与功能并非完全二分的，二者是相互补充并共同决定了器物的多样性，器物的生产不仅属于技术和经济的物质领域的活动（功能），同时还受到社会和观念的影响（风格）[③]。很多器物在物质领域是没有功能的，即使在物质领域具有功能的器物也可能在社会互动的网络中具有意识形态的意义，如具有双列倒钩的鱼镖既具有功能属性，也具有风格属性。研究者要区分器物的主功能是在物质领域，还是意识领域。实用性器物包括武器、工具和容器等，主功能通常在物质领域；非实用性器物，如雕塑、装饰品等，主功能通常在意识领域。非实用性器物的设计更为自由，风格选择范围更广[④]。缺乏装饰的实用性器物的风格选择范围往往是有限的，器物的功能设计和原料性质促使了器物生产过程中的内在逻辑和结果，但往往也存在微弱的风格[⑤]。器物的形态是工匠在多种等效的可选择路径中随机选择的结果，路径一旦选择就会沿着该路径发展，通常受到他们所在群体的文化传统的影响和制约，因此器物（如石器）的形态（即使具有功能意义）也可以指示人群身份[⑥]。

20世纪70年代后期有学者在非洲Kalahari San狩猎采集人群（包括!Kung，!Xo，G/wi和Nharo等不同语言人群）进行了广泛的调查，发现箭头在边界维护（boundary maintenance）方面具有重要意义[⑦]。该研究发现不同的族群使用不同风格的箭头，!Xo、

---

① Wobst H. M. Stylistic behavior and information exchange// Gleland C. E. *Papers for the Director*: *Research Essays in Honor of James B. Griffin*. Ann Arbor: Museum of Anthropology, University of Michigan, 1977: 317-342.

② Hodder I. Economic and social stress and material culture patterning. *American Antiquity*, 1979, 44 (3): 446-454.

③ Sackett J. R. The meaning of style in archaeology: A general model. *American Antiquity*, 1977, 42 (3): 369-380.

④ Sackett J. R. The meaning of style in archaeology: A general model. *American Antiquity*, 1977, 42 (3): 369-380.

⑤ Sackett J. R. The meaning of style in archaeology: A general model. *American Antiquity*, 1977, 42 (3): 369-380.

⑥ Sackett J. R. Approaches to style in lithic archaeology. *Journal of Anthropological Archaeology*, 1982, (1): 59-112.

⑦ Wiessner P. Style and social information in Kalahari San projectile pints. *American Antiquity*, 1983, 48 (2): 253-276.

G/wi人群的箭头尺寸是!Kung的2倍，!Xo和G/wi人群箭头的尖部尺寸和形状也有所不同，前者更钝而薄，后者更锐而厚。当San人被问到他们为何用某种方式生产某些器物，他们仅仅说他们的父亲就是这么做的。当San人被问到自己的器物和其他人的器物功能差异时，!Kung人认为G/wi人制作的箭头更大更锋利，可能比自己制作的箭头更有杀伤力，同时怀疑!Xo人箭头的杀伤性；!Xo、G/wi人则认为!Kung人箭头虽然小，但可能将毒药射入更深。虽然San人认为其他语言群体的工具可能更高效，但这种差异不足以改变他们对自己器物风格的坚持。San人的箭头因原料、技术和功能的限制变异范围较小，但是可以传递象征风格信息来标记边界，相似的箭头制作方式表明了他们对狩猎和土地权持有相同的价值观，是该人群共同承担危机策略的体现①。

　　就旧石器时代石器技术而言，20世纪70年代初博尔德（Bordes，F.）与宾福德（Binford，L. R.）就针对石器的功能与风格问题产生了积极的争论。作为在法国Perigord地区工作多年的考古学家博尔德认为，时代相同但具有差异性的石器组合具有社会风格性，将莫斯特工业分为四种大的类型，并且这四种类型代表了至少四个不同的文化人群②。宾福德则认为这四种莫斯特工业类型的差异是经济功能性的，而非人群性的③。随后的研究证明宾福德和博尔德的观点都存在问题，但无论如何博尔德-宾福德之争极大地推动了旧石器时代石器研究，学者们更加关注人群差异、遗址功能、人类占据时间等对石器工业面貌的多维度影响。在此基础之上，有学者提出"技术风格"，认为不同社会中存在不同的技术方法会产生不同的风格特征，因此技术风格特征可以指示不同的社会体系④。另有学者指出风格会镶嵌在技术特点和功能特点之中，器物的形态是由技术、风格、原料和功能等因素共同决定的⑤。

　　我们应该认识到，一方面石器制作的风格选择少于陶器，毫无关联的历史情境中出现过石器类型趋同现象。现有考古证据显示，广大时空尺度下相同的石器工业并不一定指示相同的人群，而不同的石器工业也不一定指示不同的人群。另一方面，旧石器时代不同地域之间客观地存在多样化的打制石器技术，并形成了具有不同风格特点的石器产品。古代人群究竟选择何种打制石器技术，受到原料、功能与技术信息传

① Wiessner P. Style and social information in Kalahari San projectile pints. *American Antiquity*, 1983, 48 (2): 253-276.

② Bordes F, Sonneville-Bordes D. The significance of variability in palaeolithic assemblages. *World Archaeology*, 1970, 2 (1): 61-73.

③ Binford L. R. Interassemblage variability-the Mousterian and the 'Functional' argument// Renfrew C. *The explanation of Cultural Change*: *Models in Prehistory*. New York: Duckworth, 1973: 227-253.

④ Lechtman H. Style in technology: Some early thoughts// Lechtman H, Merrill R. S. *Material Culture*: *Styles, Organization, and Dynamics of Technology*. New York: West Publishing Co, 1977: 3-20.

⑤ Carr C. Building a unified theory of artifact design// Carr C, Neitzel J. *Style, Society, and Person*: *Archaeological and Ethnological Perspectives*. New York: Plenum Press, 1995: 151-170.

播网络等多种因素的影响。跨地域大地理空间范围内的相同或相似技术往往涵盖广泛的人群，这些广泛的人群使用相同或相似的技术，表明他们可能共享石器技术传播网络。这种情况下不同人群之间的身份信息可能在石器生产技术上的表现非常微弱，可能更多体现在其他物质媒介上，但也有可能表明当时不同人群之间的边界压力较低进而不需要强化身份信息。与之相对应的是，考古学中可以见到同一时期不同的石器技术或石器风格产品分布于相同或相邻地区的现象，这种情况下相邻的不同的石器技术很可能与所谓人群象征风格相关，显示出如身份认同与边界维护等更具深度的社会文化意义。

（三）进化考古学和行为生态学

进化论理论在考古学思想中占据重要位置[①]。自19世纪中叶达尔文进化论思想与科学考古学接触之后，考古学几乎无时无刻不在试图用进化论思想解释人类文化与社会发展。19世纪后半叶，受古典进化论影响，考古学界盛行单线文化进化理论。20世纪上半叶，随着现代综合进化理论的形成，考古学研究逐渐推动多线进化论，并于20世纪中叶出现文化生态学理论，开始利用考古材料来研究生业经济、人口和聚落形态的变迁。20世纪80～90年代，美国考古学研究中存在两种新的运用达尔文进化论研究考古学的方法，分别是进化考古学（evolutionary archaeology）和行为（进化）生态学（behavioral or evolutionary ecology）。

进化考古学学者主张运用生物学的进化理论，像解释生物多样性那样来解释文化的差异。进化考古学首先建立文化谱系文化编年史，然后建立对文化谱系的解释，认为考古记录中文化的变化是自然选择对可传播的不同器物的直接作用的结果[②]。进化考古学认为过程考古主要关注适应，但在很大程度上忽视了自然选择，所谓的适应研究只是不考虑历史变化的生态框架，而非进化框架[③]。进化考古用自然选择、基因流动、变异和漂变等进化过程解释考古记录的变化，认为技术发明可以与生物体系中的变异类比，技术发明是随机现象，并受到群体总人口的限制[④]。进化考古学认为变化源自"遗传过程中的随机错误"，或者说"试错学习"（trial-and-error learning），相当于

① Mithen S. Evolutionary theory and post-processual archaeology. *Antiquity*, 1989, 63 (240): 483-494.

② Lyman R. L., O'Brien M. J. The goals of evolutionary archaeology: History and explanation. *Current Anthropology*, 1998, 39 (5): 615-652.

③ Dunnell R. C. Style and function: A fundamental dichotomy. *American Antiquity*, 1978, 43 (2): 192-202.

④ Dunnell R. C. Style and function: A fundamental dichotomy. *American Antiquity*, 1978, 43 (2): 192-202.

变异，即遗传基因的复制发生错误，变化的出现并非被适应所引导①。进化考古学认为达尔文理论既是科学的，也是历史的，任何谱系的演化历史都是一系列唯一的、偶然的事件，离开了历史的科学无法解释一些现象，离开了科学的历史则无法解释过去②。进化考古学认为谱系是指基于继承的变化，相似性特征是同源的而非趋同的，并认为达尔文进化论所认为演化是基于遗传连续性的变化，强调自然选择对器物频率的直接作用，而不依赖人类能动性③。

　　进化（行为）生态学在文化生态学（cultural ecology）的基础上更严格地强调进化论，认为文化和行为的变化是应对社会和生态环境变化的适应方式，并认为所有生物均采用提高适合度（fitness-enhancing）的方式应对环境变化④。生物体为了生存不但要获得最基本的营养需求，为了在演化中具有优势还需要最大化地争取交配机会。自然选择倾向选择能够最大化地增进可存活后代的行为，大量证据显示所有的生物都是"最优控制器"（optimizers），最优和适度行为是自然选择的结果⑤。进化（行为）生态学通常使用经济模型，假定人类的行为是为了增强适合度，强调生物体具有在行为上解决问题的能力或者说应对不同环境的能力，人类的行为策略基于理性的成本-收益评估基础之上。因此，进化（行为）生态学可以预测出最优行为模式，在人类的觅食策略、资源分享、求偶策略、领地策略等方面都具有强大的预测能力⑥。最佳觅食理论（optimal foraging theory）即是行为生态学强调提高适合度的体现⑦。

　　进化考古学与行为生态学各有优势与劣势。行为生态学在当今欧美学术界更为盛行，强调人类的策略性适应和理性的成本-收益评估，这些理论在解释人类行为策略方面具有很好的适用性，但许多人类行为生态学模型不关注生物扩散或文化传播。进化

① Shennan S. J. Cultural transmission and cultural change// Leeuw S. E, Torrence R. *What's New*: *A Closer Look at the Process of Innovation*. London: Unwin Hyman, 1989: 330-346.

② Lyman R. L., O'Brien M. J. The Goals of evolutionary archaeology: History and explanation. *Current Anthropology*, 1998, 39 (5): 615-652.

③ Lyman R. L., O'Brien M. J. The Goals of evolutionary archaeology: History and explanation. *Current Anthropology*, 1998, 39 (5): 615-652.

④ Boone J. L., Smith E. A. Is it evolution yet? A critique of evolutionary archaeology. *Current Anthropology*, 1998, 39 (1): S141-S173.

⑤ Surovell T. A. *Toward a Behavioral Ecology of Lithic Technology*: *Cases from Paleoindian Archaeology*. Tucson: University of Arizona Press, 2009: 1-22.

⑥ O'Connell J. F. Ethnoarchaeology needs a general theory of behavior. *Journal of Archaeological Research*, 1995, 3 (3): 205-255.

⑦ Boone J. L, Smith E. A. Is it evolution yet? A critique of evolutionary archaeology. *Current Anthropology*, 1998, 39 (1): S141-S173.

考古学相对缺乏灵活性和对人类主观能动性和适应环境能力的阐释[①]，但是用自然选择、基因流动、变异和漂变等进化过程解释考古记录的变化，并且重视文化谱系的构建，这些思想都是值得我们借鉴的。本书认同进化考古学提出的技术创新可以与基因突变类比的观点，认为技术创新是在已有技术禀赋基础上的随机性变异。与此同时，本书认为考古记录所见的某种技术的高频率出现现象，通常已经不是随机的突变阶段了，而是具有一定适合度的扩散阶段。因此我们无法预测和计算某种新技术最早出现的时间，但是我们可以根据行为生态学理论解释为何某种技术在某个时空范围内得到了更多人群的选择和利用。

四、研　究　方　法

（一）石器技术模式

20世纪60年代英国考古学家G. Clark总结了旧石器时代的5种技术模式。模式1也称为奥杜威技术，石器组合包括砍砸器、多面体石核、盘状器、石片、刮削器等，剥片技术为硬锤打击、砸击和碰砧技术；模式2也称为阿舍利技术，石器组合包括手斧、薄刃斧以及石核、石片、石片工具等，剥片技术包括硬锤打击技术、碰砧技术和晚期阿舍利工业中出现的软锤技术；模式3也称为莫斯特技术，典型器物组合包括勒瓦娄哇石核、勒瓦娄哇石片、边刮器、尖状器等，使用硬锤和软锤打击技术；模式4也称为石叶技术，器物组合包括石叶石核、石叶、端刮器、雕刻器和两面尖状器等，使用硬锤、软锤、间接打击技术及压制法；模式5为细石器技术，典型器物组合包括三角形、梯形和新月形等几何形细石器，使用硬锤、软锤、间接打击技术及压制法[②]。Clark的技术模式被提出后自20世纪下半叶直到今天，在欧亚非等史前考古学界得到了广泛的应用和推广。

近年来，部分学者开始对G. Clark技术模式提出反思。有中国学者指出Clark技术模式不能很好地应对中国史前考古材料，如将中国旧石器时代大部分地区、大部分时段的石器工业笼统归入模式1不利于我们精细描述和深入理解中国史前石器技术的诸多细节和适应性变化[③]。另有学者指出Clark技术模式无法应对日益增加的世界更广范围内的史前考古材料，并提出更为精细化的A~I石器分类模式：模式A为打击

① Hegmon M. Setting theoretical egos aside: Issues and theory in North American archaeology. *American Antiquity*, 2003, 68 (2): 213-243.

② a. Clark G. *World Prehistory: A New Outline*. Cambridge: Cambridge University Press, 1969.
　　b. 林圣龙：《中西方旧石器文化中的技术模式的比较》，《人类学学报》1996年第1期。

③ 李锋：《克拉克的"技术模式"与中国旧石器技术演化研究》，《考古》2017年第9期。

类石器（stone percussors），包括石锤、石球、准石球、石砧、石杵等；模式B为砸击石核（bipolar cores）；模式C为非等级化的石核（non-hierarchical cores）；模式D为修理石片（retouched flakes），包括修锐石片、修背石器和雕刻器等；模式E为长形石核工具（elongated core tools），包括手斧、薄刃斧等；模式F为两面等级化石核（bifacial hierarchical cores），包括勒瓦娄哇石核等；模式G为单面等级化石核（unifacial hierarchical cores），包括棱柱状石叶石核等；模式H为磨刃石器（edge-ground tools）；模式I为研磨石核（groundstone tools）[1]。

　　本书认为，Clark技术模式虽然不能涵盖旧石器时代所有技术因素，也不能完全与中国旧石器时代石器工业完全吻合，但数十年来经过学者们反复检验其是对学习和研究世界旧石器考古具有提纲挈领作用的。Clark技术模式虽然立足旧大陆西侧，但是精准地把握了旧石器时代的5种重要打制石器技术，堪称经典而不应被我们完全抛弃，目前学界还没有形成新的可以完全替代原有技术模式的新的方案。同时，Clark技术模式未来存在进一步改进的空间。本书在Clark技术模式的基础上，吸收了John Shea技术模式的一些因素，从早期石核-石片技术、阿舍利技术、勒瓦娄哇技术、晚期石核-石片技术、石叶技术、细石器技术、小型两面器技术和磨制石器技术共8个技术类型探讨旧石器时代石器技术演化历程。

（二）石器生产操作链

　　早期石器类型学关注的是技术特征和形态描述。20世纪50年代法国学者博尔德创立的类型学清单和定量类型学分析方法标志着与"标准化石"研究方法的分离，并证实了莫斯特组合的文化多样性。随后，学者们发现石器形态的多样性与石器加工动态过程密切相关。20世纪60年代法国学者A. Leroi-Gourhan提出操作链（Chaîne Opératoire）研究理念，关注的是石器加工过程的整体技术[2]。20世纪80年代中期以后法国技术学体系基本成熟，认为通过"技术阅读"和"操作程式"的复原，可以系统揭示古代人类在打制石器过程中运用的技术知识和认知特征[3]。法国技术学派更关注技术认知学，认为为了执行一种技术的生产，需要一种技术过程的心理图像。专业技术由概念知识（knowledge）和实践技能（know-how）组成，这些知识和技能是通过观

---

[1]　Shea J. J. Lithic Modes A-I: A new framework for describing global-scale variation in stone tool technology illustrated with evidence from the east Mediterranean Levant. *Journal of Archaeological Method and Theory*, 2013, 20 (1): 151-186.

[2]　a. 李英华、侯亚梅、Boëda E：《观音洞遗址古人类剥坯模式与认知特征》，《科学通报》2009年第19期。

　　b. 彭菲：《再议操作链》，《人类学学报》2015年第1期。

[3]　周玉端、李英华：《旧石器类型学与技术学的回顾与反思》，《考古》2021年第2期。

察、重复实践或在频繁互动的社会区域内进行教学而获得的。石器技术包括原料开发获取、毛坯生产选择和工具制作过程中的概念知识和实践技能①。

20世纪后半叶美国过程考古范式内通过自身路径形成了与法国操作链分析方法相似的一些分析理念，包括行为链（behavior chain）、操作序列（operational sequence）和剥片程序（reduction sequence）等②。行为链分析属于行为考古的分析方法，强调研究人类行为与物质文化的关系，研究内容包括遗址形成过程和器物生命史。操作序列和剥片程序强调石器生产剥片过程，与法国操作链技术认知学具有较高吻合度。操作链技术认知学研究的方法包括石核剥片复制实验、石核剥片拼合研究、片疤模式分析和技术分类等③。

（三）石器技术组织

过程考古学中的石器技术组织（technological organization）是研究石器制作、使用、运输和废弃等的选择策略，技术组织研究很适合使用行为生态学理论来计算最优技术策略④。石器技术组织研究认为影响石器技术策略的限制因素包括流动性⑤、原料可获性⑥和食物资源结构⑦等。石器技术组织研究认为时间压力是决定狩猎采集者石器技术行为的一个重要变量。根据新达尔文行为生态学理论，最佳利用时间可以促进适合度而更具适应性，那么技术则可以反映时间预算。如果完成任务可用的时间总量是有限的，具有更高效率的工具会被选择使用。高度专业化的工具是为完成某些特定的任务而设计，同时比普通用途工具更为高效。工具组合的多样性与完成具体任务的时

---

① 李英华、侯亚梅、Boëda E：《观音洞遗址古人类剥坯模式与认知特征》，《科学通报》2009年第19期。

② 陈虹、沈辰：《石器研究中"操作链"的概念、内涵及应用》，《人类学学报》2009年第2期。

③ Bar-Yosef O., Peer P. V. The *Chaîne Opératoire* approach in Middle Paleolithic archaeology. *Current Anthropology*, 2009, 50 (1): 103-131.

④ Surovell T. A. *Toward a Behavioral Ecology of Lithic Technology: Cases from Paleoindian Archaeology*. Tucson: University of Arizona Press, 2009: 1-22.

⑤ a. Binford L. R. Organization and formation processes: Looking at curated technologies. *Journal of Anthropological Research*, 1979, 35 (3): 255-273.

　 b. Binford L. R. Willow smoke and dog's tails: Hunter-Gatherer settlement systems and archaeological site formation. *American Antiquity*, 1980, 45 (1): 4-20.

⑥ Andrefsky W. Raw-Material availability and the organization of technology. *American Antiquity*, 1994, 59 (1): 21-34.

⑦ Torrence R. Time budgeting and hunter-gatherer technology// Bailey G. *Hunter-Gatherer Economy in Prehistory: A European Persepctive*. Cambridge: Cambridge University Press, 1983: 11-22.

间量负相关。当时间量较少时，工具多样性会更高。专业化的工具组合中包含更为多样化的工具类型[1]。

更新世期间人类石器工具多样化和复杂化的变化，与生计策略变化密切相关。影响时间压力的一个重要变量是一年中资源可以被开发的时间长度。热带雨林地区全年都有可以食用的植物资源，而其他环境中植物资源的生长季节长度受到降雨、光照和温度的限制，因此许多食草动物是季节性迁徙的，而另有一些动物在资源短缺的季节会休眠。食物资源结构的季节性将决定生存战略是否需要有效地利用时间。时间压力相关的另一个变量是寻找资源和获取资源的时间，动物资源的流动性和资源的密度均可以影响时间压力。植物资源的寻找时间大体上低于动物资源，因此采集植物是最优利用能量的策略[2]。

综上所述，认知学和经济学是学者们研究石器技术的最主要的两个视角。技术认知学主要源自文化历史考古与后过程考古理论思想，强调知识与技能的教授与学习、技术风格的传播、社会群体的文化传统和身份认同，更强调人的社会文化属性和多样性。技术经济学主要源自过程考古理论思想，强调自然选择与达尔文适合度，基于成本-收益评估基础之上的理性行为策略，更强调人的生物属性和规律性。这两大视角事实上并不矛盾，而是揭示了人类演化过程中客观存在的两个不同的属性特点，并且直到今天依然存在。我们在研究过程中，只有把这两个视角结合起来，才有可能更深入地理解旧石器时代人类石器技术。

---

① Torrence R. Time budgeting and hunter-gatherer technology// Bailey G. *Hunter-Gatherer Economy in Prehistory: A European Persepctive*. Cambridge: Cambridge University Press, 1983: 11-22.

② Torrence R. Time budgeting and hunter-gatherer technology// Bailey G. *Hunter-Gatherer Economy in Prehistory: A European Persepctive*. Cambridge: Cambridge University Press, 1983: 11-22.

第二章 早期石核-石片技术

石核-石片技术是人类最早开发利用的石器技术，是人类石器技术史上最为简单的技术工艺。与此同时，石核-石片技术也是人类史前时期最为成功的技术策略之一，在整个旧石器时代或更晚不断地被世界不同地区不同人群利用，对中低纬度温热带地区和高纬度、高海拔寒冷地区等不同的生态环境都显示出较强的适应能力。本章主要考察旧大陆不同地区最早期的石器技术，即早期石核-石片技术，并在此基础上探讨早期人类的石器技术演化、认知能力发展和迁徙扩散等问题。

一、西方早期石核-石片技术

（一）非洲

20世纪30年代，在非洲奥杜威峡谷首次发现石核-石片工业。20世纪70年代，关于奥杜威峡谷的研究和图卡纳湖东部Koobi Fora遗址的研究奠定了关于早更新世人类石器技术认识的基础[1]。然而，学术界对于非洲早期石核-石片工业发展过程的认识是存在分歧的。一种观点，将非洲早期石核-石片工业统称为"奥杜威工业"或"奥杜威技术"。另一种观点，是20世纪70年代以来随着比奥杜威峡谷更早的石器组合的发现而新兴的观点，认为非洲奥杜威工业之前还存在一个技术更为原始的"前奥杜威工业"[2]。

学者们在此基础上提出了关于非洲早期石核-石片工业发展模式的不同观点。一些学者提出"静态模式"（static model），如有学者基于埃塞俄比亚Gona遗址石器工业认为Gona遗址应当归入奥杜威工业，并且认为奥杜威工业在超过100万年的时间内保持稳定[3]。另有学者支持"前进模式"（progressive model），如有学者基于肯尼亚西图

① Kibunjia M. Pliocene archaeological occurrences in the Lake Turkana Basin. *Journal of Human Evolution*, 1994, 27 (1-3): 159-171.

② Kimura Y. Examining time trends in the Oldowan technology at Beds I and II, Olduvai Gorge. *Journal of Human Evolution*, 2002, 43 (3): 291-321.

③ Semaw S., Renne P., Harris J. W. K., et al. 2.5-million-year-old stone tools from Gona, Ethiopia. *Nature*, 1997, 385 (6614): 333-336.

卡纳湖地区Lokalalei 1遗址石器工业提出"前奥杜威模式"（Pre-Oldowan model），认为非洲早期石器工业存在一个逐步缓慢发展的过程①。此外，另有学者意识到非洲早期石核-石片技术的发展路径比上述两种模式更为复杂，认为时代更早的肯尼亚Lokalalei 2C遗址石制品反而体现出更为复杂的石器技术与人类认知能力②。

为了便于比较分析，本书采用"早期石核-石片技术"的概念，将上述所谓"奥杜威工业"或"前奥杜威工业"均纳入非洲"早期石核-石片技术"探讨。石核-石片技术是早期人类对环境的重要技术适应。不断增加的考古资料显示人类早期的技术策略远比我们已有认识复杂，拥有多样化的剥片序列或称剥片体系。由于非洲学界普遍采用距今约180万年作为更新世的起始时间，因而早于距今约180万年的考古遗址的地质年代皆被界定为上新世晚期。本章关注的非洲早期石核-石片技术的地质年代范围包括上新世晚期至更新世早期。目前考古发现的非洲上新世晚期石器工业主要位于东非的Hadar、Omo和West Turkana等地区，包括埃塞俄比亚境内距今260万年左右的Gona、距今234万年左右的Omo等遗址，以及肯尼亚境内距今约330万年的Lomekwi 3遗址和距今234万年左右的Lokalalei、Lokalalei 2C等遗址。非洲更新世早期石核-石片技术以坦桑尼亚奥杜威峡谷距今187万～153万年Bed I和Bed II层下部堆积，以及距今约160万～140万年坦桑尼亚Peninj遗址为代表。

1. 肯尼亚Lomekwi 3（LOM3）遗址

肯尼亚Lomekwi 3（LOM3）遗址位于West Turkana地区，遗址文化层位的古地磁年代为距今约330万年③。2012年发掘在地层出土18件石制品和11件动物化石，此外遗址地表采集149件石制品，原料为大型砾石或岩浆岩岩块，岩性以玄武岩和响岩为主，均来自遗址附近古河道。遗址共发现石核83件，石核以单面单向剥片为主，另外有单面多向和双面剥片，石核平均长宽厚重为167、147.8、108.8毫米和3.1千克，LOM3遗址的石核和石片尺寸远远大于其他已知的人类早期石制品④。

LOM3遗址有些石核的边缘存在连续分布的小于1厘米的片疤，目前还不能确定究竟是剥片行为还是使用痕迹。一些石核的台面上分布着由失败打击导致的打击痕，石锤的打击点距离台面外缘过远显示石器打制者的打击点控制力不高。大部分石片远

---

① Kibunjia M. Pliocene archaeological occurrences in the Lake Turkana Basin. *Journal of Human Evolution*, 1994, 27 (1-3): 159-171.

② Roche H., Delagnes A., Brugal J. P., et al. Early hominid stone tool production and technical skill 2.34 Myr ago in West Turkana, Kenya. *Nature*, 1999, 399 (6731): 57-60.

③ Harmand S., Lewis J. E., Feibel C. S., et al. 3.3-million-year-old stone tools from Lomekwi 3, West Turkana, Kenya. *Nature*, 2015, 521 (7552): 310-315.

④ Harmand S., Lewis J. E., Feibel C. S., et al. 3.3-million-year-old stone tools from Lomekwi 3, West Turkana, Kenya. *Nature*, 2015, 521 (7552): 310-315.

端形态为折断或外翻状态，显示出剥片控制能力有限。遗址存在石砧和砸击剥片的证据。LOM3遗址石料既可以用作石砧，也可以用作石核，也可以作为石锤，石器工业处于从石块敲砸向石核剥片的过渡阶段[①]。

2. 埃塞俄比亚Gona遗址

Gona遗址位于埃塞俄比亚Hadar地区Awash流域，1992～1994年发掘中发现了当时世界上最早的打制石器，放射性同位素年代测定（氩-氩法）和古地磁年代分析显示年代为距今260万～250万年[②]。Gona遗址EG10地点和EG12地点发掘面积分别为13平方米和9平方米，共发现2970件石制品，其中1114件石制品是地层出土。遗址细颗粒的堆积物、纵向集中分布的遗物、保存情况良好的石器以及不显著的分选，均显示较低的埋藏动力[③]。

EG10和EG12原料包括砾石和岩块，发掘和地表采集的器物组合主要包括石核和完整石片（图2-1）。EG10发现31件石核，16件出自地层，EG12发现12件石核，9件出自地层。石核主要为单面剥片石核（含单面盘状石核），另有部分双面剥片石核（含双面盘状石核）。石核虽然以单面石核为主，但是剥片很成功，从砾石原料寻找合适锐角剥取石片。EG10存在20%的双面剥片石核，EG12存在55%的双面剥片石核[④]。EG10和EG12不存在经过修理的石片或刮削器，存在少量的敲砸石块，类似石锤或石砧。一些石核可能作为多功能工具使用，比如石锤或敲砸工具。发掘者认为Gona石器打制者已经对石器生产机制有了相当的掌控能力，与距今180万年左右的奥杜威工业相当[⑤]。

3. 埃塞俄比亚Omo盆地

埃塞俄比亚Omo盆地是图卡纳湖盆地向北延伸的一部分，早期石器层位处于

① Harmand S., Lewis J. E., Feibel C. S., et al. 3.3-million-year-old stone tools from Lomekwi 3, West Turkana, Kenya. *Nature*, 2015, 521 (7552): 310-315.

② Semaw S., Renne P., Harris J. W. K., et al. 2.5-million-year-old stone tools from Gona, Ethiopia. *Nature*, 1997, 385 (6614): 333-336.

③ Semaw S., Renne P., Harris J. W. K., et al. 2.5-million-year-old stone tools from Gona, Ethiopia. *Nature*, 1997, 385 (6614): 333-336.

④ Semaw S. The world's oldest stone artefacts from Gona, Ethiopia: Their implications for understanding stone technology and patterns of human evolution between 2.6-1.5 million years ago. *Journal of Archaeological Science*, 2000, 27 (12): 1197-1214.

⑤ Semaw S., Renne P., Harris J. W. K., et al. 2.5-million-year-old stone tools from Gona, Ethiopia. *Nature*, 1997, 385 (6614): 333-336.

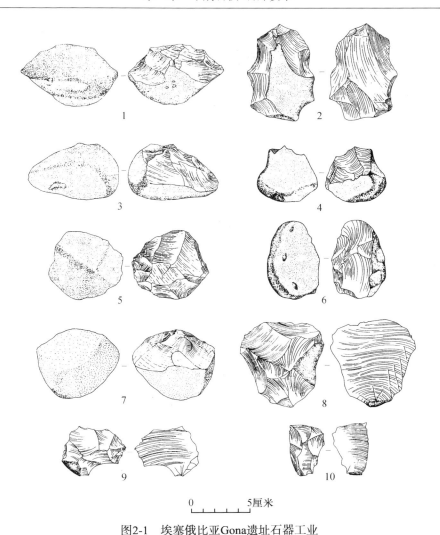

图2-1　埃塞俄比亚Gona遗址石器工业

1、3、4、6、7. 单面石核　2. 双面盘状石核　5. 单面盘状石核　8～10. 石片

［图片引自Semaw S. The world's oldest stone artefacts from Gona, Ethiopia: Their implications for understanding stone technology and patterns of human evolution between 2.6-1.5 million years ago. *Journal of Archaeological Science*, 2000, 27 (12): 1197-1214］

Shungura Formation的E组和F组，年代距今约234万年[①]。20世纪70年代 F. Clark Howell 带领的美国发掘队发掘了Member F中的FtJi1、FtJi 2 和FtJi 5。Chavaillon带领的法国队发掘了Member E中的Omo 71和Omo 84，Member F中的Omo 57和Omo 123。20世纪70年代的早期研究显示Omo工业以石英为原料，尺寸较小，破碎程度高，应当与杂碎石

---

① De la Torre I. Omo revisited: Evaluating the technological skills of Pliocene Hominids. *Current Anthropology*, 2004, 45 (4): 439-465.

英岩块和砾石行为有关，为权宜性技术①。

21世纪初期有学者对Chavaillon等发掘的现收藏于埃塞俄比亚国家博物馆的藏品（Omo 71、Omo 84、Omo 57、Omo 123的石器工业）进行了再研究，结果显示与早期研究的认识不同，认为Omo石器工业并非如之前所述类似黑猩猩将石料打碎策略那么简单②。Omo石器工业常见对于同一剥片工作面的重复开发，缺少石核的转动，是简单但成功的剥片策略，同时是黑猩猩所不能完成的。Omo石器工业在一定程度上被石英原料特点限制③。

4. 肯尼亚Lokalalei 1遗址

肯尼亚Lokalalei 1遗址位于West Turkana地区，1991年经系统发掘，年代为距今约235万年。该遗址原料是可以产生贝壳状断口的火山岩，与奥杜威峡谷和Koobi Fora开发圆形砾石剥片不同，Lokalalei 1遗址利用的原料为棱柱形，石核台面角度更容易剥取第一件石片。石核尺寸较大（平均长度约10厘米），并与尺寸很小的碎屑共存，显示出文化遗存受水流的改造很小。Lokalalei 1遗址石核剥片强度不高，大于1厘米的片疤数量为1到12个，可以根据石核看出砾石的初始形态。石核上存在相当数量的折断状态且小于2厘米的片疤，显示当时石器打制者因剥片力量不足导致剥片成功率有限。Kibunjia基于Lokalalei 1遗址石器工业面貌提出"前奥杜威模式"（Pre-Oldowan model），认为非洲早期石器工业存在一个逐步缓慢发展的过程，奥杜威工业并非人类最早期的石器工业，而是在上新世晚期"前奥杜威"人类石器技术的基础上发展起来的④。

5. 肯尼亚Lokalalei 2C遗址

肯尼亚Lokalalei 2C遗址位于West Turkana地区，1997年经系统发掘，年代为距今约234万年。Lokalalei 2C遗存的保存环境非常好，重建了超过60个石器拼合组，该拼合组比Koobi Fora的拼合组早了50万年，是当时发现最早的拼合组。研究显示该地点主要是利用火山岩砾石生产石片，极少数石片经过二次修理。当时石器打制者对于原料的质

---

① De la Torre I. Omo revisited: Evaluating the technological skills of Pliocene Hominids. *Current Anthropology*, 2004, 45 (4): 439-465.

② De la Torre I. Omo revisited: Evaluating the technological skills of Pliocene Hominids. *Current Anthropology*, 2004, 45 (4): 439-465.

③ De la Torre I. Omo revisited: Evaluating the technological skills of Pliocene Hominids. *Current Anthropology*, 2004, 45 (4): 439-465.

④ Kibunjia M. Pliocene archaeological occurrences in the Lake Turkana Basin. *Journal of Human Evolution*, 1994, 27 (1-3): 159-171.

地鉴别、自然形态利用和剥片角度维护等方面都具备相当的能力①。

后续进一步研究显示，有185～195块砾石被搬运至遗址，其中90～95块砾石在遗址剥片。石核中单面剥片石核共22件，占据主体地位；单面剥片且修理台面石核8件；以单面剥片为主后转换剥片工作面石核10件；至少有2个剥片工作面石核15件，并以双面剥片为主；另有其他类型石核15件。工具比例不高，共22件，其中16件是经过修理的石片，6件是剥片后经过修理的石核。修理刃缘通常是沿着单边存在连续分布的修疤，呈现锯齿刃形状。石片工具的尺寸通常大于未经修理的石片。石核工具的修疤更小而连续，与之前剥坯的片疤完全不同。石锤18件，通常是在1～2个凸起的区域密集分布粉碎性破裂痕迹，以中等尺寸的磨圆较好的砾石为主，打击区域位于砾石长轴的一端或两端②。

尽管Lokalalei 2C遗址开发利用的原料距离遗址很近（小于50米），但仍然存在不同的行为方式。一些尺寸较大的砾石在遗址外被有意打裂为多块后再带到遗址，该行为从技术上讲可以创造出更适合剥片的台面，从经济上讲可以比单个砾石生产更多的石片。遗址共发现13个剥片充分的拼合组，平均每个石核生产18个石片，其中一个石核至少生产51个石片。Lokalalei 2C的石制品并非由偶然的石器打制者生产，相反是由相当高能力的石器打制者完成的，石器打制者具备相当的技术规范：在原料产地对大砾石的初步加工，对优质原料的更为充分的剥片利用，对小于90°剥片角度的选择，开发平坦开阔的面作为剥片工作面，可以连续多向生产近平行的石片，平均每个石核可以生产18个石片，对打击动作的精准控制，对石锤某个区域的高强度利用③。

6. 南非Swartkrans洞穴遗址

南非Swartkrans洞穴遗址近年发掘出土距今约218万年的奥杜威工业石器组合，显示出高度权宜的石核剥片策略。除了锤击法剥片之外，砸击法也有相当比重。石器表面的砾石面显示部分石料来自遗址附近的河道，另外存在的石器表面石皮显示部分石英和燧石来自山体岩脉风化的岩块。石核的剥片强度不高，存在少量双面剥片的砍砸器-石核、多面石核和似盘状石核等。工具比例很低，包括凹缺刮削器和陡刃刮削器等。Swartkrans遗址由于距离原料更近，原料开发策略更具权宜性，与之隔河相望的Sterkfontein遗址（距今约218万年）由于距离原料稍远，对原料的选择性和开发强度更高④。

① Roche H., Delagnes A., Brugal J. P., et al. Early hominid stone tool production and technical skill 2.34 Myr ago in West Turkana, Kenya. *Nature*, 1999, 399 (6731): 57-60.

② Delagnes A., Roche H. Late Pliocene hominid knapping skills: The case of Lokalalei 2C, West Turkana, Kenya. *Journal of Human Evolution*, 2005, 48 (5): 435-472.

③ Delagnes A, Roche H. Late Pliocene hominid knapping skills: The case of Lokalalei 2C, West Turkana, Kenya. *Journal of Human Evolution*, 2005, 48 (5): 435-472.

④ Kuman K., Sutton M. B., Pickering T. R., et al. The Oldowan industry from Swartkrans cave, South Africa, and its relevance for the African Oldowan. *Journal of Human Evolution*, 2018, 123: 52-69.

7. 埃塞俄比亚奥杜威峡谷Bed Ⅰ层和Bed Ⅱ层

奥杜威峡谷自20世纪上半叶被发现之后，对于探究早期人类的技术演化始终占据重要地位。20世纪60~70年代Leakey曾认为奥杜威峡谷奥杜威工业可以进一步分为经典奥杜威工业（距今187万~165万年）和发达奥杜威工业（距今165万~60万年），后者轻型工具、石球和两面器的比例增加。发达奥杜威工业可以进一步分为发达奥杜威A（DOA，距今165万~153万年）、发达奥杜威B（DOB，距今153万~120万年）和发达奥杜威C（DOC，距今120万~60万年）三个阶段，其中DOB阶段开始已明确包含不同比例的两面器。Leakey认为阿舍利工业以两面器为特征并且两面器比例应达到40%~60%，而DOB和DOC工业中两面器的比例较低[1]。

阿舍利技术出现之后，奥杜威工业在非洲依然存在，系不含手斧、薄刃斧、手镐等阿舍利技术产品的石核-石片工业组合。但是，Leakey所谓的含有少量阿舍利产品的"发达奥杜威"工业，由于技术构成因素已经与奥杜威工业有本质的区别，应属于阿舍利工业范畴。正如一些学者所言，建议取消发达奥杜威B-C工业，并合并至阿舍利工业[2]，二者的差异是由于环境差异导致的功能不同，或由原料可获性所致，而非技术或文化差异[3]。关于经典奥杜威工业与发达奥杜威A工业之间的关系，有学者认为发达奥杜威A工业中虽然双面剥片增加，但是与奥杜威工业没有本质区别[4]。奥杜威峡谷Bed Ⅰ层和Bed Ⅱ层均拥有多种剥片策略，此间没有显著的技术创新，没有新出现或消失的剥片策略，但存在一些历时性变化趋势。Bed Ⅱ层结构性强的剥片策略如双面剥片和策略有所增加，石器密度有所增加，开发更大尺寸的石英岩石核，生产更大的石片等，这些变化是人群适应本地环境变化的结果[5]。

奥杜威峡谷奥杜威工业最初被认为是以加工石核工具为主要策略的石器工业，石片被认为是副产品，石核和石球等被认为是工具，但随后Toth的实验研究显示奥杜威石核工具是对不同形状砾石的剥片的不同剥片阶段，奥杜威工业的主要策略是生产石

---

[1] Kimura Y. Examining time trends in the Oldowan technology at Beds Ⅰ and Ⅱ, Olduvai Gorge. *Journal of Human Evolution*, 2002, 43 (3): 291-321.

[2] Isaac G. L. Studies of early culture in East Africa. *World Archaeology*, 1969, 1 (1): 1-28.

[3] Gowlett J. A. J. A case of Developed Oldowan in the Acheulean?. *World Archaeology*, 1988, 20 (1): 13-26.

[4] Gowlett J. A. J. A case of Developed Oldowan in the Acheulean?. *World Archaeology*, 1988, 20 (1): 13-26.

[5] Proffitt T. Is there a Developed Oldowan A at Olduvai Gorge? A diachronic analysis of the Oldowan in Bed Ⅰ and Lower-Middle Bed Ⅱ at Olduvai Gorge, Tanzania. *Journal of Human Evolution*, 2018, 120: 92-113.

片①。Schick和Toth研究还指出奥杜威工业石球应是石核剥片后作为石锤使用的结果，而非刻意加工而成的工具②。但与此同时，奥杜威峡谷早期人类对石材的利用技术策略并非局限于生产石片，而是包括多种敲砸行为，如使石块敲砸处理猎物、敲开骨头或敲开坚果，一些岩块、石核和石球表面的棱脊上也存在破碎痕迹，与较频繁的敲砸行为有关③。

奥杜威峡谷的原料可以分为火山岩（lava）、石英（quartz）和燧石（chert）三大类，分别拥有不同的原料产地和初始形态。奥杜威工业遗址距离原料产地通常在4千米以内。火山岩原料多为砾石，石英原料多为岩块，燧石原料为结核。燧石原料的形状不规则不适合生产砍砸器，但细颗粒结构的燧石可以生产出带有锋利刃缘的石片④。奥杜威峡谷Bed Ⅰ和Bed Ⅱ层的代表性遗址是DK、FLK和HWK遗址。HWK EE遗址位于坦桑尼亚奥杜威峡谷2层中下部，20世纪70年代由Mary Leakey发掘，年代为距今约170万年。近年HWK EE遗址研究结果显示，HWK EE剥片方法包括锤击法和砸击法，主要为单面剥片和双面剥片（图2-2），同时修理工具比例较高，显示出奥杜威-阿舍利过渡阶段人类技术策略的多样性⑤。

8. 坦桑尼亚Peninj遗址

坦桑尼亚Peninj遗址奥杜威工业年代为距今160万~140万年。21世纪初期有研究者根据石核几何结构的剥片面数量、剥片方向和石核台面角度等，将该遗址石核类型划分为7型（图2-3），1型为单面局部剥片（unifacial simple partial exploitation），2型为单面向心剥片（unifacial centripetal exploitation），3型为单面陡刃剥片（unifacial abrupt exploitation），4型为两面局部剥片（bifacial partial exploitation），5型为两面等级化向心剥片（bifacial hierarchical centripetal exploitation），6型为多面不规则剥片（multifacial irregular），7型为多面体石核（polyhedral）。这些石核类型在本遗址没有占主导的，其中5型两面等级化向心剥片石核（图2-4）最多占30%。5型石核存在2个凸

①　Toth, N. The Oldowan Reassessed: A close look at early stone artifacts. *Journal of Archaeological Science*, 1985, 12, (2): 101-102.

②　Schick K., Toth N. *Making Silent Stones Speak*: *Human Evolution and the Dawn of Technology*. New York: Simon and Schuster, 1994: 130-133.

③　Mora R., De la Torre I. Percussion tools in Olduvai Beds Ⅰ and Ⅱ (Tanzania): Implications for early human activities. *Journal of Anthropological Archaeology*, 2005, 24 (2): 179-192.

④　Kimura Y. Examining time trends in the Oldowan technology at Beds Ⅰ and Ⅱ, Olduvai Gorge. *Journal of Human Evolution*, 2002, 43 (3): 291-321.

⑤　De la Torre I., Mora R. Oldowan technological behavior at HWK EE (Olduvai Gorge, Tanzania). *Journal of Human Evolution*, 2018, 120: 236-273.

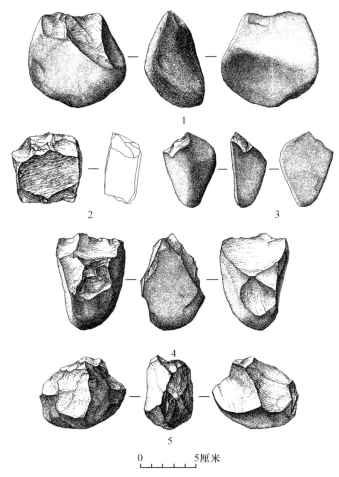

图2-2　奥杜威峡谷HWK EE遗址石核

1 ~ 3. 单面剥片石核　4、5. 双面剥片石核

［图片引自De la Torre I., Mora R. Oldowan technological behavior at HWK EE (Olduvai Gorge, Tanzania). *Journal of Human Evolution*, 2018, 120: 236-273］

面，分别是主剥片面和次剥片面，次剥片面的利用是为了更好地开发主剥片面[①]。坦桑尼亚Peninj遗址两面等级化向心剥片石核显示石器剥片技术已经相当复杂，属于早期的预制石核技术。

9. 小结

非洲上新世晚期人类石器工业肯尼亚Lomekwi 3（LOM3）遗址、埃塞俄比亚Omo

---

① De la Torre I., Mora R., Domínguez-Rodrigo M., et al. The Oldowan industry of Peninj and its bearing on the reconstruction of the technological skills of Lower Pleistocene hominids. *Journal of Human Evolution*, 2003, 44 (2): 203-224.

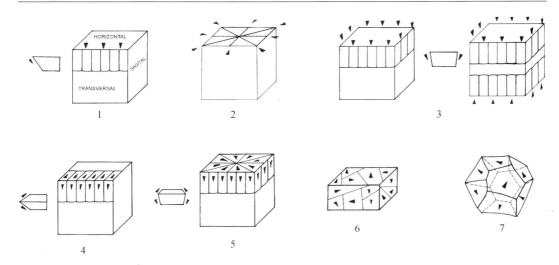

图2-3　坦桑尼亚Peninj遗址石核分型示意图

1. 1型单面局部剥片石核　2. 2型单面向心剥片石核　3. 3型单面陡刃剥片石核（含单向剥片和对向剥片）
4. 4型两面局部剥片石核　5. 5型两面等级化向心剥片石核　6. 6型多面不规则剥片石核　7. 7型多面体石核

（图片引自De la Torre I., Mora R., Domínguez-Rodrigo M., et al. The Oldowan industry of Peninj and its bearing on the reconstruction of the technological skills of Lower Pleistocene hominids. *Journal of Human Evolution*, 2003, 44: 203-224）

盆地、肯尼亚Lokalalei 1遗址和南非Swartkrans洞穴遗址等均显示出人类早期石器技术的原始性，包括石核上的敲砸痕迹、剥片强度和成功率不高、单面剥片石核的比例更高等。与此相对应的是，埃塞俄比亚Gona遗址、肯尼亚Lokalalei 2C遗址和时代更晚的奥杜威峡谷BedⅠ层和BedⅡ层、坦桑尼亚Peninj遗址等显示出较为成熟和高效的剥片体系，如双面剥片石核比例增加，石核的转动和剥片强度增加等。非洲人类早期石器技术发展并非简单的单线演化，而是呈现出复杂的多线演化特点。此外，非洲早期石核-石片工业生产者的身份仍然不明确，部分南方古猿很可能在非洲上新世晚期已经开始人类最早期石器生产。

（二）西亚与欧洲

1. 格鲁吉亚Dmanisi遗址

西亚地区是学界经常论及的早期人类走出非洲进而向欧亚大陆扩散的交通路口。目前西亚地区最早的石器组合发现于格鲁吉亚的Dmanisi遗址。格鲁吉亚Dmanisi遗址最下部A层近年来的古地磁法和氩氩法测年结果为距今185万～178万年，考古证据显示在此期间有反复的人类占据活动事件。Dmanisi遗址原料来自附近的基岩和砾石。遗址最下部A层的石器组合以石片和石核-砍砸器为主，未发现经过修理的石片工具。石片背面片疤方向主要为单向，但也存在背面片疤方向为多向的石片，后者显示出转动石核

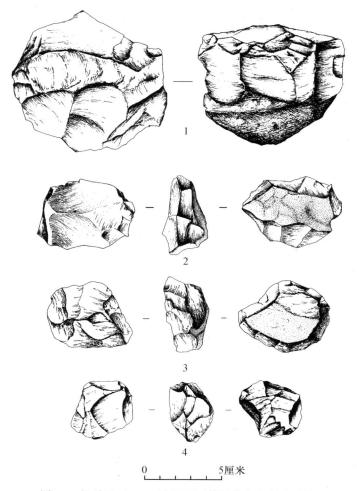

图2-4　坦桑尼亚Peninj遗址两面等级化向心剥片石核

（图片引自De la Torre I., Mora R., Domínguez-Rodrigo M., et al. The Oldowan industry of Peninj and its bearing on the reconstruction of the technological skills of Lower Pleistocene hominids. *Journal of Human Evolution*, 2003, 44: 203-224）

后生产尺寸较大石片的剥片策略。石核包括单面剥片石核、双面剥片石核和多面剥片石核[①]。

2. 西班牙Atapuerca遗址

欧洲最早石器工业在20世纪相当长的时间里被认为是阿舍利工业，但20世纪90年代以来在欧洲不同地区发现了年代更早的石核-石片工业，以西班牙中北部Atapuerca遗

---

① Ferring R., Oms O., Agustí J., et al. Earliest human occupations at Dmanisi (Georgian Caucasus) dated to 1.85-1.78 Ma. *PNAS*, 2011, 108 (26): 10432-10436.

址最具代表性。Atapuerca遗址Sima del Elefante地点TE9层出土了人类化石、动物化石与打制石器共存的证据，古地磁与生物地层学等测年结果为距今120万～110万年，是欧洲经过精准测年的最早的人类活动记录，石器工业为典型的石核-石片工业[①]。Sima del Elefante地点出土石制品的早更新世的层位包括TE8、TE9、TE11、TE12、TE13、TE14，共出土石制品86件。其中TE9层最为丰富，出土石制品71件。石器原料以不同类型的燧石为主，另有石英等。石核剥片策略以单面单向为主，另有双面剥片石核等。工具数量和类型较少，为拥有不同刃部形态的刮削器[②]。

Atapuerca遗址Gran Dolina地点在20世纪90年代的发掘中TD6层出土了丰富的动物化石、石制品（图2-5）与人类化石，TD6层的古地磁年代为距今约80万年[③]。石器工业原料为近距离的灰岩、砂岩、石英岩和燧石等。石器组合中不存在手斧、薄刃斧、手镐和精致修理的刮削器等，系石核-石片工业，主要目的是生产小型石片，并进一步加工为工具。石核和重型工具（如单面加工的砍砸器）的比例占10%左右。石核以双面剥片和多面剥片为主，常见多向剥片，部分石片背面片疤呈向心方向，显示向心剥片的存在。工具组合包括锯齿刃器、凹缺刮器和边刮器等，许多工具保留了处理动物资源和木材资源的使用痕迹。工具多以优质燧石为原料，显示出石器打制者对原料的选择性利用和一定程度的计划性[④]。

3. 西班牙Orce地区

西班牙Orce地区Barranco León与Fuente Nueva 3遗址的年代经古地磁、ESR和生物年代学分析结果为距今140万～120万年，均在地层中发现动物化石与打制石器共存。这两个遗址的石器组合较为相似，原料为附近的燧石和灰岩砾石，系小型石核-石片工业，主要目的是生产小型石片，不见经二次修理的石片工具，另存在少量的灰岩重型工具。石核存在单面剥片、双面剥片和多面剥片等多种类型，剥片方向也包括单向、对向和多向等[⑤]。

① Carbonell E., Bermúdez de Castro J. M., Parés J. M., et al. The first hominin of Europe. *Nature*, 2008, 452 (7186): 465-470.

② Lombera-Hermida A., Bargalló A., Terradillos-Bernal M., et al. The lithic industry of Sima del Elefante (Atapuerca, Burgos, Spain) in the context of Early and Middle Pleistocene technology in Europe. *Journal of Human Evolution*, 2015, 82: 95-106.

③ Carbonell E., Bermúdez de Castro J. M., Arsuaga J. L., et al. Lower pleistocene hominids and artifacts from Atapuerca-TD6 (Spain). *Science*, 1995, 269 (5225): 826-830.

④ Carbonell E., García-Antòn M. D., Mallol C., et al. The TD6 level lithic industry from Gran Dolina, Atapuerca (Burgos, Spain): Production and use. *Journal of Human Evolution*, 1999, 37 (3-4): 653-693.

⑤ Moyano I. T., Barsky D., Cauche D., et al. The archaic stone tool industry from Barranco León and Fuente Nueva 3, (Orce, Spain): Evidence of the earliest hominin presence in southern Europe. *Quaternary International*, 2011, 243: 80-91.

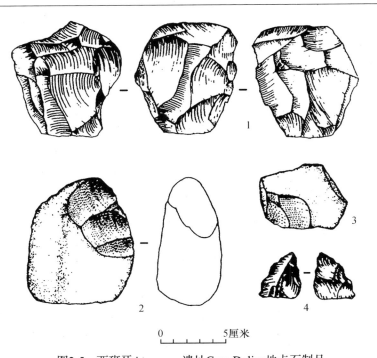

0　　　　　5厘米

图2-5　西班牙Atapuerca遗址Gran Dolina地点石制品

1. 多面剥片石核　2. 单面剥片石核　3. 石片　4. 锯齿刃器

［图片引自Carbonell E., Bermúdez de Castro J. M., Arsuaga J. L., et al. Lower pleistocene hominids and artifacts from Atapuerca-TD6 (Spain). *Science*, 1995, 269 (5225): 826-830］

4. 英国Happisburg 3号遗址与Pakefield遗址

西北欧地区近年来也发现了更新世早中期人类拓殖高纬度地区的证据。英国Happisburg 3号遗址古地磁年代分析显示该遗址的年代大于距今78万年，发现了78件燧石石器，包括石核、石片和石片工具，未见手斧等阿舍利技术因素，属于石核-石片工业。石器组合中石片尺寸较大，存在尺寸为14.5厘米的大石片，另外石片工具的比例较高，显示这些石器可能并非本地生产而是由人群从外地携带而来[1]。英国Pakefield遗址的古地磁年代为距今约70万年，是早期人类拓殖欧洲北部地区的代表性遗址。该遗址发现打制石器32件，包括1件石核、1件修理石片和若干石片等，未见阿舍利技术因素，属于石核-石片工业[2]。

---

[1]　Parfitt S. A., Ashton N. M., Lewis S. G., et al. Early Pleistocene human occupation at the edge of the boreal zone in northwest Europe. *Nature*, 2010, 466 (7303): 229-233.

[2]　Parfitt S. A., Barendregt R. W., Breda M., et al. The earliest record of human activity in northern Europe. *Nature*, 2005, 438 (7070): 1008-1012.

5. 小结

近年来格鲁吉亚Dmanisi遗址、西班牙Atapuerca遗址与英国Happisburg 3号、Pakefield遗址等发现显示早期人类对欧洲占据的时间比以往认识要早。现有证据显示，早期人类向南欧地区扩散的时间不晚于距今约120万年，早期人类向西北欧扩散的时间不晚于距今78万年，均处于更新世早期，当时人类使用的石器技术为典型的石核-石片技术，以Atapuerca遗址最具代表性。

时代较早的Atapuerca遗址Sima del Elefante地点TE9层石器工业以单面单向剥片为主，二次加工的工具比例很低；时间稍晚的Gran Dolina地点TD6层石器工业剥片策略多样化，工具比例增加。另外值得关注的是，西班牙Atapuerca遗址距今80万～50万年存在人类活动的空白期，这个空白期可能意味着Atapuerca遗址的石核-石片技术没有演化为距今约50万年该遗址出现的阿舍利技术。Atapuerca遗址的空白期似乎并非局限于当地，而是在欧洲具有普遍性，这显示欧洲早期石核-石片技术与随后阿舍利技术之间存在不连续性[①]。

二、中国早期石核-石片技术

截至目前，我国发现了相当数量的早更新世遗址，其中年代较早、地层无争议、经过系统发掘和测年，且石器剥片序列较为完整的以河北阳原泥河湾盆地的早更新世遗址群为代表。另外近年来在秦岭地区陕西上陈遗址发现了年代超过200万年的打制石器，未来进一步值得关注和检验。

（一）秦岭地区

陕西蓝田县上陈遗址位于公王岭遗址以北约4千米，上陈遗址黄土地层中自L28至S15的17个层位均发现了打制石器，年代跨度为距今212万～126万年。黄土地层中出土的石制品共82件，其中S22（距今157万～154万年）出土石制品25件，S27（距今212万～209万年）出土石制品6件，L28（距今约212万年）出土石制品6件。石器原料为近距离的石英岩和石英砾石，石制品类型包括石核、石片、工具和残端品。石核17件，以锤击石器（15件）为主体，另有砸击石核2件。石核剥片序列比较简单，每件石核上的平均片疤为4.6个，每件石核上的平均剥片方向为2.3个。经过二次加工的工具34件，

---

① Mosquera M., Ollé A., Rodríguez X. P. From Atapuerca to Europe: Tracing the earliest peopling of Europe. *Quaternary International*, 2013, 295: 130-137.

以刮削器（17件）为主，另有凹缺刮器、尖状器、钻等类型①。

（二）河北阳原泥河湾盆地

1. 马圈沟遗址

马圈沟遗址在20世纪90年代至21世纪初期进行了多次考古发掘，在自上而下第Ⅰ、Ⅱ、Ⅲ层位中均发现早更新世时期的打制石器与动物化石共存，古地磁年代分析结果为马圈沟第Ⅲ层年代为距今约166万年，第Ⅱ层年代为距今约164万年，第Ⅰ层年代为距今约155万年②。

马圈沟遗址3个文化层的石器工业均为典型的小石片石器工业。第Ⅲ层原料来自遗址附近的基岩，以黑色燧石为主，另有硅质岩和凝灰岩等。石核以单台面石核为主，另有双台面石核和多台面石核。一些优质原料的石核，剥片过程中反复旋转多面剥片，利用程度较高。工具组合中经过第二步加工修理的数量并不多，毛坯为石片和残片，类型为刮削器、凹缺刮器等③。马圈沟第Ⅱ层原料来自遗址附近基岩，以黑色和灰色燧石为主。石核32件，其中单台面石核30件占据主体，另有2件为多台面石核。工具25件，其中刮削器22件，占据主体，另有凹缺刮器等④。马圈沟遗址第Ⅰ层原料为附近的燧石。石制品包括石核、石片和不完整石片等（图2-6）。地层中出土石核5件，包括单台面石核2件、双台面石核2件和多台面石核1件。地层中出土工具仅1件，为刮削器⑤。

2. 小长梁遗址

小长梁遗址自20世纪70年代末以来经历多次发掘，古地磁测年分析结果为距今约136万年⑥。小长梁遗址石器工业为典型的小石片石器工业，石器原料以不同颜色的燧石为主，另有少量的火成岩和石英等，均来自遗址附近。

小长梁遗址石制品先后经过多位学者多次观察研究，并得出了一些不同的认识。

① Zhu Z. Z., Dennell R., Huang W. W., et al. Hominin occupation of the Chinese Loess Plateau since about 2.1 million years ago. *Nature*, 2018, 559 (7715): 608-612.

② Zhu R. X., Potts R., Xie F., et al. New evidence on the earliest human presence at high northern latitudes in northeast Asia. *Nature*, 2004, 431 (7008): 559-562.

③ 谢飞、李珺、刘连强：《泥河湾旧石器文化》，石家庄：花山文艺出版社，2006年，第37—40页。

④ 谢飞、李珺、刘连强：《泥河湾旧石器文化》，石家庄：花山文艺出版社，2006年，第31—33页。

⑤ 谢飞、李珺、刘连强：《泥河湾旧石器文化》，石家庄：花山文艺出版社，2006年，第20—25页。

⑥ Zhu R. X., Hoffman K. A., Potts R., et al. Earliest presence of humans in northeast Asia. *Nature*, 2001, 413 (6854): 413-417.

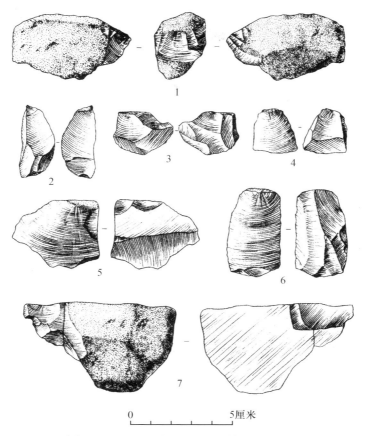

图2-6　河北泥河湾马圈沟遗址第 I 层石制品
1、7. 单台面石核　2. 裂片　3. 双台面石核　4~6. 石片
（图片引自谢飞、李珺、刘连强：《泥河湾旧石器文化》，石家庄：花山文艺出版社，2006年，第20—25页）

如原发掘报告认为小长梁遗址石器工业加工简单，剥片以锤击法为主，存在砸击法，很多小石片未经加工但存在使用痕迹，工具比例低，呈现原始性[①]。

　　20世纪80年代有学者指出小长梁石器工业的进步性，包括对原料的利用率较高，一些石核上的片疤窄长而浅平，另外存在一些小的长石片，还出现了修理台面的实例，工具类型已经相当复杂，包括刮削器（含端刃刮削器、凹缺刮削器）、尖状器、钻和小砍砸器（交互加工而成）等[②]。

　　20世纪90年代末有学者指出小长梁石制品的原料利用率并不高，几件不规则的石叶状的石片也不足以说明剥片技术的进步，所谓修理台面的石片也难以肯定，没有显

① 　a. 尤玉柱、汤英俊、李毅：《泥河湾组旧石器的发现》，《第四纪研究》1980年第1期。
　　b. 尤玉柱：《河北小长梁旧石器遗址的新材料及其时代问题》，《史前研究》1983年第1期。
② 　黄慰文：《小长梁石器再观察》，《人类学学报》1985年第4期。

示出任何明显的进步性，没有达到北京猿人石器工业水平[1]。

21世纪初，有学者根据小长梁遗址1998年和1990～1997年5次发掘所获石制品用操作链分析概念进行石器分析，认为小长梁石器工业受劣质石料的影响很大，原料来自附近的河流砾石和基岩，碎屑和断块比例极高，采用锤击法和砸击法剥片，锤击石核有单台面、双台面和多台面等，工具比例低[2]。

近年来新的石器分析结果显示，小长梁遗址石核剥片方法为砸击法和锤击法并重。锤击石核以单面单向剥片（占56%）为主体，另外存在一定数量的单面对向剥片石核（占17.1%）、双面剥片石核（占14.6%）和多向随机剥片石核（占12.2%）（图2-7）。工具数量占石制品总数的3.1%，修理方式不规则，类型包括刮削器、锯齿刃器、钻等[3]。

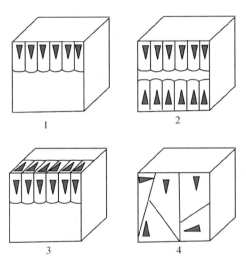

图2-7　河北泥河湾小长梁遗址石核剥片示意图

1.单面单向剥片石核　2.单面对向剥片石核
3.双面剥片石核　4.多向随机剥片石核

[图片引自Yang S. X., Hou Y. M., Yue J. P., et al. The lithic assemblage of Xiaochangliang, Nihewan Basin: Implications for Early Pleistocene hominin behavior in North China. *PLoS ONE*, 2016, 11 (5): e0155793]

3. 东古坨遗址

东古坨遗址自20世纪80年代初以来经过多次发掘，遗址的古地磁年代为距今约110万年[4]。东古坨遗址石器工业为典型的小石片石器工业。20世纪80年代研究者将石核分为单台面石核（占21.1%）、双台面石核（占33.6%）、多台面石核（占44.1%）和砸击石核（占1.3%）（图2-8）。研究者注意到多台面石核中有1件呈扁平状的石核，两侧面布满了片疤，在一边侧缘上分布着多个近平行的窄长片疤，与细石器中的楔状石核有相似之处（图2-8）。工具类型以刮削器为主体（图2-9），另有尖状器和砍砸器。工具加工精细，形态多样[5]。

20世纪90年代末至21世纪初期，有学者在

① 李炎贤：《关于小长梁石制品的进步性》，《人类学学报》1999年第4期。

② 陈淳、沈辰、陈万勇等：《小长梁石工业研究》，《人类学学报》2002年第1期。

③ Yang S. X., Hou Y. M., Yue J. P., et al. The lithic assemblage of Xiaochangliang, Nihewan Basin: Implications for Early Pleistocene hominin behavior in North China. *PLoS ONE*, 2016, 11 (5): e0155793.

④ Wang H. Q., Deng C. L., Zhu R. X., et al. Magnetostratigraphic dating of the Donggutuo and Maliang Paleolithic sites in the Nihewan Basin, North China. *Quaternary Research*, 2005, 64 (1): 1-11.

⑤ 卫奇：《东谷坨旧石器初步观察》，《人类学学报》1985年第4期。

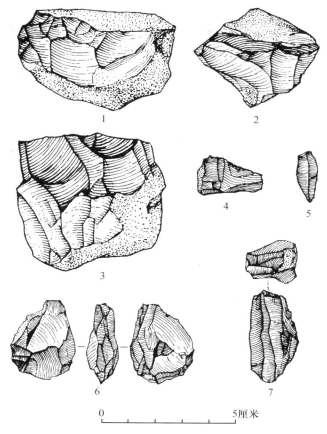

图2-8　河北泥河湾东古坨遗址石核
1. 单台面石核　2. 双台面石核　3、4、6. 多台面石核　5、7. 砸击石核
（图片引自卫奇：《东谷坨旧石器初步观察》，《人类学学报》1985年第4期）

前人研究基础上提出东古坨遗址中存在"东古坨石核"，系经过预制的定型石核，几何结构类似东亚旧石器时代晚期细石叶工业中的楔形细石核，存在预制台面和预制底缘的操作程序[①]。东古坨工具组合包括尖状器、锯齿刃器、雕刻器、端刮器、边刮器和凹缺器等[②]。

　　近年来的研究显示，东古坨遗址石器原料来自遗址附近基岩，以燧石为主体，另有少量石英和安山岩等。剥片技术以硬锤锤击剥片（占77.47%）为主，砸击剥片法（占22.53%）为辅。锤击石核以单向剥片石核（占70.37%）为主体，另外包括对向剥片石核（占7.94%）、多向随机剥片石核（占11.11%）、双面剥片石核（占5.82%）和

① 侯亚梅：《"东古坨石核"类型的命名与初步研究》，《人类学学报》2003年第4期。

② 侯亚梅、卫奇、冯兴无等：《泥河湾盆地东谷坨遗址再发掘》，《第四纪研究》1999年第2期。

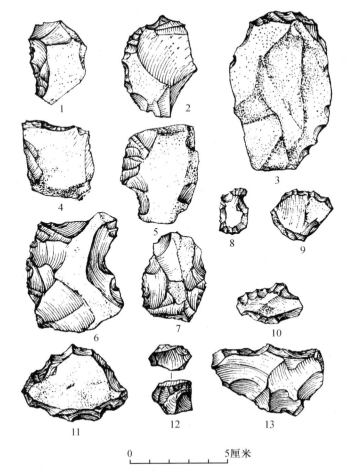

图2-9　泥河湾东古坨遗址刮削器

（图片引自卫奇：《东谷坨旧石器初步观察》，《人类学学报》1985年第4期）

楔形石核（占3.67%）[①]。所谓楔形石核，即此前所命名的"东古坨石核"。工具占石制品总数的9.85%，类型包括刮削器、锯齿刃器、凹缺刮器、钻和尖状器等。

4. 麻地沟遗址

麻地沟（MDG）是泥河湾盆地近年来新发现和发掘的遗址群。MDG-E6和MDG-E7地点发现于2007年，2012～2013年正式发掘，地层和初步古地磁测年推测年代为距今约107万年。石制品原料为遗址附近的燧石、白云岩和火山岩，来自岩块和砾石。发掘者将MDG-E6地点石核划分为砍砸器石核（包括单面和双面）、重型刮削器、多面体石核、盘状石核和随意石核，其中双面盘状石核（占11.36%）剥片利用率最

---

① Yang S. X., Petraglia M. D., Hou Y. M., et al. The lithic assemblage of Donggutuo, Nihewan basin: Knapping skills of Early Pleistocene hominins in North China. *PLoS ONE*, 2017, 12 (9): e0185101.

高。MDG-E7地点石核包括两面砍砸器石核、重型刮削器、随意石核和准石球[①]。

　　MDG-E5地点发现于2007年，2014年发掘，初步古地磁年代测定显示古人类在遗址活动时间为距今约120万年。石制品原料来自遗址附近，岩性以硅质白云岩、燧石和火成岩为主。石核包括砍砸器石核（占36%，包括单面和双面）、重型刮削器石核（20%）、石核刮削器（8%）、多面体石核（20%）和随意石核（12%）。石核的片疤数1~20个不等，平均每个石核有8个石片疤。工具类型包括刮削器、凹缺器和锯齿刃器[②]。

5. 小结

　　中国最早期石核-石片工业的技术特征在河北泥河湾盆地得到了较为清晰的体现。距今166万~155万年的马圈沟遗址3个文化层的石器工业剥片策略以单面剥片为主体，工具类型和比例较低。距今约136万年的小长梁遗址锤击法与砸击法并重，锤击法剥片策略以单面剥片为主体，新出现双面剥片石核，工具类型更为多样，包括端刃刮削器、凹缺刮器、尖状器、钻和砍砸器等。距今约120万年的麻地沟遗址E5地点和距今约107万年的MDG-E6、MDG-E7地点石器工业为锤击法剥片，单面、双面和多面剥片石核均存在，其中MDG-E6地点出现剥片利用率较高的双面盘状石核。距今约110万年的东古坨遗址以锤击法剥片为主，辅以砸击法剥片，锤击法剥片策略以单向剥片为主体，但出现一定数量的预制石核，工具修理非常精细，类型多样，包括刮削器、锯齿刃器、凹缺刮器、钻和尖状器等。

三、比较与讨论

（一）早期石核-石片技术的出现与扩散

　　现有考古资料显示，石核-石片技术是人类最早的石器技术，目前最早的证据来自东非，系距今约330万年肯尼亚Lomekwi 3（LOM3）遗址。距今约260万年之后石核-石片技术在非洲有较为广泛的发现，包括距今260万~250万年埃塞俄比亚Gona遗址，距今约234万年埃塞俄比亚Omo盆地诸遗址，距今约234万年肯尼亚Lokalalei 1、Lokalalei2C遗址，距今约218万年南非Swartkrans洞穴遗址，距今187万~165万年奥杜威峡谷BedⅠ层和BedⅡ层，距今160万~140万年坦桑尼亚Peninj遗址等。近年来，学者

① 贾真秀、裴树文、马宁等：《泥河湾盆地麻地沟E6和E7旧石器地点发掘简报》，《人类学学报》2016年第3期。
② 裴树文、贾真秀、马东东等：《泥河湾盆地麻地沟E5旧石器地点的遗址成因与石器技术》，《人类学学报》2016年第4期。

们发现非洲早期石核-石片工业存在一定程度的技术复杂性，包括对原料性能的认识、对原料类型的选择、一定程度的计划性、对资源环境的适应性、技术知识的教授-学习和相对高效的剥片技术[①]。非洲早期石核-石片工业并非均质，而是呈现出显著的多样性，这些多样性与不同遗址的地貌景观、气候波动和资源可获性密切相关[②]。

石核-石片技术在欧亚大陆的出现时间晚于非洲，该技术在欧亚大陆的出现很可能是早期人类（直立人或更早期人群）走出非洲向欧亚大陆扩散的结果。目前欧亚大陆最早的石核-石片工业来自距今约212万年我国陕西蓝田上陈遗址午城黄土层，其次来自距今185万～178万年格鲁吉亚Dmanisi遗址。我国泥河湾盆地保存了丰富的早更新世遗址，以距今166万～155万年的马圈沟遗址、距今约136万年的小长梁遗址、距今120万～107万年的麻地沟遗址群和距今约110万年的东古坨遗址等为代表。

欧洲已发现的早期石核-石片工业的出现时间晚于亚洲，显示早期人类走出非洲向欧洲扩散的时间可能晚于亚洲。由于地理、环境和气候因素，人类最早向南欧扩散的时间早于北欧。南欧以西班牙Atapuerca遗址距今120万～110万年Sima del Elefante地点TE9层、距今约80万年Gran Dolina地点TD6层为代表；北欧以英国距今早于78万年Happisburg 3号遗址、距今约70万年Pakefield遗址为代表。

（二）早期石核-石片技术的历时性发展趋势与多样性

虽然东非、东亚和欧洲等不同地区早期石核-石片工业的出现时间有早晚之别，但是东亚和欧洲的最早期石核-石片工业并没有因为年代较晚而呈现出所谓的先进性，如东亚距今约212万年上陈遗址和距今166万～155万年的马圈沟遗址、西南欧距今120万～110万年Sima del Elefante地点TE9层等石器工业剥片策略均较为简单，以单面单向剥片为主，二次加工的工具比例很低，一定程度上呈现出与距今约330万年肯尼亚Lomekwi 3（LOM3）遗址和距今260万～250万年埃塞俄比亚Gona遗址相似的石器工业特点。

东非、东亚和欧洲等不同地区的早期石核-石片工业似乎都能发现一些历时性的技术发展趋势，如距今约234万年肯尼亚Lokalalei 2C遗址和距今187万～165万年奥杜威峡谷Bed I 层和Bed II 层等显示出较为成熟和高效的剥片体系，如双面剥片石核比例增加，石核的转动和剥片强度增加等；距今160万～140万年坦桑尼亚Peninj遗址双面等级化向心剥片石核显示石器剥片技术已经相当复杂，出现了早期的预制石核技术。东亚

---

①　De la Torre I., Mora R. Oldowan technological behavior at HWK EE (Olduvai Gorge, Tanzania). *Journal of Human Evolution*, 2018, 120: 236-273.

②　Gallotti R. Before the Acheulean in East Africa: An overview of the Oldowan lithic assemblages// Gallotti R., Mussi M. *The Emergence of the Acheulean in East Africa and Beyond*. Cham: Springer International Publishing AG, 2018: 13-32.

距今约110万年的东古坨遗址出现类似楔形细石核的"东古坨定型石核"。南欧距今约80万年Gran Dolina地点TD6层石器工业剥片策略多样化，工具比例增加。

上述不同地区的早期石核-石片工业历时性变化确实既不是单线的，也不是绝对的，而是多线的、相对的技术演化过程。旧大陆不同地区的时代稍晚的早期石核-石片工业中，均存在相对原始的剥片策略，如东非距今约234万年埃塞俄比亚Omo盆地诸遗址和距今约234万年肯尼亚Lokalalei 1，东亚距今约107万年麻地沟遗址MDG-E7地点等。非洲、亚洲和欧洲不同地区的相同时代的石核-石片工业不存在剥片技术策略的直接对应关系。世界不同地区的早期石核-石片工业打制者一方面在代代相传的石器技术知识教授-学习过程中不断积累和拓展技术能力，另一方面不同地区、不同时代的石器打制者灵活适应与利用当地的环境与资源，不同的石器工业组合与原料的可获性、遗址功能、占据时间等因素均有密切的相关性。

第三章　阿舍利技术

　　阿舍利技术是史前人类石器技术的一个重要代表。结合非洲和西亚等地区的考古发现，阿舍利技术的出现与直立人的出现密切相关，随后在超过150万年的大尺度里经久不衰，并在非洲、欧洲和亚洲部分地区被不同人群广泛利用。阿舍利工业一方面往往拥有与奥杜威工业相似的石核-石片组合，另一方面新出现更为大型和标准化的工具，其中最为经典的作品是周身两面修理的、拥有对称美感和修长身躯的手斧，此外往往还包括薄刃斧和手镐等。在当今学术界，阿舍利工具组合也常常被称为两面器（尽管有时是单面修理），或大型切割工具（尽管三棱手镐往往不具备大型切割刃缘），实验和微痕研究显示以手斧和手镐为代表的大型切割工具往往在屠宰和处理动物时作为重型工具使用，常见功能包括切割肉皮、切断关节和切割肉块等[①]。阿舍利技术的出现是人类认知能力和行为方式发展的重要表现，标志着人类计划深度的提高、活动范围的扩大、对原料选择的增强和适应更多样化的生态环境[②]。

　　阿舍利工业的不同器物类型之间的区分并非绝对的。结合当今学术界的主流观点，本书对手斧的定义大体为：拥有呈汇聚形态的两个修锐的纵向切割刃缘；顶部（远端）可以是锐尖，也可以是钝尖，甚至为舌形或近圆形；单面修理与双面修理均可；长度通常大于10厘米。薄刃斧的定义大体为：顶部（远端）为横向或斜向刃缘（通常不经第二步修理或第二步修理程度低），刃缘与器身长轴垂直或近垂直；两侧边和底部通常修钝，便于手持；单面修理与双面修理均可；长度通常大于10厘米。手镐定义为：往往器身较厚重，修理意图在于远端的尖部，常见三棱状；单面与双面修理均可；长度通常大于10厘米。

---

① Toth N., Schick K. Why did the Acheulean happen? Experimental studies into the manufacture and function of Acheulean artifacts. *L'Anthropologie*, 2019, 123 (4-5): 724-768.

② a. Moncel M, Ashton N. From 800 to 500 ka in Western Europe. The oldest evidence of Acheuleans in their technological, chronological, and geographical framework// Gallotti R., Mussi M. *The Emergence of the Acheulean in East Africa and Beyond*, Cham: Springer International Publishing AG, 2018: 215-235.

b. Presnyakova D., Braun D. R., Conard N. J., et al. Site fragmentation, hominin mobility and LCT variability reflected in the early Acheulean record of the Okote Member, at Koobi Fora. Kenya. *Journal of Human Evolution*, 2018, 125: 159-180.

c. Moncel M. H., Ashton N., Lamotte A., et al. The Early Acheulian of north-western Europe. *Journal of Anthropological Archaeology*, 2015, (40): 302-331.

一、西方早期阿舍利

（一）非 洲

20世纪60～80年代，学界认为最早的阿舍利位于坦桑尼亚北部的两个地区，即奥杜威和Peninj。在奥杜威，最早的阿舍利文化覆盖在Tuff Ⅱb层之上，以EF-HR组合为代表，时代超过距今150万年。20世纪90年代以来，埃塞俄比亚Gona地区新发现的BSN-12、OGS-5和OGS-12遗址阿舍利工业，年代超过距今160万年[1]。埃塞俄比亚南部Konso Formation发现的KGA6-A1遗址阿舍利工业，年代距今约175万年[2]。肯尼亚西图卡纳湖地区的Kokiselei 4遗址，年代数据为距今176万年，出土了目前时代最古老的手斧[3]。

结合已有认识和新的发现，阿舍利传统应该在距今175万年左右前起源自东非，以肯尼亚Kokiselei 4遗址和埃塞俄比亚KGA6-A1遗址为代表。阿舍利传统在距今170万～140万年广泛确立，以东非Melka Kunture[4]、Konso Formation[5]、奥杜威峡谷2层TK遗址[6]和Peninj[7]为代表，南非的Rietputs遗址、Sterkfontein洞穴（Member 5）和Swartkrans洞穴（Member 2 and 3）也在这个阶段。

---

① Quade J., Levin N., Semaw S., et al. Paleoenvironments of the earliest stone toolmakers, Gona, Ethiopia. *Geological society of America Bulletin*, 2004, 116 (11-12): 1529-1544.

② Beyene Y., Katoh S., WoldeGabriel G., et al. The characteristics and chronology of the earliest Acheulean at Konso, Ethiopia. *PNAS*, 2013, 110 (5): 1584-1591.

③ Lepre C. J., Roche H., Kent D. V., et al. An earlier origin for the Acheulian. *Nature*, 2011, 477 (7362): 82-85.

④ Gallotti R., Mussi M. Two Acheuleans, two humankinds: From 1.5 to 0.85 Ma at Melka Kunture (Upper Awash, Ethiopian highlands). *Journal of Anthropological Sciences*, 2017, 95: 137-181.

⑤ Beyene Y., Katoh S., WoldeGabriel G., et al. The characteristics and chronology of the earliest Acheulean at Konso, Ethiopia. *PNAS*, 2013, 110 (5): 1584-1591.

⑥ Santonja M., Rubio-Jara S., Panera J., et al. Bifacial shaping at the TK Acheulean site (Bed Ⅱ, Olduvai Gorge, Tanzania): New excavations 50 years after Mary Leakey// Gallotti R., Mussi M. *The Emergence of the Acheulean in East Africa and Beyond*. Cham: Springer International Publishing AG, 2018: 153-181.

⑦ Diez-Martín F., Sánchez-Yustos P., Luque L. The East African Early Acheulean of Peninj (Lake Natron, Tanzania) // Gallotti R., Mussi M. *The Emergence of the Acheulean in East Africa and Beyond*. Cham: Springer International Publishing AG, 2018: 129-151.

1. 肯尼亚Kokiselei 4与埃塞俄比亚KGA6-A1遗址

肯尼亚Kokiselei 4（KS4）的年代为距今176万年[1]，出土了相当数量单面加工和两面加工的大型手斧以及手镐，毛坯以砾石为主（图3-1）[2]。埃塞俄比亚Konso组KGA6-A1遗址距今约175万年，原料是本地玄武岩，共发现47件大石片，其中18件被进一步加工为手镐、手斧或薄刃斧，尺寸较大的工具超过20厘米[3]。KGA6-A1遗址阿舍利工具大多为正向单面加工，工具修疤数量通常小于10个，经过修理的不带石皮的面积约一半。手镐数量最多，毛坯为大而厚的石片，尖部较厚，两侧边修钝，一个侧边通常修理为凹刃，另外一个侧边被修理为直而陡的刃缘[4]。

图3-1　肯尼亚Kokiselei 4遗址手斧

（图片引自Texier P. J. Technological assets for the emergence of the Acheulean? Reflections on the Kokiselei 4 lithic assemblage and its place in the archaeological context of West Turkana, Kenya// Gallotti R., Mussi M. *The Emergence of the Acheulean in East Africa and Beyond*. Cham: Springer International Publishing AG, 2018: 33-52）

① Lepre C. J., Roche H., Kent D. V., et al. An earlier origin for the Acheulian. *Nature*, 2011, 477 (7362): 82-85.

② Texier P. J. Technological assets for the emergence of the Acheulean? Reflections on the Kokiselei 4 lithic assemblage and its place in the archaeological context of West Turkana, Kenya// Gallotti R., Mussi M. *The Emergence of the Acheulean in East Africa and Beyond*. Cham: Springer International Publishing AG, 2018: 33-52.

③ Beyene Y., Katoh S., WoldeGabriel G., et al. The characteristics and chronology of the earliest Acheulean at Konso, Ethiopia. *PNAS*, 2013, 110 (5): 1584-1591.

④ Beyene Y., Katoh S., WoldeGabriel G., et al. The characteristics and chronology of the earliest Acheulean at Konso, Ethiopia. *PNAS*, 2013, 110 (5): 1584-1591.

2. 坦桑尼亚奥杜威峡谷FLK West遗址

坦桑尼亚奥杜威峡谷的FLK West早期阿舍利遗址，距今约170万年，是目前发现最早的与动物化石共存的阿舍利组合[①]。石器原料以石英为主，另有火成岩和燧石。其中第6层发现35件大石片、4件大石核、28件大型切割工具（包括手斧）。大型切割工具毛坯为大石片或板状岩块，修理方式多为两面修理，并且是非入侵式（non-invasive）修疤居多，尖部明显，形态原始，对称性较低[②]。

3. 埃塞俄比亚Gona遗址BSN-12和OGS-12地点

埃塞俄比亚Gona遗址BSN-12和OGS-12地点发现了距今160万～120万年的阿舍利组合，包括手斧、薄刃斧、手镐等，以及石核、石片等，原料包括粗面岩、流纹岩和玄武岩等[③]。Gona地区BSN-12遗址地表发现了3件手斧，但地层中仅见有奥杜威工业石器，距今120万年左右。OGS-12遗址距今160万～150万年，地表发现了12件手斧和11件手镐，地层中发现了1件手斧（图3-2）[④]。

4. 南非Rietputs 15遗址

南非由于缺乏东非的火山灰堆积，早期遗址测年工作薄弱。新的测年方法显示南非的阿舍利工业出现于距今160万年，与东非大体同时，显示早期阿舍利技术的快速传播和发展[⑤]。南非Rietputs 15遗址阿舍利工业年代不晚于距今150万～130万年，阿舍利工业组合包括10件手斧、2件薄刃斧和2件手镐，毛坯以大石片为主。10件完整手斧平均拥有17个修疤，这些修疤包括大型修疤和小型精修片疤（图3-3，1～3），手斧的修

---

①　Diez-Martín F., Yustos P. S., Uribelarrea D., et al. The origin of the Acheulean: The 1.7 million-year-old site of FLK West, Olduvai Gorge (Tanzania). *Scientific Reports*, 2015, 5 (1): 17839.

②　Diez-Martín F., Yustos P. S., Uribelarrea D., et al. The origin of the Acheulean: the 1.7 million-year-old site of FLK West, Olduvai Gorge (Tanzania). *Scientific Reports*, 2015, 5 (1): 17839.

③　Semaw S., Rogers M. J., Cáceres I., et al. The early Acheulean ～1.6-1.2 Ma from Gona, Ehiopia: Issues related to the emergence of the Acheulean in Africa// Gallotti R., Mussi M. *The Emergence of the Acheulean in East Africa and Beyond*. Cham: Springer International Publishing AG, 2018: 115-128.

④　Semaw S., Rogers M. J., Cáceres I., et al. The early Acheulean ～1.6-1.2 Ma from Gona, Ehiopia: Issues related to the emergence of the Acheulean in Africa// Gallotti R., Mussi M. *The Emergence of the Acheulean in East Africa and Beyond*. Cham: Springer International Publishing AG, 2018: 115-128.

⑤　Gibbon R. J., Granger D. E., Kuman K, et al. Early Acheulean technology in the Rietputs Formation, South Africa, dated with cosmogenic nuclides. *Journal of Human Evolution*, 2009, 56 (2): 152-160.

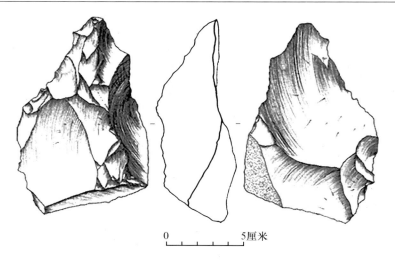

0 　　　　　　5厘米

图3-2　埃塞俄比亚Gona遗址OGS-12地点手斧

（图片引自Semaw S., Rogers M. J., Cáceres I., et al. The early Acheulean ~ 1.6-1.2 Ma from Gona, Ehiopia: Issues related to the emergence of the Acheulean in Africa// Gallotti R., Mussi M. *The Emergence of the Acheulean in East Africa and Beyond*. Cham: Springer International Publishing AG, 2018: 115-128）

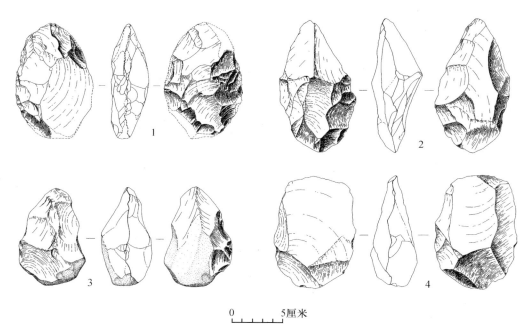

0 　　　5厘米

图3-3　南非Rietputs 15遗址手斧与薄刃斧

1 ~ 3. 手斧　4. 薄刃斧

（图片引自Kuman K., Gibbon R. J. The Rietputs 15 site and Early Acheulean in South Africa. *Quaternary International*, 2018, 480: 4-15）

疤侵入程度是多样化的，通常背面的中心保留石皮[①]。2件薄刃斧均以宽石片为毛坯，单面修理，修疤很少（图3-3，4）。南非早期阿舍利工业遗址还包括Sterkfontein（距今约160万年）和Swartkrans（距今约150万年）等遗址，其共同特点是原料距离遗址近，大型切割工具数量较少并与简单石核-石片组合共存，毛坯包括砾石和石片，形制多样，修疤数量较少[②]。

5. 坦桑尼亚Peninj地区RHS-Mugulud和MHS-Bayasi遗址

坦桑尼亚北部Peninj地区RHS-Mugulud和MHS-Bayasi地点阿舍利组合曾被测定为距今150万~110万年，大型切割工具的毛坯通常是大石片，修理程度低，没有侵入型修疤，多正向单面修理，修理类似刮削器的修理方式，只修理了刃缘，毛坯的整体形状没有改变[③]。RHS-Mugulud遗址2009~2010年新的发掘测定年代为距今150万~140万年，出土大型切割工具154件，原料以玄武岩为主，毛坯以大石片为主（127件，81.93%），类型包括手斧（图3-4，1）、薄刃斧（图3-4，2~4）、三棱手镐和石刀等[④]。

6. 埃塞俄比亚Melka Kunture地区

埃塞俄比亚西部高原的Melka Kunture地区（海拔约2000米），年代跨度为距今150万~85万年，是东非年代跨度最大且序列最为完整的阿舍利工业遗址之一。Melka Kunture地区原料包括玄武岩、粗面玄武岩、粗面岩、流纹岩、凝灰岩和黑曜岩等。Melka Kunture Formation更新世早期的遗址层位包括Garba ⅣD（距今170万~150万年）、Garba ⅧB（距今100万~80万年）和Gombore ⅡOAM（距今87万~70万年）。Garba ⅣD（距今170万~150万年）石器工业以石核-石片工业为主，另有少量的大型切割工具（包括手斧、薄刃斧、大型刮削器），标志着阿舍利技术的出现。Garba ⅧB（距今100万~80万年）石器工业包括手斧（图3-5，1、2）和薄刃斧（图3-5，3、4）等，大部分由Kombewa石片加工而成。Gombore ⅡOAM层位（距今87万~70万年）石器组合，手斧占一半以上，大部分由Kombewa石片加工而成。手斧修理包

① Kuman K., Gibbon R. J. The Rietputs 15 site and Early Acheulean in South Africa. *Quaternary International*, 2018, 480: 4-15.

② Kuman K., Gibbon R. J. The Rietputs 15 site and Early Acheulean in South Africa. *Quaternary International*, 2018, 480: 4-15.

③ De la Torre I., Mora R., Martínez-Moreno J. The early Acheulean in Peninj (Lake Natron, Tanzania). *Journal of Anthropological Archaeology*, 2008, 27 (2): 244-264.

④ Diez-Martín F., Yustos P. S., González J. A. G., et al. Reassessment of the Early Acheulean at EN1-Noolchalai (Ancient RHS-Mugulud) in Peninj (Lake Natron, Tanzania). *Quaternary International*, 2014, 322-323: 237-263.

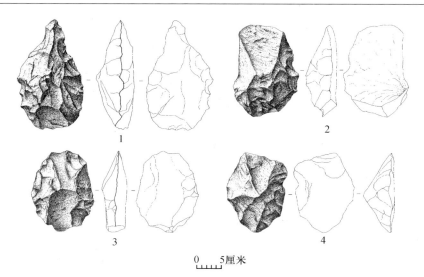

图3-4　坦桑尼亚EN1-Noolchalai遗址手斧与薄刃斧

1. 手斧　2~4. 薄刃斧

［图片引自Diez-Martín F., Yustos P. S., González J. A. G., et al. Reassessment of the Early Acheulean at EN1-Noolchalai (Ancient RHS-Mugulud) in Peninj (Lake Natron, Tanzania). *Quaternary International*, 2014, 322-323: 237-263］

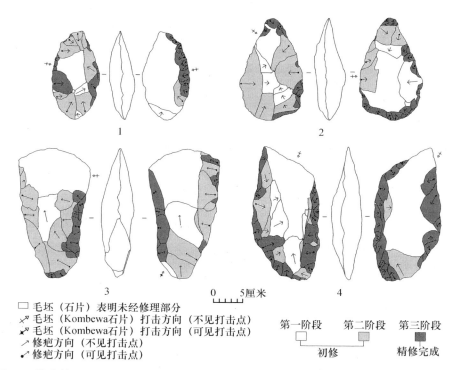

图3-5　埃塞俄比亚Melka Kunture地区Garba ⅧB手斧和薄刃斧（毛坯均为Kombewa石片）

1、2. 手斧　3、4. 薄刃斧

［图片引自Gallotti R., Mussi M. Two Acheuleans, two humankinds: From 1.5 to 0.85 Ma at Melka Kunture (Upper Awash, Ethiopian highlands). *Journal of Anthropological Sciences*, 2017, 95: 137-181］

括片疤延展度较高的初修和片疤延展度较低的精修，器形规整。总体来看，在Melka Kunture Formation，先出现简单修理的大石片阿舍利，随后发展出两面和两边的对称性[①]。

7. 坦桑尼亚奥杜威峡谷TK遗址和肯尼亚Isenya遗址

坦桑尼亚奥杜威峡谷2层TK遗址阿舍利遗存的年代为距今约135万年。发现77件手斧、3件三棱手镐、3件薄刃斧、2件大型刮削器。原料以石英岩和火山岩为主。石英岩手斧为板状（slabs）毛坯，火山岩手斧毛坯为砾石或大石片。手斧的平均长度大于20厘米，平均宽度大于10厘米[②]。肯尼亚Isenya遗址具有多个阿舍利层位，其中GwJI1层位距今约98万年。手斧和薄刃斧的毛坯几乎全部为大石片，手斧和薄刃斧两面与两边对称性高，修疤数量多[③]。

8. 小结

东非距今170万年左右阿舍利工业出现环境波动加剧与草原扩大有显著关系[④]。总体来看，非洲早于100万年的阿舍利的工业具有显著的多样性。非洲早期阿舍利虽然有的以砾石为毛坯，但更多以大石片为毛坯。以大石片为毛坯的工具已经具备刃缘，修理更为简单。两面修理和单面修理均有发现，而修理程度大都是非常有限并且片疤延展度低，修理通常是非侵入型而且分布在边缘[⑤]，没有改变毛坯的整体结构，对称性

---

① Gallotti R., Mussi M. Two Acheuleans, two humankinds: From 1.5 to 0.85 Ma at Melka Kunture (Upper Awash, Ethiopian highlands). *Journal of Anthropological Sciences*, 2017, 95: 137-181.

② Santonja M., Rubio-Jara S., Panera J., et al. Bifacial shaping at the TK Acheulean site (Bed Ⅱ, Olduvai Gorge, Tanzania): New excavations 50 years after Mary Leakey// Gallotti R., Mussi M. *The Emergence of the Acheulean in East Africa and Beyond*. Cham: Springer International Publishing AG, 2018: 153-181.

③ Texier P. J. Technological assets for the emergence of the Acheulean? Reflections on the Kokiselei 4 lithic assemblage and its place in the archaeological context of West Turkana, Kenya// Gallotti R., Mussi M. *The Emergence of the Acheulean in East Africa and Beyond*. Cham: Springer International Publishing AG, 2018: 33-52.

④ Presnyakova D., Braun D. R., Conard N. J., et al. Site fragmentation, hominin mobility and LCT variability reflected in the early Acheulean record of the Okote Member, at Koobi Fora, Kenya. *Journal of Human Evolution*, 2018, 125: 159-180.

⑤ Presnyakova D., Braun D. R., Conard N. J., et al. Site fragmentation, hominin mobility and LCT variability reflected in the early Acheulean record of the Okote Member, at Koobi Fora, Kenya. *Journal of Human Evolution*, 2018, 125: 159-180.

低，仅仅是修理了刃缘和尖部[①]。大约距今100万年之后，非洲阿舍利新出现Kombewa等较为复杂的大石片生产技术，产品总体的修理程度和对称性均有显著提高，以Garba ⅧB（距今100万～80万年）和Gombore Ⅱ OAM层位（距今87万～70万年）阿舍利工业为代表。

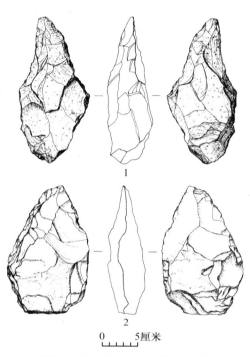

1

2

0　　　　5厘米

图3-6　以色列Ubeidiya遗址手斧

（图片引自Bar-Yosef O., Goren-Inbar N. *The Lithic Assemblages of Ubeidiya, a Lower Palaeolithic Site in the Jordan Valley*. Jerusalem: Hebrew University of Jerusalem, 1993: 1-266）

（二）西亚、南亚与欧洲

1. 黎凡特地区

西亚是早期人类从非洲向欧亚大陆扩散的主要路线，非洲阿舍利距今150万年之后向欧亚大陆扩散，距今140万年左右到达以色列Ubeidiya遗址。Ubeidiya遗址原料包括玄武岩、燧石和灰岩，石核-石片组合以燧石为原料，石球以灰岩为原料，手斧以玄武岩为主要原料[②]。阿舍利工业包括手斧和手镐，不见薄刃斧。手斧的毛坯多为砾石或结核，毛坯不见或少见大石片（图3-6）[③]。

阿舍利人群第二次走出非洲到达西亚的显著体现以以色列死海北岸亚科夫女儿桥（Gesher Benot Ya'aqov, GBY）遗址为代表[④]。GBY遗址古地磁年代为距今约78万年，发现手斧、薄刃斧以及修理两面器过程中产生的小石片，显示一些两面器在当地修理。不同的原料被选择加工不同的石器类型，用灰岩砾石加工砍砸器，用燧石加工石片工具，用玄武

① Gallotti R., Mussi M. The emergence of the Acheulean in East Africa: Historical perspectives and current issues// Gallotti R., Mussi M. *The Emergence of the Acheulean in East Africa and Beyond*. Cham: Springer International Publishing AG, 2018: 1-12.

② Bar-Yosef O. The Lower Paleolithic of the Near East. *Journal of World Prehistory*, 1994, 8 (3): 211-265.

③ Bar-Yosef O., Goren-Inbar N. *The Lithic Assemblages of Ubeidiya, a Lower Palaeolithic Site in the Jordan Valley*. Jerusalem: Hebrew University of Jerusalem, 1993: 1-266.

④ Bar-Yosef O., Belmaker, M. Early and Middle Pleistocene faunal and hominins dispersals through Southwestern Asia. *Quaternary Science Reviews*, 2011, 30 (11): 1318-1337.

岩加工两面器^①。GBY遗址阿舍利工业以玄武岩为主要原料，以大石片为毛坯（其中部分为Kombewa石片），修理方式为最低限度修理，除了手斧（图3-7，1、3）之外存在真正的薄刃斧（图3-7，2、4）^②，显示出与非洲阿舍利工业的密切联系^③。

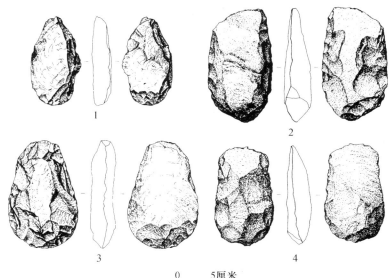

0 ⌞⌞⌞⌞⌞ 5厘米

图3-7 以色列GBY遗址手斧与薄刃斧

1、3. 手斧 2、4. 薄刃斧

（图片引自Sharon G., Barsky D. The emergence of the Acheulian in Europe- A look from the east. *Quaternary International*, 2016, 411: 25-33）

2. 阿拉伯半岛与南亚

阿拉伯半岛是人类走出非洲的重要路径之一。阿拉伯半岛的阿舍利工业地点非常丰富，生产技术和类型组合的变化显示年代的不同，但经过测年的遗址很少^④，而用于测年数据的阿舍利遗存的年代较晚^⑤。南亚的早期阿舍利工业年代数据并不多，以往认

① Goren-Inbar N., Feibel C. S., Verosub K. L., et al. Pleistocene milestones on the out-of-Africa corridor at Gesher Benot Ya'aqov, Israel. *Science*, 2000, 289 (5481): 944-947.

② Sharon G., Barsky D. The emergence of the Acheulian in Europe- A look from the east. *Quaternary International*, 2016, 411: 25-33.

③ Goren-Inbar N., Saragusti I. An Acheulian biface assemblage from Gesher Benot Ya'aqov, Israel: indications of African Affinities. *Journal of Field Archaeology*, 1996, 23 (1): 15-30.

④ Petraglia M. D. The Lower Paleolithic of the Arabian Peninsula: occupations, adaptations, and dispersals. *Journal of World Prehistory*, 2003, 17 (2): 141-179.

⑤ Scerri E. M. L., Shipton C., Clark-Balzan L., et al. The expansion of later Acheulean hominins into the Arabian Peninsula. *Scientific Reports*, 2018, 8 (1): 1-9.

为是中更新世。近年来在印度南部发现的Attirampakkam遗址，古地磁和铝铍法测年数据为距今107万年或更早，处于早更新世。该遗址手斧以大石片为毛坯，包括长形和卵圆形。薄刃斧以大石片为毛坯，修理程度不一。不见生产大石片的石核，显示手斧和薄刃斧可能是加工后被带入遗址的[1]。

3. 欧洲

欧洲阿舍利工业的最早出现可能与海德堡人的扩散有关，以西班牙La Boella遗址、法国La Noira遗址和意大利Notarchirico遗址等为代表。目前欧洲最早的大型切割工具发现于西班牙La Boella遗址，处于早更新世晚期，距今90万～78万年[2]，发现一件大型切割工具（手斧或手镐）与石核-石片组合共存，该大型切割工具的修理包括两个序列，第1序列为尖部的创造和修理，第2序列为一侧缘的修理（图3-8）[3]。

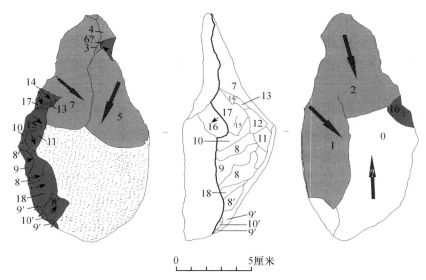

图3-8　西班牙La Boella遗址大型切割工具

（浅色表示尖部修理序列片疤，深色表示侧缘修理序列片疤，数字表示剥片的先后顺序，箭头表示剥片的方向）

［图片引自Mosquera M., Saladié P., Ollé A., et al. Barranc de la Boella (Canonja, Spain): An Acheulean elephant butchering site from the European late Early Pleistocene. *Journal of Quaternary Science*, 2015, 30 (7): 651-666］

---

① Pappu S., Gunnell Y., Akhilesh K., et al. Early Pleistocene presence of Acheulian hominins in South India. *Science*, 2011, 331 (6024): 1596-1598.

② Vallverdu J., Saladie P., Rosas A. Age and date for early arrival of the Acheulian in Europe (Barranc de la Boella, la Canonja, Spain). *PLos ONE*, 2014, 9 (7): e103634.

③ Mosquera M., Saladié P., Ollé A., et al. Barranc de la Boella (Canonja, Spain): an Acheulean elephant butchering site from the European late Early Pleistocene. *Journal of Quaternary Science*, 2015, 30 (7): 651-666.

法国中部La Noira遗址最早期阿舍利工业的电子自旋共振年龄为距今70万年左右，大型两面器（手斧、薄刃斧等）以附近厚3~4厘米的板状燧石为原料和毛坯，手斧的形状和修理程度多样，呈现出较好的对称性[1]。意大利Notarchirico遗址早期阿舍利工业F层的氩氩法和电子自旋共振测年结果为距今69万~67万年[2]，F层共发现9件手斧，毛坯为硅质灰岩和石英岩砾石。其中1件手斧以两面微凸的砾石为毛坯，整体修理方式为两面交互加工，长、宽、厚分别为127、96、48毫米；手斧一面的修理由一系列大而侵入性较高的片疤构成，另一面的修疤相对较小而深；手斧的尖部较圆（图3-9，1）。另有1件手斧同样以两面微凸的砾石为毛坯，长、宽、厚为116、86、37毫米；两面修理，修疤同样可以分类一系列大型片疤和另一系列相对较小的片疤；手斧尖部也较圆（图3-9，2）[3]。

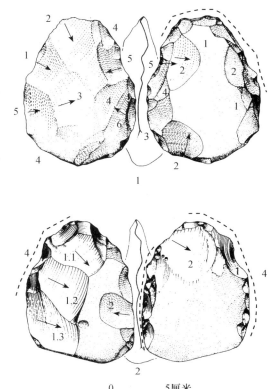

图3-9　意大利Notarchirico遗址F层手斧
（虚线表示刃缘修理，数字表示剥片先后顺序，箭头表示剥片方向）［图片引自Moncel M. H., Santagata C., Pereira A., et al. A biface production older than 600 ka ago at Notarchirico (Southern Italy) contribution to understanding early Acheulean cognition and skills in Europe. *PLos ONE*, 2019, 14 (9): e0218591］

二、西方晚期阿舍利技术

距今60万~50万年之后，阿舍利技术进入晚期。晚期阿舍利在非洲以肯尼亚Kapthurin Formation和南非Elandsfontein等遗址为代表，在欧洲以法国Saint-Acheul遗址、Carrière Carpentier和Arago遗址，意大

[1] Iovita R., Tuvi-Arad I., Moncel M. H., et al. High handaxe symmetry at the beginning of the European Acheulian: The data from la Noira (France) in context. *PLos ONE*, 2017, 12 (5): e0177063.

[2] Moncel M. H., Santagata C., Pereira A., et al. The origin of early Acheulean expansion in Europe 700 ka ago: New findings at Notarchirico (Italy). *Scientific Reports*, 2020, 10: 13802.

[3] Moncel M. H., Santagata C., Pereira A., et al. A biface production older than 600 ka ago at Notarchirico (Southern Italy) contribution to understanding early Acheulean cognition and skills in Europe. *PLos ONE*, 2019, 14 (9): e0218591.

利Venosa Notarchirco遗址，西班牙Atapuerca遗址，葡萄牙Gruta da Aroeira遗址，英国Boxgrove、Swanscombe、High Lodge和Hoxne等遗址为代表。欧洲本阶段手斧比较薄，两边和两面有很好的对称性，修疤浅而平，并且手斧的大小和形态更为多样，常见的有泪滴形、三角形、椭圆形、不规则形等[1]。在欧洲，阿舍利工业的计划性和精致性增强，促使人群活动范围扩大和相应人群规模扩大，从而改变人群社会结构，为人类向更高纬度扩散提供重要支持[2]。

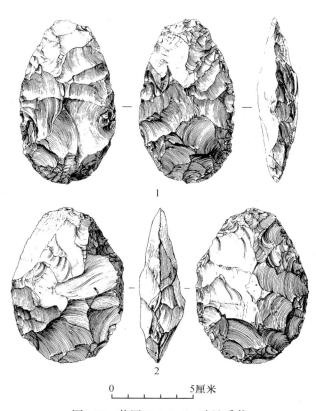

图3-10　英国High Lodge遗址手斧

（图片引自Moncel M. H., Ashton N., Lamotte A., et al. The Early Acheulian of north-western Europe. *Journal of Anthropological Archaeology*, 2015, 40: 302-331）

英国High Lodge遗址阿舍利工业遗存处于MIS13阶段，距今约50万年，阿舍利工业原料来自附近沙砾石层中的燧石砾石，阿舍利工具的毛坯以砾石为主，手斧的主要修理方式为先以硬锤两面交互修理，后以软锤再次修理。手斧体形较薄，两边与两面均拥有良好的对称性，平面形状多为卵圆形（图3-10）[3]。英国Boxgrove遗址阿舍利工业遗存处于MIS13阶段之末，距今约50万年，阿舍利工业原料来自附近的燧石结核，手斧的毛坯包括结核和石片，手斧的修理方式为硬锤修理与软锤修理相结合，尝试（testing）—初修（roughing-out）—整形（shaping）—完成（finishing）四个不同阶段的产品皆存在[4]，并以完成阶段产品为主体，完成阶段手斧平面形状为对称性较好的

① Wymer J. *The Palaeolithic Age*. London: Croom Helm Ltd, 1982: 102-107.

② Moncel M. H., Ashton N., Lamotte A., et al. The Early Acheulian of north-western Europe. *Journal of Anthropological Archaeology*, 2015, 40: 302-331.

③ Moncel M. H., Ashton N., Lamotte A., et al. The Early Acheulian of north-western Europe. *Journal of Anthropological Archaeology*, 2015, 40: 302-331.

④ Wenban-Smith F. F. The use of canonical variates for determination of biface manufacturing technology at Boxgrove Lower Paleolithic site and the behavioural implications of this technology. *Journal of Archaeological Science*, 1989, 16 (1): 17-26.

卵圆形[①]。

葡萄牙Gruta da Aroeira遗址，距今约40万年，阿舍利石器工业原料主要来自遗址附近的石英与石英岩砾石，大部分手斧的毛坯已无法鉴别，个别手斧的毛坯可以鉴别为石片。手斧的加工流程至少包括四个序列，第一序列为两面交互剥片形成两侧刃缘和尖部的初步形状，第二序列为两侧刃缘的进一步单向修理，第三序列为尖部的两面修理，第四序列为底部的两面修理。Gruta da Aroeira遗址的手斧尺寸比较小，平均长度约9厘米，平面形状呈泪滴形，拥有较好的对称性[②]。

三、中国阿舍利技术

20世纪下半叶，我国学术界对于是否存在"真正的"手斧的问题曾长期处于争论状态。20世纪50年代，贾兰坡先生曾指出山西丁村遗址存在与西方制作方法、器形相一致的手斧[③]。20世纪80年代，黄慰文先生进一步论证了中国存在阿舍利手斧，以山西丁村、陕西梁山和广西百色等为代表，并且认为手斧是旧大陆东西方文化交流的产物[④]，但随后林圣龙先生则指出中国缺乏有准确出土层位、可靠年代并有共生器物组合的手斧，手斧即便有也是极为稀少的[⑤]。

20世纪90年代以来，伴随着以广西百色、陕西洛南和丹江口库区等为代表的更多与西方相似的手斧的发现，侯亚梅[⑥]、王社江[⑦]和李超荣[⑧]等越来越多研究者在研究中使用"阿舍利"或"手斧"等术语，但也有学者如王益人先生在丁村研究报告中坚持

---

① García-Medrano P., Ollé A., Ashton N., et al. The mental template in handaxe manufacture: New insights into Acheulean lithic technological behavior at Boxgrove, Sussex, UK. *Journal of Archaeological Method and Theory*, 2018, 26 (1): 396-422.

② Daura J., Sanz M., Deschamps M., et al. A 400, 000-year-old Acheulean assemblage associated with the Aroeira-3 human cranium (Gruta da Aroeira, Almonda karst system, Portugal). *Competes Rendus Palevol*, 2018, 17 (8): 594-615.

③ 贾兰坡：《在中国发现的手斧》，《科学通报》1956年第12期。

④ 黄慰文：《中国的手斧》，《人类学学报》1987年第1期。

⑤ 林圣龙：《对九件手斧标本的再研究和关于莫维斯理论之拙见》，《人类学学报》1994年第3期。

⑥ Hou Y. M., Potts R., Yuan B. Y., et al. Mid-Pleistocene Acheulean-like stone technology of the Bose Basin, South China. *Science*, 2000, 287 (5458): 1622-1626.

⑦ 陕西省考古研究院、商洛地区文管会、洛南县博物馆：《花石浪（Ⅰ）——洛南盆地旷野类型旧石器地点群研究》，北京：科学出版社，2007年，第129—140页。

⑧ 李超荣：《丹江水库区发现的旧石器》，《中国国家博物馆馆刊》1998年第1期。

不使用"阿舍利"或"手斧"①。在这些新发现与新研究的基础上，高星先生指出中国旧石器时代遗存中存在手斧，并存在"本土起源+外来影响"的融合发展过程②。本书将采用21世纪以来大多数学者的观点，运用国际学术界新近对于阿舍利工业的定义标准来梳理和探讨中国阿舍利技术。

（一）广西百色盆地

东亚最早的大型切割工具（手斧）发现于百色盆地，距今约83万年③。广西百色枫树岛遗址2004～2005年考古发掘中发现了原地埋藏的玻璃陨石（tektites）与6件手斧共存，年代距今约83万年④。枫树岛遗址发掘报告中指出在遗址地表另采集到手斧106件和手镐32件。手斧原料为本地砂岩、石英岩和火成岩砾石，存在两面剥片生产大石片的技术⑤，毛坯为砾石或大石片，均为两面加工，两侧刃缘为直刃或锯齿刃缘，对称性好，把手部位为砾石面或进一步加工，形态厚重，形状包括椭圆形、舌形、矛头形和梨形等（图3-11），手镐与手斧的区别在于单面加工⑥。

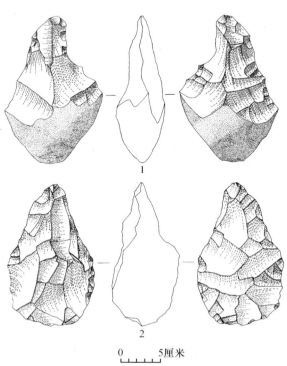

图3-11　百色盆地枫树岛遗址手斧
1. Z007773　2. Z007770
（图片引自广西壮族自治区自然博物馆：《广西百色盆地枫树岛旧石器遗址》，北京：科学出版社，2014年，第45页）

---

① 山西省考古研究所：《丁村旧石器时代遗址群：丁村遗址群1976～1980年发掘报告》，北京：科学出版社，2014年，第1—728页。

② 高星：《中国旧石器时代手斧的特点与意义》，《人类学学报》2012年第2期。

③ Hou Y. M., Potts R., Yuan B. Y., et al. Mid-Pleistocene Acheulean-like stone technology of the Bose Basin, South China. *Science*, 2000, 287 (5458): 1622-1626.

④ Wang W., Bae C. J., Huang S., M., et al. Middle Pleistocene bifaces from Fenshudao (Bose Basin, Guangxi, China). *Journal of Human Evolution*, 2014, 69 (1): 110-122.

⑤ 雷蕾、李大伟、麻晓荣等：《阿舍利大石片生产方式与策略研究》，《人类学学报》2020年第2期。

⑥ 广西壮族自治区自然博物馆：《广西百色盆地枫树岛旧石器遗址》，北京：科学出版社，2014年，第1—147页。

（二）秦岭地区

秦岭地区的阿舍利石器工业遗存以洛南盆地张豁口、郭塬和槐树坪，蓝田刁寨、甘峪、涝池河和泄湖，以及汉中何家梁等遗址为代表，阿舍利工具组合包括手斧、手镐和薄刃斧等，多为两面修理，年代距今25万～5万年[①]。秦岭地区阿舍利技术以洛南盆地发现最为丰富，洛南盆地1995～2004年百余处露天遗址中共发现236件手斧，原料包括石英岩、石英砂岩和细砂岩等，毛坯为砾石或大石片，形态包括泪滴形、椭圆形或三角形等（图3-12）[②]。洛南盆地1995～2004年63处旷野遗址共发现的119件薄刃

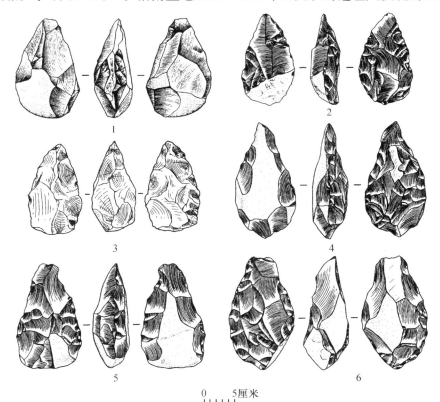

0 ———— 5厘米

图3-12　洛南盆地手斧

1. 95LP07∶226　2. 95LP07∶571　3. 95LP10∶013　4. 99LP59∶32　5. 00LP101∶185　6. 99LP55∶64

（图片引自陕西省考古研究院、商洛地区文管会、洛南县博物馆：《花石浪（Ⅰ）——洛南盆地旷野类型旧石器地点群研究》，北京：科学出版社，2007年，第132页）

---

① 王社江、鹿化煜：《秦岭地区更新世黄土地层中的旧石器埋藏与环境》，《中国科学：地球科学》2016年第7期。

② 陕西省考古研究院、商洛地区文管会、洛南县博物馆：《花石浪（Ⅰ）——洛南盆地旷野类型旧石器地点群研究》，北京：科学出版社，2007年，第129—140页。

斧，原料包括石英岩、细砂岩、石英砂岩、砂岩和石英等，所有薄刃斧毛坯均为大石片，把手部位（近端和侧刃部分）两面修理的比例占59.67%，形态为"U"形或"V"形（图3-13）[①]。

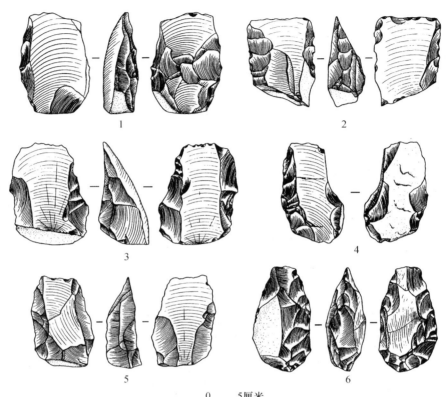

0 ⌐⌐⌐⌐⌐ 5厘米

图3-13　洛南盆地薄刃斧

1. 03LP233：001　2. 02LP206：01　3. 02LP146：30　4. 99LP55：63　5. 99LP41：103　6. 03LP254：004

（图片引自陕西省考古研究院、商洛地区文管会、洛南县博物馆：《花石浪（Ⅰ）——洛南盆地旷野类型旧石器地点群研究》，北京：科学出版社，2007年，第145页）

（三）山西襄汾丁村遗址群

丁村阿舍利组合包括手斧、薄刃斧、手镐和小型石片工具等[②]。在丁村遗址群1976～1980年发掘报告中，丁村旧石器时代早期遗存中丁村79：02地点发现大尖状器1件（图3-14，1）、三棱大尖状器1件、斧状器1件（图3-14，3）和宽型斧状器1件

① 陕西省考古研究院、商洛地区文管会、洛南县博物馆：《花石浪（Ⅰ）——洛南盆地旷野类型旧石器地点群研究》，北京：科学出版社，2007年，第140—146页。

② Yang S. X., Huang W. W., Hou Y. M., et al. Is the Dingcun lithic assembly a "chopper-chopping tool industry", or "Late Acheulian"?. *Quaternary International*, 2014, 321: 3-11.

（图3-14，4），丁村79：03地点发现斧状器2件，丁村79：04地点发现三棱大尖状器1件。丁村旧石器时代中期遗存中丁村76：06地点发现三棱大尖状器3件、斧状器2件、宽型斧状器3件，丁村76：07地点发现大尖状器1件和三棱大尖状器3件，丁村76：08地点发现大尖状器和三棱大尖状器共8件、斧状器2件、宽型斧状器2件，丁村79：05地点发现三棱大尖状器4件、斧状器4件、宽型斧状器1件，丁村80：01地点发现两面器1件、三棱大尖状器5件、大尖状器3件（图3-14，2）、斧状器6件、宽型斧状器6件，丁村54：100地点发现宽型斧状器1件。若采用阿舍利技术标准和命名传统，丁村发掘报告中"大尖状器"或"两面器"多以石片为毛坯，长度在100毫米以上，器身宽扁没有明显凸起，尖部为扁尖或扁三棱状，尖部两侧的刃缘比较锋利，多可归为手斧；"三棱大尖状器"毛坯为厚大石片或砾石，长度在100毫米以上，具有厚实的底部和三棱形的器身，尖部显著，也可称为手镐；"斧状器类"均以大石片为毛坯，部分毛坯为Kombewa石片，刃缘不做加工或局部修正，刃部之外有时有修钝加工，其中斧状器轮廓呈"U"形或近似"U"形，刃部与器身长轴垂直或近垂直，多可归为薄刃斧；宽型斧状器以大石片的远端或侧边为刃，刃部与器身长轴平行或斜交，多可归为石刀或薄刃斧。丁村旧石器时代早期遗存年代约为中更新世晚期，旧石器时代中期遗存年代约为晚更新世早期[①]。

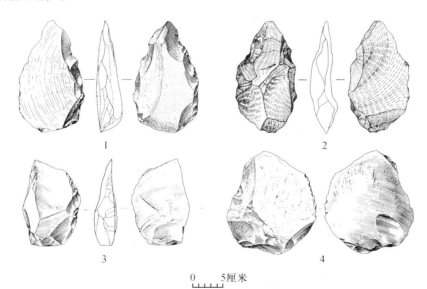

0　　　5厘米

图3-14　丁村遗址群发现的手斧与薄刃斧

1、2.手斧（JP0502、JP2975）　　3、4.薄刃斧（JP0718、JP0503）

（图片引自山西省考古研究所：《丁村旧石器时代遗址群：丁村遗址群1976～1980年发掘报告》，

北京：科学出版社，2014年，第107、108页）

---

① 山西省考古研究所：《丁村旧石器时代遗址群：丁村遗址群1976～1980年发掘报告》，北京：科学出版社，2014年，第1—728页。

（四）丹江口库区

丹江口库区的手斧和薄刃斧发现于汉水和丹江的2～4级阶地，手斧大部分以大石片为毛坯，少部分以砾石或结核为毛坯，修理方式以两面修理为主，单面修理比例较低（图3-15）[1]，时代大体为早更新世晚期至晚更新世[2]。有学者曾研究了丹江口库区的18件薄刃斧，其中有15件发现于3级阶地的9处地点（时代约为中更新世），有3件发现于2级阶地的3处地点（时代约为晚更新世）。薄刃斧原料主要为当地的河滩砾石，其中9件为石英千枚岩、8件为粗面岩、1件为石英，石英千枚岩内部节理发育，粗面岩硬度较低。薄刃斧毛坯有9件为大石片，生产大石片的技术可能包括摔碰法、砸击法等，不存在预制石核生产大石片的技术。另有9件薄刃斧毛坯为扁平砾石，刃缘形成方式常为在两侧边进行垂直于纵轴的两面打击，远端斜向刃缘为砾石面与大的横向片疤相交而成。薄刃斧修型包括第一步对器身修型与第二步对器物边缘修型，第一步修型产生的片疤超过器身宽度的三分之一，第二步修疤紧邻石器边缘且尺寸较小，薄刃斧远端两侧边的修型比例最高。两面修理的薄刃斧共16件，单面修理者仅2件[3]。

图3-15　丹江口库区手斧

（图片引自Li H., Li C. R., Kuman K. Rethinking the "Acheulean" in East Asia: Evidence from recent investigations in the Danjiangkou Reservoir Region, central China. *Quaternary International*, 2014, 347: 163-175）

[1]　Li H., Li C. R., Kuman K. Rethinking the "Acheulean" in East Asia: Evidence from recent investigations in the Danjiangkou Reservoir Region, central China. *Quaternary International*, 2014, 347: 163-175.

[2]　Kuman K., Li C. R., Li H. Large cutting tools in the Danjiangkou Reservoir Region, central China. *Journal of Human Evolution*, 2014, 76: 129-153.

[3]　李浩、李超荣、Kathleen Kuman：《丹江口库区的薄刃斧》，《人类学学报》2014年第2期。

四、比较与讨论

（一）阿舍利工业面貌的影响因素

阿舍利工业的文化面貌受到多种因素的影响，包括古人群认知能力、文化传统、个人技术、原料类型、遗址功能、遗址占据时间等[①]。原料的性能与尺寸对阿舍利工具的生产技术与形态有重要影响[②]，如非洲的大型原料充足，可以生产大石片；欧洲原料多为小砾石和结核，缺乏大石片[③]。同时，Sharon认为原料并非影响阿舍利工业的首要因素，不同阿舍利工业受到不同文化选择或其他功能需求的重要影响。如在西亚黎凡特地区，存在3个地理相邻的不同时期的阿舍利工业遗址，分别是距今79万年左右的GBY遗址、距今50万～45万年的Ma'ayan Barukh遗址和属于晚期阿舍利的Berekehat Ram遗址，这三个遗址附近均存在丰富的大型玄武岩原料。GBY遗址石器工业以玄武岩为主要原料，为大石片阿舍利，以大石片薄刃斧为特征。属于晚期阿舍利的Ma'ayan Barukh遗址和Berekehat Ram遗址，则拥有不同的原料开发策略，虽然当地有丰富的玄武岩，但以燧石为主要原料，并且缺乏薄刃斧。黎凡特地区和欧洲的晚期阿舍利工业不再以大石片技术为生产大型切割工具的主要方法[④]。

（二）大石片阿舍利

阿舍利工具的毛坯类型多样，包括砾石、岩块或大石片。Kleindienst在1962年对于大石片的定义被大多数学者接受，即长度大于10厘米的石片。Isaac首先指出阿舍利工业中大石片生产在人类文化发展中的重要作用，奥杜威文化则不见这种大尺寸的石

[①]　a. Toth N., Schick K. Why did the Acheulean happen? Experimental studies into the manufacture and function of Acheulean artifacts. *L'Anthropologie*, 2019, 123 (4-5): 724-768.

　　b. García-Medrano P., Ollé A., Ashton N., et al. The mental template in handaxe manufacture: New insights into Acheulean lithic technological behavior at Boxgrove, Sussex, UK. *Journal of Archaeological Method and Theory*, 2019, 26 (1): 396-422.

[②]　White M. J. Raw materials and biface variability in southern Britain: a preliminary examination. *Lithics*, 1995, 15: 1-20.

[③]　Sharon G. The impact of raw material on Acheulian large flake production. *Journal of Archaeological Science*, 2008, 35 (5): 1329-1344.

[④]　Sharon G. The impact of raw material on Acheulian large flake production. *Journal of Archaeological Science*, 2008, 35 (5): 1329-1344.

片[1]。后来甚至有学者如M. D. Leakey也将是否具有生产大石片的能力作为阿舍利文化与发展的奥杜威文化区分的标志[2]。"大石片阿舍利"相比于非大石片阿舍利而言，操作链上明显多出生产大石片的环节，这和早期阿舍利在玄武岩砾石上进行两面器加工明显不同。从技术上讲，从大石核上生产大石片并非易事，生产大石片有多种不同的、计划良好的剥片技术[3]，都需要专门的技术练习，比如昆比瓦（Kombewa）技术[4]。从功能上讲，大石片阿舍利由于以大石片为毛坯，其产品更薄，更易于修理，能得到更长的切割刃缘。所以，"大石片阿舍利"无论是从操作链思想看，还是从技术上讲，都是人类石器技术上的一次进步。

　　从非洲现有的考古材料来看，早于100万年的阿舍利工业已经存在"大石片阿舍利"。据Toth等学者的实验研究，投击法是对大砾石开料的有效方法；用大的石锤也可以剥取大石片，这种方法虽然打击力量不如投击法，但是可以更准确地控制打击点；盘状石核剥片策略也常被用来连续生产大型宽石片[5]。Sharon提出的距今100万年之后的更为发达的 "大石片阿舍利"具有一定启示意义，特别是如GBY、Olorgesailie、Kilombe和Isimila等遗址[6]，生产大石片的两面剥片方法、Kombewa方法和Victoria West Core 等方法的兴起值得重视。大石片阿舍利在非洲延续至很晚。印度阿舍利工业大多属于大石片阿舍利。比利牛斯山以北的欧洲几乎不存在大石片阿舍利，薄刃斧很少。欧洲阿舍利工业原料多以燧石为主，当地即便拥有大型原料，也不生产大石片[7]。

（三）阿舍利工业的分期

　　本书认为，阿舍利工业大体可以分为早、中、晚三期。早期阿舍利距今176万～110万年，主要分布于非洲及邻近的西亚，在砾石为毛坯的阿舍利基础上发展出早

[1]　Isaac G. L. Studies of early culture in East Africa. *World Archaeology*, 1969, 1 (1): 1-27.

[2]　Leakey M. D. Cultural patterns in the Olduvai sequence// Butzer K. W. Isaac G. L. *After the Australopithecines*. Mouton Publishers, 1975: 477-493.

[3]　Sharon G. Acheulian giant cores technology: A worldwide perspective. *Current Anthropology*, 2009, 50 (3): 335-367.

[4]　Saragusti, I., Goren-Inbar, N. The biface assemblage from Gesher Benot Ya'aqov, Israel: Illuminating patterns in "Out of Africa" dispersal. *Quaternary International*, 2001, 75 (1): 85-89.

[5]　Toth N., Schick K. Why did the Acheulean happen? Experimental studies into the manufacture and function of Acheulean artifacts. *L'Anthropologie*, 2019, 123 (4-5): 724-768.

[6]　Sharon G. Acheulian giant cores technology: A worldwide perspective. *Current Anthropology*, 2009, 50 (3): 335-367.

[7]　Sharon G. Large flake Acheulian. *Quaternary International*, 2010, 223-224: 226-233.

期大石片阿舍利；两面修理和单面修理均有发现，而修理程度大都是非常有限并且片疤延展度低，没有改变毛坯的整体结构，手斧对称性低，仅仅是修理了刃缘和尖部。中期阿舍利距今110万～60万年，进一步扩散至非洲以外的西亚、南亚、东亚和欧洲等地区，非洲和亚洲的大石片阿舍利进一步发展，常见两面剥片方法和Kombewa等方法生产大石片。晚期阿舍利距今60万～20万年，在东亚等地区延续更晚至距今5万年左右，本阶段阿舍利工业在欧洲和亚洲进一步繁盛，出现软锤修理，手斧的对称性、薄度和规整性进一步发展[①]，并达到顶峰。阿舍利技术自非洲出现和随后"走出非洲"之后，在旧大陆不同地区存在多线演化的路径，不同地区阿舍利技术既存在关联性，也并非完全同步发展，如东亚阿舍利技术的延续时间更晚。

（四）东亚阿舍利的再认识

长期以来，学界对于东亚阿舍利工业的认识存在分歧与争论。一方面，自20世纪中叶Movius 提出"莫维斯线"（Movius Line）学说[②]开始，学者们相继注意到旧大陆东西方石器工业面貌的差异，如东亚阿舍利工业的缺失和"中国手斧"并非真正手斧等观点[③]。另一方面，20世纪后半叶贾兰坡[④]、黄慰文[⑤]等学者开始提出中国存在手斧的观点。近年来，中国境内陆续报道与西方相似的阿舍利工业遗存。虽然有学者认为东亚的含手斧遗址密度低、手斧在石器组合比例低，并且形态不同于西方典型的阿舍利手斧[⑥]，但也有学者指出洛南盆地手斧[⑦]和丹江口地区手斧[⑧]的形态与技术显示出与西方手斧更为密切的联系，进一步解构了"莫维斯线"[⑨]。整合旧大陆东西方的考古

① Shipton C. Biface knapping skill in the East African Acheulean: Progressive trends and random walks. *African Archaeological Review*, 2018, 35 (1): 107-131.

② Movius H. Lower Paleolithic culture of Southern and Eastern Asia. *Transactions of the American Philosophical Society*, 1948, 38 (4): 329-420.

③ 林圣龙：《对九件手斧标本的再研究和关于莫维斯理论之拙见》，《人类学学报》1994年第3期。

④ 贾兰坡：《在中国发现的手斧》，《科学通报》1956年第12期。

⑤ 黄慰文：《中国的手斧》，《人类学学报》1987年第1期。

⑥ a. Norton C. J., Bae K., Harris J. W. K., et al. Middle Pleistocene handaxes from the Korean peninsula. *Journal of Human Evolution*, 2006, 51 (5): 527-536.

　 b. 高星：《中国旧石器时代手斧的特点与意义》，《人类学学报》2012年第2期。

⑦ Petraglia M. D., Shipton C. Large cutting tool variation west and east of the Movius Line. *Journal of Human Evolution*, 2008, 55 (6): 962-966.

⑧ Kuman K., Li C. R., Li H. Large cutting tools in the Danjiangkou Reservoir Region, central China. *Journal of Human Evolution*, 2014, 76: 129-153.

⑨ Dennell R. W. The Acheulean Assemblages of Asia: A review// Gallotti R., Mussi M. *The Emergence of the Acheulean in East Africa and Beyond*. Cham: Springer International Publishing AG, 2018: 195-214.

材料来看，东亚百色盆地、秦岭地区、丹江口库区和丁村遗址等发现的石器工业的设计意图、剥片序列与技术形态均显示出与西方阿舍利工业的相似性。特别是这四个地区均存在大石片阿舍利[①]，进一步显示出与西方阿舍利的深层次关联。与此同时，东亚阿舍利的年代晚于西方，数量和比例也少于西方，显示从旧大陆西方向东方辐射扩散的态势。

据现有材料，南亚最早阿舍利工业为距今107万年或更早[②]，东南亚最早阿舍利工业是印度尼西亚距今80万年左右的Sangiran遗址[③]和Ngebung遗址[④]。中国最早阿舍利位于百色盆地距今约80万年，而秦岭地区、丹江口、丁村等大部分阿舍利工业年代处于中晚更新世。韩国Imjin-Hantan River Basin（IHRB）发现多个阿舍利遗址，其中最著名的是全谷里（Chongokni）遗址，年代可能处于中更新世或晚更新世[⑤]。亚洲东部阿舍利技术的出现时间是南部早于北部，阿舍利人群可能距今80万年左右从印度到达东南亚和东亚[⑥]，进而由南向北扩散。阿舍利技术在东亚呈现出一定的延续性，持续至距今约5万年，显示该技术策略较为成功地适应了东亚某些地区的生态-社会环境。

① Li H., Kuman K., Li C. R., et al. What is currently (un) known about the Chinese Acheulean, with implications for hypotheses on the earlier dispersal of hominids. *Comptes Rendus Palevol*, 2018, 17: 120-130.

② Pappu S., Gunnell Y., Akhilesh K., et al. Early Pleistocene presence of Acheulian hominins in South India. *Science*, 2011, 331 (6024): 1596-1598.

③ Dennell R. W. The Acheulean Assemblages of Asia: A review// Gallotti R., Mussi M. *The Emergence of the Acheulean in East Africa and Beyond*. Cham: Springer International Publishing AG, 2018: 195-214.

④ Simanjuntak T., Semah F., Gaillard C. The Paleolithic sites in Indonesia: Nature and chronology. *Quaternary International*, 2010, 223-224 (3): 418-421.

⑤ Dennell R. W. The Acheulean Assemblages of Asia: A review// Gallotti R., Mussi M. The *Emergence of the Acheulean in East Africa and Beyond*. Cham: Springer International Publishing AG, 2018: 195-214.

⑥ Li H., Kuman K., Li C. R., et al. What is currently (un) known about the Chinese Acheulean, with implications for hypotheses on the earlier dispersal of hominids. *Comptes Rendus Palevol*, 2018, 17: 120-130.

第四章　勒瓦娄哇技术

勒瓦娄哇技术（Levallois technology）是人类技术演化史上最为复杂的石器技术之一，同时显示了人类社会、行为与认知结构的重要变化[①]。勒瓦娄哇技术最为经典的作品是从预制石核上剥取的龟背状的勒瓦娄哇石片（Levallois flake）和三角形的勒瓦娄哇尖状器（Levallois point）。在旧大陆西方，勒瓦娄哇技术与旧石器时代中期（Middle Paleolithic）和中期石器时代（Middle Stone Age，MSA）有极为密切的关联，或者可以说勒瓦娄哇技术是该阶段的典型特征。同时，从几何结构来看，勒瓦娄哇技术从南非到西伯利亚、蒙古国和我国北方地区是基本一致的[②]。那么旧大陆视野下勒瓦娄哇技术在不同地区是怎样出现并发展起来的呢？中国史前勒瓦娄哇技术在旧大陆处于怎样的位置？本章在前人研究基础上比较中西方发现的勒瓦娄哇技术及阶段性特点。

一、勒瓦娄哇技术的界定与起源

（一）勒瓦娄哇技术的界定

勒瓦娄哇技术得名于法国巴黎市郊的Levallois-Perret遗址，并于1867年被辨识[③]。勒瓦娄哇技术自19世纪末至今一直被旧石器考古学者以极大的热情所关注。法国考古学家莫尔蒂耶（Mortillet，G. de）在1883年将勒瓦娄哇石片定义为"背面有多条背脊的长而宽的卵形石片"，1909年法国史前学家卡蒙特（Commont，V.）将勒瓦娄哇石核定义为"经过两面预制的、台面有多个小面的精致石核"[④]。到了20世纪60年代，法国考古学家博尔德（Bordes，F.）将其定义为"通过在剥片之前对石核进行特别修理来预

①　White M., Ashton N. Lower Paleolithic core technology and the origins of the Levallois method in Northwestern Europe. *Current Anthropology*, 2003, 44 (4): 598-608.

②　Brantingham J., Kuhn S. Constraints on Levallois core technology: A mathematical model. *Journal of Archaeological Science*, 2001, 28 (7): 747-761.

③　Reboux M. Silex taillés associés à des ossements fossils dans les terrains quaternaires des environs de Paris// *Congrès international d'anthropologie et archéologie préhistoriques, 2ème session*. Paris: Reinwald, 1867: 103-109.

④　Chazan M. Redefining Levallois. *Journal of Human Evolution*, 1997, 33 (6): 719-735.

先决定石片形状的技术"①。

20世纪80年代"操作链"和"动态类型学"的研究模式逐渐成形，在这种背景下法国学者博伊达（Boëda, E.）对勒瓦娄哇石核的定义更为细致和明确（图4-1）②，并被广大学者接受。在博伊达的定义中最为重要的是：勒瓦娄哇石核包括不对称的两个面，即"上面"（upper surface）和"下面"（lower surface）："上面"是剥片工作面；"下面"是经预制的台面，这两个面的相交面是一个平面（图4-1, 1），并且这两个面是分等级的（hierarchically related surfaces），或者说是不可互换的（图4-1, 2）。此外，博伊达还强调勒瓦娄哇石核体剥片工作面的两侧和远端是凸起的（图4-1, 3），石核体生产的石片大体与剥片工作面、台面的相交面平行（图4-1, 4），预制的台面和剥片工作面交线与石片轴垂直（图4-1, 5），石核体由硬锤直接打击生产石片（图4-1, 6）③。

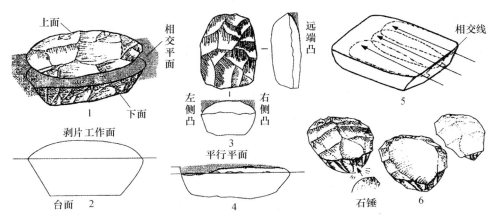

图4-1　勒瓦娄哇石核的判定标准

1. 不对称的两个面　2. 剥片工作面和台面不可互换　3. 剥片工作面的两侧和远端凸起
4. 平行平面　5. 台面和剥片工作面交线与石片轴垂直　6. 硬锤剥片

（图片引自Boëda E. Levallois: A volumetric construction, methods, a technique// Dibble H. L.,Bar-Yosef O. *The Definition and Interpretation of Levallois Technology*. Wisconsin: Prehistory Press, 1995: 41-68）

同时，博伊达根据剥片方式的不同还将勒瓦娄哇技术细分出不同的剥片方法，包括优先剥片法（preferential method）和多种循环剥片法（recurrent method）。所谓优先

①　Bordes F. Mousterian cultures in France: Artifacts from recent excavation dispel some popular misconceptions about Neanderthal man. *Science*, 1961, 134 (3482): 803-810.

②　Boëda E. Levallois: A volumetric construction, methods, a technique// Dibble H. L., Bar-Yosef O. *The Definition and Interpretation of Levallois Technology*. Wisconsin: Prehistory Press, 1995: 41-68.

③　Boëda E. Levallois: A volumetric construction, methods, a technique// Dibble H. L., Bar-Yosef O. *The Definition and Interpretation of Levallois Technology*. Wisconsin: Prehistory Press, 1995: 41-68.

剥片法指从预制好的勒瓦娄哇石核上只剥取1件较大的勒瓦娄哇石片。而循环剥片法，包括向心循环剥片、单向平行循环剥片、单向汇聚循环剥片、对向循环剥片等多种方法（图4-2），可以在预制好的勒瓦娄哇石核上连续剥取多件石片或石叶[①]。概括地说，勒瓦娄哇技术是从预制台面和预制剥片工作面的等级化两面体石核上生产特定形状的石片（勒瓦娄哇石片、勒瓦娄哇尖状器、勒瓦娄哇石叶等）的预制剥片技术。

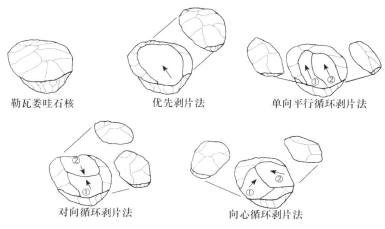

勒瓦娄哇石核　　　　优先剥片法　　　　单向平行循环剥片法

对向循环剥片法　　　　　　向心循环剥片法

图4-2　勒瓦娄哇不同剥片方法

（图片引自Boëda E. Levallois: A volumetric construction, methods, a technique// Dibble H. L., Bar-Yosef O. *The Definition and Interpretation of Levallois Technology*. WisconsinL: Prehistory Press, 1995: 41-68）

（二）勒瓦娄哇技术的起源

勒瓦娄哇技术是欧洲、非洲和部分亚洲地区旧石器中期或称中期石器时代的一个典型特征，但是它的起源还是很模糊的。对于勒瓦娄哇石核技术的起源，学术界曾有两种代表性观点。第一种认为其起源自从预制"大石核"（giant core）上生产"大石片"（large flake）的技术，这些大石片通常被加工为手斧或薄刃斧[②]；另一种观点认为勒瓦娄哇技术起源于阿舍利手斧的两面器技术[③]。

支持第一种观点的学者认为勒瓦娄哇石核和"西维多利亚"（Victoria West）石

①　Boëda E. Levallois: A volumetric construction, methods, a technique// Dibble H. L., Bar-Yosef O. *The Definition and Interpretation of Levallois Technology*. Wisconsin: Prehistory Press, 1995: 41-68.

②　Madsen B., Goren-Inbar N. Acheulian giant core technology and beyond: An archaeological and experimental case study. *Eurasian Prehistory*, 2004, 2 (1): 3-52.

③　Tuffreau A. The variability of Levallois technology in northern France and neighboring areas// Dibble H. L., Bar-Yosef O. *The Definition and Interpretation of Levallois Technology*. Wisconsin: Prehistory Press, 1995: 413-427.

核有密切关联。"西维多利亚"是南非早期石器时代石器工业，20世纪初（大概1915年）在卡鲁地区（Karoo region）发现。自从发现之后，学者们注意到西维多利亚石核与勒瓦娄哇石核的相似性，尤其是对石核上下两个不对称表面的向心预制，并从上表面剥下一个大石片[1]。有学者称西维多利亚石核为"原勒瓦娄哇石核"（proto-Levallois core）[2]。新近研究显示南非西维多利亚石核的年代可以早至距今约100万年，多呈修长汇聚状，并从石核的长边横向剥取大石片，与典型勒瓦娄哇石核既有相似之处也有所区别[3]。支持第二种观点的学者认为勒瓦娄哇技术起源并非来源于西维多利亚石核，而源于阿舍利技术[4]，如勒瓦娄哇技术源于手斧的去薄石片。

二、西方早期勒瓦娄哇技术

（一）非洲

非洲中期石器时代（MSA），阿舍利遗址的典型器物如手斧、薄刃斧和石刀等大型切割工具逐渐被较小的石器工具和骨角器等取代，在技术上开始频繁使用勒瓦娄哇技术。阿舍利技术的结束标志着成功使用一百多万年的行为策略的结束，但这是一个逐渐过渡的过程，涉及早期石器时代偏晚阶段（late Early Stone Age）到中期石器时代早段（early Middle Stone Age）[5]。

从目前考古资料来看，非洲最早的勒瓦娄哇技术出现在早期石器时代（Early Stone Age，ESA）偏晚阶段的阿舍利石器工业中。目前出现时代较早，并且变化过程相对清楚的是在东非肯尼亚的卡普苏林组（Kapthurin Formation）。卡普苏林组（Kapthurin Formation）的时代为距今50万～20万年，该遗址群涉及阿舍利到中期石器时代的过渡，而过渡的标志是手斧逐渐被勒瓦娄哇技术生产的尖状器、勒瓦娄哇石片和石叶所

① Goodwin A. J. H. Some developments in technique during the earlier Stone Age. *Transactions of the Royal Society of South Africa*, 1933, 21 (2): 109-123.

② Bordes F. *The Old Stone Age*. London: Weidenfield and Nicolson, 1968: 69.

③ Li H., Kuman K., Lotter M. G., et al. The Victoria West: Earliest prepared core technology in the Acheulean at Canteen Kopje and implications for the cognitive evolution of early hominids. *Royal Society Open Science*, 2017, 4 (6): 170288.

④ Lycett S. J. Are Victoria West cores 'proto-Levallois'? A phylogenetic assessment. *Journal of human Evolution*, 2009, 56 (2): 175-191.

⑤ McBrearty S., Tryon C. A. From Acheulian to Middle Stone Age in the Kapthurin Formation of Kenya// Hovers E., Kuhn S. L. *Transition Before the Transition*: *Evolution and Stability in the Middle Paleolithic and Middle Stone Age*. New York: Springer, 2005: 257-277.

取代①。卡普苏林组（Kapthurin Formation）最早的勒瓦娄哇技术发现于利基手斧区（Leakey Handaxe Area）和工厂遗址（Factory Site）两个阿舍利遗址，二者的年代为距今50.9万～28.4万年。这两个遗址的勒瓦娄哇石片为"优先剥片法"所得，长度为10～20厘米，原料来自大的砾石。这些大的勒瓦娄哇石片通常形态为椭圆形，背部留有向心片疤，修理两侧边而不修理远端，被称为"勒瓦娄哇薄刃斧石片"（Levallois cleaver flakes）（图4-3）②。

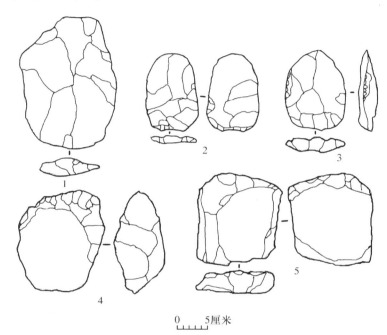

0 ⊢⊢⊢⊢⊢ 5厘米

图4-3　利基手斧区（Leakey Handaxe Area）和工厂遗址（Factory Site）的勒瓦娄哇技术产品
1. 向心预制的勒瓦娄哇石核　2. 对向预制的勒瓦娄哇石核　3. 勒瓦娄哇石片
4. 腹面修理的勒瓦娄哇石片　5. 修理勒瓦娄哇石片
［图片引自Tryon C. A., McBrearty S., Texier P. J. Levallois lithic technology from the Kapthurin formation, Kenya: Achelian origin and Middle Stone Age diversity. *African Archaeological Review*, 2005, 22 (4): 199-229 ］

东非肯尼亚普苏林组（Kapthurin Formation）中的科伊米勒（Koimilot）遗址的时代为距今25万～20万年，该遗址被归入中期石器时代因为其存在勒瓦娄哇技术，而缺少手斧、薄刃斧等阿舍利工具，科伊米勒（Koimilot）是一个中期石器时代早阶段的遗址。值得注意的是，该遗址的勒瓦娄哇石片存在"优先剥片"和"循环剥片"，

① McBrearty S., Brooks A. The revolution that wasn't: A new interpretation of the origin of modern human behavior. *Journal of Human Evolution*, 2000, 39 (5): 453-563.

② Tryon C. A., McBrearty S., Texier P. J. Levallois lithic technology from the Kapthurin formation, Kenya: Achelian origin and Middle Stone Age diversity. *African Archaeological Review*, 2005, 22 (4): 199-229.

并存在通过单向和汇聚剥片预制石核生产的长度大于10厘米的勒瓦娄哇石片或尖状器（图4-4）①。

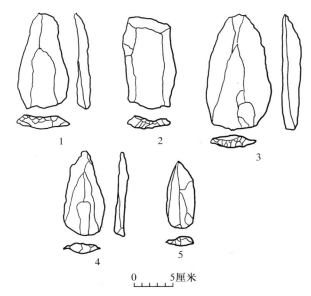

图4-4　科伊米勒（Koimilot）遗址的勒瓦娄哇石片和尖状器
1、3. 勒瓦娄哇尖状器　2、4、5. 勒瓦娄哇石片
［图片引自Tryon C. A. "Early" Middle Stone Age lithic technology of the Kapthurin
Formation (Kenya). *Current Anthropology*, 2006, 47 (2): 367-375］

南非福尔史密斯（Fauresmith）工业通常被认为是从石器时代早期向中期的过渡阶段。南非Kathu Pan 1遗址含有石叶的福尔史密斯工业4a层，光释光、铀系和电子自旋共振方法显示其年代距今约46万年或54万年。该遗址福尔史密斯工业石器组合也发现勒瓦娄哇石核-石片、小型手斧、薄刃斧、大型长石片-石叶和多面石核等②。

（二）西亚

亚美尼亚的Nor Geghi 1（NG1）遗址，发现了目前西亚最早的勒瓦娄哇技术，氩氩法测年显示文化层位年代为距今约30万年。NG1遗址石器原料为黑曜岩，黑曜岩原料产地分析显示大部分原料来自遗址2～8千米范围内，但有少量原料来自距离遗址70千米和120千米之外，显示当时人群开发了广阔多样的活动领域。NG1遗址石核全部

① Tryon C. A. "Early" Middle Stone Age lithic technology of the Kapthurin Formation (Kenya). *Current Anthropology*, 2006, 47 (2): 367-375.

② Porat N., Chazan M., Grün R., et al. New radiometric ages for the Fauresmith industry from Kathu Pan, southern Africa: Implications for the Earlier to Middle Stone Age transition. *Journal of Archaeological Science*, 2010, 37 (2): 269-283.

为等级化系统剥片，其中17件为勒瓦娄哇石核，优先剥片法和循环剥片法均存在。勒瓦娄哇技术产品包括勒瓦娄哇石片和勒瓦娄哇石叶，以单向剥片为主。该遗址勒瓦娄哇技术与阿舍利技术共存，手斧形态和尺寸多样，形态与欧亚大陆晚期阿舍利手斧接近。NG1的石器技术的独特性在于阿舍利技术、勒瓦娄哇技术、基纳修理技术和石叶技术共存（图4-5）。这些不同技术在层位上的共存可能是不同文化传统的人群在几千

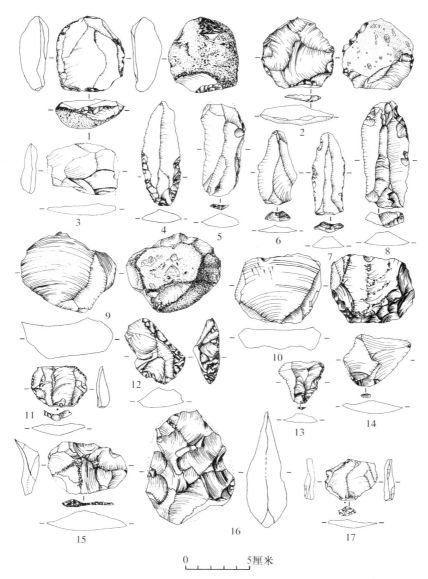

图4-5 亚美尼亚的Nor Geghi 1（NG1）遗址石制品

1、2.勒瓦娄哇循环剥片法石核　3、11、13～15、17.勒瓦娄哇石片　4.经过修理的勒瓦娄哇尖状器

5～8.勒瓦娄哇石叶　9、10.勒瓦娄哇优先剥片法石核　12.基纳刮削器　16.手斧

［图片引自Adler D. S., Wilkinson K. N., Blockley S. et al. Early Levallois technology and the Lower to Middle Paleolithic transition in the Southern Caucasus. *Science*, 2014, 345 (6204): 1609-1613］

年时间内交替占据该遗址的结果，但也可能是同一人群使用了多种技术因素[①]。

以色列Misliya遗址旧石器中期早段石器工业以勒瓦娄哇技术和棱柱状石叶技术为特点，年代为距今25万～16万年。而该遗址旧石器早期晚段Acheulo-Yabrudian工业以手斧、厚型边刮器（thick side-scrapers）和石叶为特点，不见勒瓦娄哇技术，年代早于距今约25万年。Misliya遗址显示出旧石器时代早、中期之间文化技术的突然转变，而非连续演化[②]。黎凡特地区旧石器时代早中期的过渡是人类演化中的重要事件，可能涉及新人群的到来。该遗址上部地层为旧石器时代中期工业，勒瓦娄哇技术发达，存在修理精致的以勒瓦娄哇尖状器为毛坯的修长莫斯特尖状器（elongated Mousterian points）[③]。

黎凡特地区莫斯特工业早段距今20.1万～19.8万年的霍隆（Holon）遗址[④]，距今25.6万～19.6万年的塔班（Tabun）遗址下部文化层，距今20万～15万年的哈约尼姆（Hayonim）遗址E层的下部和上部，也都发现有各种勒瓦娄哇"循环剥片"，通过单向平行循环和对向平行循环剥片生产的长度大于10厘米的勒瓦娄哇石片或尖状器[⑤]。

（三）南亚

尽管南亚发现了大量的旧石器时代中期遗址，但是年代问题一直没有得到很好解决。印度旧石器时代中期遗存的特点包括继续使用手斧（尽管手斧数量和尺寸相对于阿舍利工业减少），以小石片工具为主体，出现勒瓦娄哇技术。印度Attirampakkam（ATM）遗址旧石器时代中期遗存的光释光年代为距今38万～17万年，石器组合中手斧数量逐渐减少，存在多样化的勒瓦娄哇石核，毛坯包括勒瓦娄哇石片、勒瓦娄哇尖状器和勒瓦娄哇石叶。其中第5层光释光年代为距今约38万年，发现少量小型手斧与勒瓦娄哇石核等共存，勒瓦娄哇石核尺寸较小，包括优先剥片法和循环剥片法，还存在

① Adler D. S., Wilkinson K. N., Blockley S., et al. Early Levallois technology and the Lower to Middle Paleolithic transition in the Southern Caucasus. *Science*, 2014, 345 (6204): 1609-1613.

② Valladas H., Mercier N., Hershkovitz I., et al. Dating the lower to Middle Paleolithic transition in the Levant: A view from Misliya Cave, Mount Carmel, Israel. *Journal of Human Evolution*, 2013, 65 (5): 585-593.

③ Weinstein-Evron M., Bar-Oz G., Tastskin A., et al. Introducing Misliya Cave, Mount Carmel, Israel: A new continuous Lower/Middle Paleolithic sequence in the Levant. *Eurasian Prehistory*, 2003, 1 (1): 31-35.

④ Chazan M. Flake production at the Lower Palaeolithic site of Holon (Israel): Implications for the origin of the Levallois method. *Antiquity*, 2000, 74 (285): 495-499.

⑤ Shea J. J. The Middle Paleolithic of the East Mediterranean Levant. *Journal of World Prehistory*, 2003, 17 (4): 313-394.

少量勒瓦娄哇石叶。第4层距今约26万年，第3层距今约21万年，第2层距今约17万年，第4～2层继续用勒瓦娄哇技术生产石片、石叶和尖状器，石叶比例增加（用单向和对向剥片策略生产石叶）[1]。

（四）欧洲

欧洲距今35万～30万年，一些石器组合显示出新的技术行为信息，包括标准化工具和勒瓦娄哇技术的出现等[2]，标志着从旧石器时代早期向中期的过渡。这些特征在欧洲南部和北部均有出现，与尼安德特人的出现密切相关[3]，与MIS9与MIS8之交环境的恶化亦相关联[4]，并且是通过广阔的社会网络传播文化思想实现的。

法国Orgnac 3遗址（图4-6）和意大利Cave dall'Olio遗址（图4-7）勒瓦娄哇技术出现年代距今35万～30万年，勒瓦娄哇石核预制较为简单，循环剥片占主导。法国Orgnac 3遗址下部文化层（7～5层）不见勒瓦娄哇技术，但存在等级化向心剥片石核；中部文化层（4层）出现勒瓦娄哇石核（占40%左右），盘状石核占约30%；上部文化层（3～1层）勒瓦娄哇石核占95%以上。意大利Cave dall'Olio遗址石核类型包括勒瓦娄哇石核（39.1%）、棱柱状石叶石核（7.8%），另外少量石核（4.7%）显示出勒瓦娄哇技术与石叶技术混合的特征[5]。有研究者认为法国Orgnac 3遗址似乎显示出距今35万～30万年勒瓦娄哇技术逐渐出现的过程，结合英国的Botany Pit遗址年代距今约32万年出现"原始勒瓦娄哇石核"（这些所谓的"原始勒瓦娄哇石核"与典型勒瓦娄哇石核的不同之处在于没有预制出剥片工作面两侧和远端的凸起）与大量普通石核和盘

---

[1]　Akhilesh K., Pappu S., Rajapara H. M., et al. Early Middle Paleolithic culture in India around 385-172 ka reframes Out of Africa models. *Nature*, 2018, 554 (7690): 97-101.

[2]　Alvarez-Alonso D. First Neanderthal settlements in northern Iberia: The Acheulean and the emergence of Mousterian technology in the Cantabrian region. *Quaternary International*, 2014, 326-327: 288-306.

[3]　Fontana F., Moncel M. H., Nenzioni G., et al. Widespread diffusion of technical innovations around 300, 000 years ago in Europe as a reflection of anthropological and social transformations? New comparative data from the western Mediterranean sites of Orgnac (France) and Cave dall'Olio (Italy). *Journal of Anthropological Archaeology*, 2013, 32 (4): 478-498.

[4]　Picin A. Technological adaptation and the emergence of Levallois in Central Europe: New insight from the Markkleeberg and Zwochau open-air sites in Germany. *Journal of Quaternary Science*, 2018, 33 (3): 300-312.

[5]　Fontana F., Moncel M. H., Nenzioni G., et al. Widespread diffusion of technical innovations around 300, 000 years ago in Europe as a reflection of anthropological and social transformations? New comparative data from the western Mediterranean sites of Orgnac (France) and Cave dall'Olio (Italy). *Journal of Anthropological Archaeology*, 2013, 32 (4): 478-498.

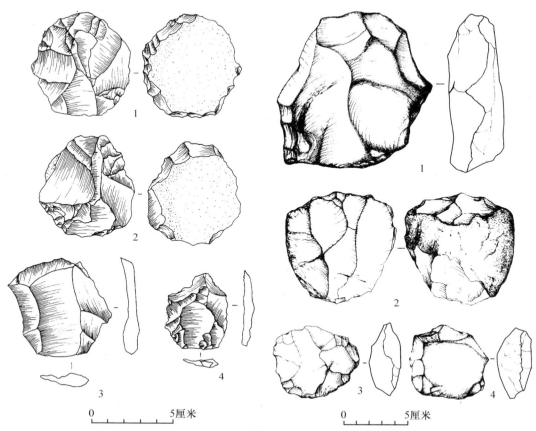

图4-6　法国Orgnac 3遗址勒瓦娄哇石核与石片

1、2. 勒瓦娄哇向心循环剥片法石核

3、4. 勒瓦娄哇石片

［图片引自Fontana F., Moncel M. H., Nenzioni G., et al. Widespread diffusion of technical innovations around 300, 000 years ago in Europe as a reflection of anthropological and social transformations? New comparative data from the western Mediterranean sites of Orgnac (France) and Cave dall'Olio (Italy). *Journal of Anthropological Archaeology*, 2013, 32 (4): 478-498］

图4-7　意大利Cave dall'Olio遗址勒瓦娄哇石核

1～3. 勒瓦娄哇循环剥片法石核

4. 勒瓦娄哇优先剥片法石核

［图片引自Fontana F., Moncel M. H., Nenzioni G., et al. Widespread diffusion of technical innovations around 300, 000 years ago in Europe as a reflection of anthropological and social transformations? New comparative data from the western Mediterranean sites of Orgnac (France) and Cave dall'Olio (Italy). *Journal of Anthropological Archaeology*, 2013, 32 (4): 478-498］

状石核共存，进而指出欧洲勒瓦娄哇技术的出现与非洲是平行进行的[1]。

　　德国Markkleeberg遗址与Zwochau遗址发现的早期勒瓦娄哇技术遗存年代大体处于MIS9阶段与MIS8阶段之交，前者的光释光年代为距今28万～25万年，后者距

① 　White M., Ashton N. Lower Paleolithic core technology and the origins of the Levallois method in Northwestern Europe. *Current Anthropology*, 2003, 44 (4): 598-608.

今约25万年。这两处遗址均发现勒瓦娄哇石核与盘状石核、类似勒瓦娄哇石核的等级化两面体石核等共存，勒瓦娄哇石核见有优先剥片法石核与循环剥片法（单向、对向和向心）石核，勒瓦娄哇石核台面预制程度较低[1]。与德国Markkleeberg遗址、Zwochau遗址相似，意大利San Bernardino遗址[2]、Sedia del Diavolo遗址与Monte delle Gioie遗址[3]的年代处于MIS9阶段与MIS8阶段之交，也发现了相似的早期勒瓦娄哇技术。

三、西方晚期勒瓦娄哇技术

晚更新世早中期，勒瓦娄哇技术在旧大陆西部有更为广泛的分布，包括非洲、西亚、欧洲、南亚、西伯利亚、中亚和蒙古国等广大地区[4]。本阶段非洲勒瓦娄哇技术常见与早期现代人共存[5]，欧洲勒瓦娄哇技术常见与尼安德特人共存，亚洲地区勒瓦娄哇技术的使用者则更为复杂。本阶段，勒瓦娄哇技术到达了最为繁荣的时期。

（一）东非

晚更新世早中期，东非进入中期石器时代晚段（LMSA），勒瓦娄哇技术呈现出多样化的剥片方式[6]。埃塞俄比亚Porc-Epic洞穴遗址中期石器时代晚段堆积的年代距今7.1万~6.1万年，该遗址石器工业中勒瓦娄哇技术占据主体地位，勒瓦娄哇石核尺寸较小并呈现出的剥片方法包括优先剥片法（占59%）和循环剥片法（占41%）。勒瓦娄哇产品包括石片、石叶、小石叶和尖状器，毛坯背面片疤多呈向心分布，显示出对剥

① Picin A. Technological adaptation and the emergence of Levallois in Central Europe: New insight from the Markkleeberg and Zwochau open-air sites in Germany. *Journal of Quaternary Science*, 2018, 33 (3): 300-312.

② Picin A., Peresani M., Falguères C., et al. San Bernardino Cave (Italy) and the appearance of Levallois technology in Europe: Results of a radiometric and technological reassessment. *PLoS ONE*, 2013, 8 (10): e76182.

③ Soriano S., Villa P. Early Levallois and the beginning of the Middle Paleolithic in central Italy. *PLoS ONE*. 2017, 12 (10): e0186082.

④ Brantingham J., Kuhn S. Constraints on Levallois core technology: A mathematical model. *Journal of Archaeological Science*, 2001, 28 (7): 747-761.

⑤ Foley R., Lahr M. M. Mode 3 technologies and the evolution of modern humans. *Cambridge Archaeological Journal*, 1997, 7 (1): 3-36.

⑥ Tryon C. A., Faith J. T. Variability in the Middle Stone Age of Eastern Africa. *Current Anthropology*, 2013, 54 (S8): S234-S253.

片工作面较高的预制程度。勒瓦娄哇循环剥片法包括单向、多向和向心等剥片方法（图4-8）[1]。

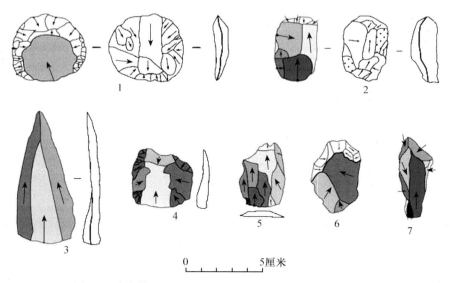

图4-8　埃塞俄比亚Porc-Epic洞穴遗址勒瓦娄哇技术石制品

1、2. 勒瓦娄哇石核　3. 勒瓦娄哇尖状器　4～6. 勒瓦娄哇石片　7. 勒瓦娄哇石叶

［图片引自Pleurdeau D. Human technical behavior in the African Middle Stone Age: The lithic assemblage of Porc-Epic Cave (Dire Dawa, Ethiopia). *African Archaeological Review*, 2005, 22 (4): 177-197 ］

（二）北非

北非Aterian工业的分布范围包括利比亚、毛里塔尼亚、塞内加尔、尼日尔、乍得、苏丹、埃及西部、突尼斯、阿尔及利亚和摩洛哥等，年代距今12万～5万年，Aterian石器组合的特征包括勒瓦娄哇技术、修铤尖状器（tanged points）、较高比例的石叶及以石叶为毛坯的边刮器等。利比亚南部沙漠区中的MES11-T2石器组合根据石器技术类型可以分为2组，第1组包括高密度的地表采集石器和1～4层，为Aterian工业，包括勒瓦娄哇技术及大石叶（large blades）、修铤工具（tanged pieces）和叶状器（foliates）。第2组为第5层，包括丰富的盘状石核石片，以及边刮器、凹缺刮器和锯齿刃器等。研究者将第1组定为Aterian工业，第2组定为MSA工业[2]。

MES11-T2的Aterian工业中勒瓦娄哇优先剥片法石核预制程度高，石核周缘全部预制

① Pleurdeau D. Human technical behavior in the African Middle Stone Age: The lithic assemblage of Porc-Epic Cave (Dire Dawa, Ethiopia). *African Archaeological Review*, 2005, 22 (4): 177-197.

② Foley R. A., Maíllo-Fernández J. M., Lahr M. M. The Middle Stone Age of the Central Sahara: Biogeographical opportunities and technological strategies in later human evolution. *Quaternary International*, 2013, 300 (5): 153-170.

为台面。剥片工作面预制程度也很高，修理出两侧和远端的凸起。勒瓦娄哇循环剥片法包括汇聚、向心和单向三种类型。勒瓦娄哇循环汇聚法剥片挑选特定形状的原料预制石核，石核预制简单，修理台面局限于石核近端，通过向心剥片创造出石核两侧和远端的凸起。勒瓦娄哇循环向心剥片法不普遍，一些石核重量超过3千克，石核周缘精心预制台面，石核台面角较其他勒瓦娄哇方法更大，通过向心剥片预制出凸起的剥片工作面。勒瓦娄哇循环单向剥片法使用不普遍。遗址中大石叶生产也是引人关注的方面，但并没有使用勒瓦娄哇技术生产，而是利用大型块状石核为原料，预制台面后利用块状原料的天然棱脊剥片，大石叶尺寸大于30厘米。修铤工具包括尖状器和石片等，铤部通常两面修理。此外，还有一些旧石器晚期常见工具类型，如端刮器和琢背刀等[①]。

（三）欧洲

欧洲晚更新世距今13万～3.5万年"经典"莫斯特工业见证了保存最好、演化最为成熟的旧石器时代中期行为[②]。本阶段勒瓦娄哇技术的变化更为丰富，在不同地区不同遗址中的丰度亦各不相同。并且勒瓦娄哇石核和产品体形变小，最终产品如勒瓦娄哇尖状器可以不经修理作为投射工具直接使用[③]。法国北部MIS5e阶段Grossoeuvre（热释光年代为距今约13万年）和Caours遗址（热释光年代为距今约12万年）见有勒瓦娄哇技术与盘状石核技术共存（图4-9，1、2）；MIS5d阶段Mont-Dol遗址见有勒瓦娄哇技术占据主导地位，Bettencourt N3b遗址见有勒瓦娄哇技术与棱柱状石叶技术共存；MIS5c阶段Bettencourt N3a遗址见有勒瓦娄哇技术与棱柱状石叶技术共存（图4-9，3、4）；MIS5a阶段Bettencourt N2b遗址见有勒瓦娄哇技术与棱柱状石叶技术共存（图4-9，5～9）；MIS5a阶段之末Bettencourt N1遗址见有典型勒瓦娄哇优先剥片方法（图4-9，10、11）[④]。

（四）西亚

西亚黎凡特地区晚更新世勒瓦娄哇技术可以分为前后两个阶段，前段以距今约11.9万年Skhul遗址B层和距今约9.2万年的Qafzeh遗址下部层位为代表，以向心循环

① Foley R. A., Maíllo-Fernández J. M., Lahr M. M. The Middle Stone Age of the Central Sahara: Biogeographical opportunities and technological strategies in later human evolution. *Quaternary International*, 2013, 300 (5): 153-170.

② Kuhn S. L. Roots of the Middle Paleolithic in Eurasia. *Current Anthropology*, 2013, 54 (S8): S255-S268.

③ Sisk M., Shea J. Experimental use and quantitative performance analysis of triangular flakes (Levallois points) used as arrowheads. Journal of Archaeological Science, 2009, 36 (9): 2039-2047.

④ Locht J. L., Hérisson D., Goval E., et al. Timescales, space and culture during the Middle Paleolithic in northwestern France. *Quaternary International*, 2016, 411: 129-148.

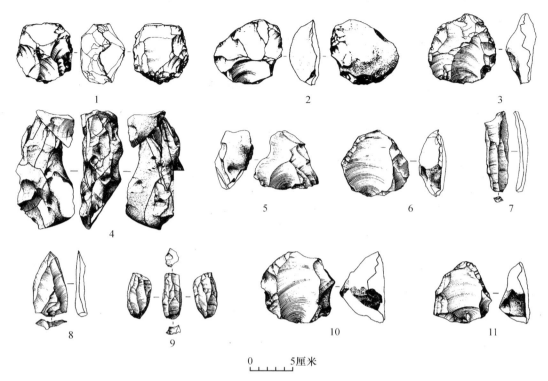

图4-9　法国北部MIS5阶段石制品

1. 盘状石核　2. 勒瓦娄哇向心循环剥片石核　3. 勒瓦娄哇对向循环剥片石核　4、9. 棱柱状石叶石核

5. 勒瓦娄哇单向汇聚循环剥片石核　6、10、11. 勒瓦娄哇优先剥片石核　7. 石叶　8. 勒瓦娄哇尖状器

（图片引自Locht J. L., Hérisson D., Goval E., et al. Timescales, space and culture during the Middle Paleolithic in northwestern France. *Quaternary International*, 2016, 411: 129-148）

剥片法为主要特征；后段以距今6.8万～5.7万年的Amud遗址B4～B1层、距今6.1万～5.2万年的Kabara遗址Ⅻ至Ⅶ层为代表，以单向汇聚循环剥片法为主要特征[1]。

　　Kabara洞穴遗址第Ⅻ至第Ⅶ层的热释光和铀系年代为距今6.1万～5.2万年，石器工业剥片技术以勒瓦娄哇单向汇聚循环剥片法（图4-10，6）为主体，另存在少量勒瓦娄哇对向循环剥片法（图4-10，7）、勒瓦娄哇向心循环剥片法和勒瓦娄哇优先剥片法等，勒瓦娄哇石核尺寸为2～5厘米。勒瓦娄哇技术产品以三角形和四边形的勒瓦娄哇石片为主体，以短小、宽底的勒瓦娄哇尖状器为特色（图4-10，1～5），勒瓦娄哇最终产品尺寸为5～6厘米[2]。

　　西亚不同地区的勒瓦娄哇技术的时空分布并非均质，如阿拉伯半岛旧石器时代中期

① Shea J. J. The Middle Paleolithic of the East Mediterranean Levant. *Journal of World Prehistory*, 2003, 17, (4): 313-394.

② Bar-Yosef O., Vandermeersch B., Arensburg B., et al. The excavations in Kebara Cave, Mt. Carmel. *Current Anthropology*, 1992, 33 (5): 497-534.

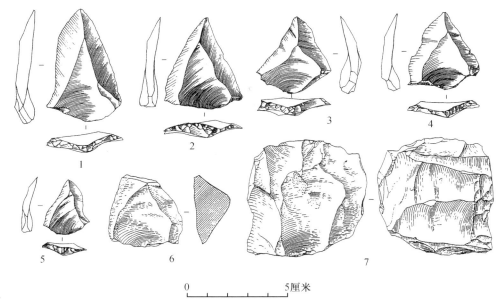

图4-10 以色列Kabara洞穴遗址勒瓦娄哇尖状器与石核

1~5. 勒瓦娄哇尖状器 6. 勒瓦娄哇单向剥片石核 7. 勒瓦娄哇对向剥片石核

[图片引自Bar-Yosef O., Vandermeersch B., Arensburg B., et al. The excavations in Kebara Cave, Mt. Carmel. *Current Anthropology*, 1992, 33 (5): 497-534]

石核类型包括简单石片石核、盘状石核、勒瓦娄哇石核和石叶石核等，学者们注意到阿拉伯半岛勒瓦娄哇石核技术并没有像黎凡特地区很好地呈现，勒瓦娄哇石核比例较低，进而显示出技术多样性[①]。阿联酋Jebel Faya地区的FAY-NE1遗址C组光释光年代为距今12.7万~9.5万年，石器工业剥片技术见有勒瓦娄哇技术与石叶技术，工具组合以小型手斧、两面叶状器、端刮器、边刮器和锯齿刃器等为特征[②]。阿拉伯半岛内陆沙特阿拉伯Nefud沙漠中的一处位于古湖畔有地层堆积的旧石器时代中期Jebel Qattar 1遗址，地层研究显示石器所在层位年代为距今约7.5万年。该遗址调查发现石制品共160件，包括石核15件、石片102件、石叶13件和工具22件。石核包括盘状石核（图4-11，4~6）、勒瓦娄哇向心循环剥片石核（图4-11，2）、勒瓦娄哇优先剥片法石核（图4-11，1）等，石片中存在典型勒瓦娄哇石片（图4-11，3），工具中存在经过修理的勒瓦娄哇尖状器（图4-11，7）[③]。

① Petraglia M. D., Alsharekh A. The Middle Paleolithic of Arabia: Implications for modern human origins, behavior and dispersals. *Antiquity*, 2003, 77 (298): 671-684.

② Armitage S. J., Jasim S. A., Marks A. E., et al. The southern route "Out of Africa": Evidence for an early expansion of Modern Humans into Arabia. *Science*, 2011, 331 (6016): 453-456.

③ Petraglia M. D., Alsharekh A. M., Crassard R., et al. Middle Paleolithic occupation on a Marine Isotope Stage 5 lakeshore in the Nefud Desert, Saudi Arabia. *Quaternary Science Reviews*, 2011, 30 (13): 1555-1559.

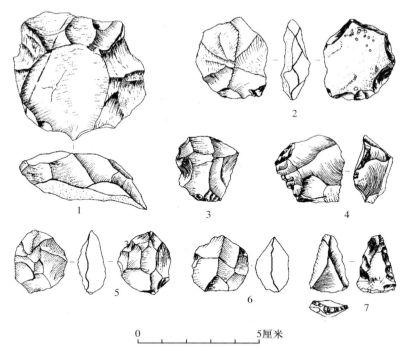

图4-11 沙特阿拉伯Jebel Qattar 1遗址石制品

1. 勒瓦娄哇优先剥片石核 2. 勒瓦娄哇向心循环剥片石核 3. 勒瓦娄哇石片

4～6. 盘状石核 7. 单面修理勒瓦娄哇尖状器

［图片引自Petraglia M. D., Alsharekh A. M., Crassard R., et al. Middle Paleolithic occupation on a Marine Isotope Stage 5 lakeshore in the Nefud Desert, Saudi Arabia. *Quaternary Science Review*, 2011, 30 (13): 1555-1559］

（五）南亚

南亚地处旧大陆东西方之间，对于检验因环境、人群、人口和资源导致的地区性行为差异的种种推断具有关键意义。南亚晚更新世时期石器工业主要从预制石核生产石片，但不存在在整个南亚地区盛行的单一剥片技术，预制石核技术包括勒瓦娄哇技术、盘状石核技术和柱形石核等多样化的表现[1]。印度西北部Thar沙漠中的Katoati遗址最下部第8层光释光年代为距今约9.6万年，该层位单台面石核42件、双台面石核1件、多台面石核17件，另有4件预制石核（prepared cores），预制石核中存在勒瓦娄哇石核，研究者认为该发现为现代人向南亚的扩散提供了间接证据[2]。

---

[1] James H. V. A., Petraglia M. D. Modern human origins and the evolution of behavior in the Later Pleistocene record of South Asia. *Current Anthropology*, 2005, 46 (5): S3-S27.

[2] Blinkhorn J., Achyuthan H., Petraglia M., et al. Middle Paleolithic occupation in the Thar Desert during the Upper Pleistocene; the signature of a modern human exit out of Africa?. *Quaternary Science Review*, 2013, 77: 233-238.

四、中国勒瓦娄哇技术

近年来中国北方相继报道勒瓦娄哇技术的发现，以内蒙古金斯太、新疆通天洞和宁夏水洞沟遗址为代表，勒瓦娄哇技术特征显示出与西方的一致性，显示出与西方（含邻近西伯利亚地区）密切的技术文化关系。

（一）西北地区

1. 新疆通天洞遗址

新疆吉木乃县通天洞遗址2016～2017年发掘旧石器时代文化层出土动物化石的^{14}C年代校正后为距今约4.5万年，石制品中石核包括勒瓦娄哇石核、盘状石核和非定型石核，毛坯包括勒瓦娄哇石片、普通石片与石叶，工具包括刮削器、勒瓦娄哇尖状器、莫斯特尖状器、凹缺器、锯齿刃器和端刮器等（图4-12），总体显示出较明显的旧大陆西侧旧石器时代中期文化特征[①]。

2. 宁夏水洞沟遗址第1地点和第2地点

宁夏水洞沟遗址第1地点和第2地点均发现勒瓦娄哇技术。水洞沟遗址第1地点自20世纪20年代以来经过多次发掘，水洞沟遗址第1地点和第2地点的勒瓦娄哇技术的年代大体为距今4.6万～3.3万年[②]。水洞沟遗址第1地点石器工业特点为具有勒瓦娄哇石片技术、勒瓦娄哇石叶技术和棱柱状石叶技术混合的特征，具有欧洲旧石器时代晚期初段（Initial Upper Paleolithic，IUP）的技术特点，勒瓦娄哇石核尺寸较小且形态扁平（图4-13），工具组合包括边刮器、端刮器、锯齿刃器、凹缺刮器和尖状器等[③]。水洞沟遗址第2地点经2003～2005年、2007年、2014～2016年等多次发掘，在下部地层发现

---

① 新疆文物考古研究所、北京大学考古文博学院：《新疆吉木乃县通天洞遗址》，《考古》2018年第7期。

② Li F., Kuhn S. L., Bar-Yosef O., et al. History, chronology and techno-typology of the upper Paleolithic sequence in the Shuidonggou area, Northen China. *Journal of World Prehistory*, 2019, 32 (2): 111-141.

③ a. 宁夏文物考古研究所：《水洞沟：1980年发掘报告》，北京：科学出版社，2003年，第33—55页。

b. Peng F., Wang H. M., Gao X. Blade production of Shuidonggou Locality 1 (Northwest China): A technological perspective. *Quaternary International*, 2014, 347: 12-20.

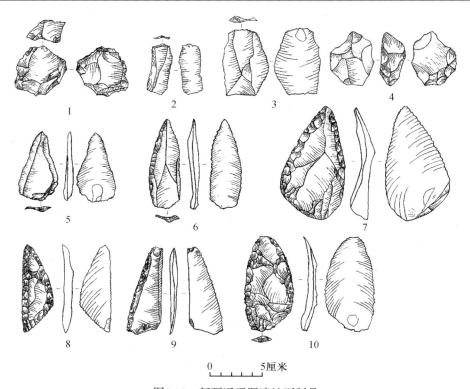

0 ____ 5厘米

图4-12　新疆通天洞遗址石制品

1. 勒瓦娄哇石核　2. 石叶　3. 勒瓦娄哇石片　4. 盘状石核　5、6. 勒瓦娄哇尖状器　7. 莫斯特尖状器　8～10. 边刮器

（图片引自新疆文物考古研究所、北京大学考古文博学院：《新疆吉木乃县通天洞遗址》，《考古》2018年第7期）

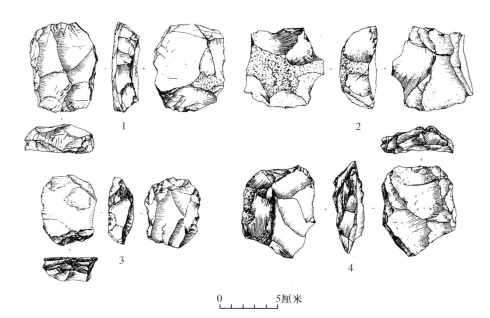

0 ____ 5厘米

图4-13　宁夏水洞沟遗址第1地点勒瓦娄哇石核

（图片引自宁夏文物考古研究所：《水洞沟——1980年发掘报告》，北京：科学出版社，2003年，第33—55页）

与水洞沟遗址第1地点相似的勒瓦娄哇石叶技术石核[①]。

（二）东北地区

1. 内蒙古金斯太遗址

内蒙古东乌珠沁旗金斯太遗址在2000～2001年经过考古发掘并发现勒瓦娄哇技术[②]，2012～2013年新的发掘中第8～7层（旧石器时代中期文化层）^{14}C年代校正后为距今4.7万～3.7万年[③]。石核以盘状石核和多面体石核为主，另存在少量勒瓦娄哇石核。勒瓦娄哇石核具有汇聚剥片特征，台面进行修理，通过两侧和远端的修型形成勒瓦娄哇剥片面[④]。石片中存在勒瓦娄哇石片和勒瓦娄哇尖状器。工具类型包括边刮器、横向刮削器（含基纳型刮削器）、凹缺刮器和锯齿刃器等。研究者认为金斯太旧石器时代中期石器工业显示出与西伯利亚阿尔泰山地区Okladnikov和Chagyrskaya等旧石器时代中期洞穴遗址石器工业的相似性[⑤]。

2. 黑龙江十八站遗址

黑龙江省西部大兴安岭地区塔河县十八站遗址2005年发掘C层出土石制品24件，发现1件棱柱状对向剥片石叶石核与4件石叶、5件普通石片和2件刮削器等共存，该层位光释光年代为距今2.5万年左右[⑥]。近年来有研究者经过观察该遗址1975～1976年发掘材料，指出该遗址不仅存在棱柱状石叶石核，还存在一定比例的勒瓦娄哇石叶石核，同时指出不同年度发掘的地层与遗物的对应关系需要进一步确定[⑦]。

---

① a. 宁夏文物考古研究所、中国科学院古脊椎动物与古人类研究所：《水洞沟：2003～2007年度考古发掘与研究报告》，北京：科学出版社，2013年，第52—57页。

b. Li F., Chen F. Y., Gao X. "Modern behaviors" of ancient populations at Shuidonggou Locality 2 and their implications. *Quaternary International*, 2014, 347: 66-73.

② 王晓琨、魏坚、陈全家等：《内蒙古金斯太洞穴遗址发掘简报》，《人类学学报》2010年第1期。

③ Li F., Kuhn S. L., Chen F. Y., et al. The easternmost Middle Paleolithic (Mousterian) from Jinsitai Cave, North China. *Journal of Human Evolution*, 2018, 114: 76-84.

④ 李锋、李英华、高星：《贵州观音洞遗址石制品剥片技术辨析》，《人类学学报》2020年第1期。

⑤ Li F., Kuhn S. L., Chen F. Y., et al. The easternmost Middle Paleolithic (Mousterian) from Jinsitai Cave, North China. *Journal of Human Evolution*, 2018, 114: 76-84.

⑥ 张晓凌、于汇历、高星：《黑龙江十八站遗址的新材料与年代》，《人类学学报》2006年第2期。

⑦ 李锋、陈福友、汪英华等：《晚更新世晚期中国北方石叶技术所反映的技术扩散与人群迁徙》，《中国科学：地球科学》2016年第7期。

3. 黑龙江海浪河流域

我国东北黑龙江省东部近年来考古调查工作曾发现勒瓦娄哇技术线索，以牡丹江支流海浪河流域杨林南山遗址[①]和秦家东山遗址[②]等发现具有勒瓦娄哇技术风格的石核为代表，但该地区旧石器时代遗址的原生地层往往较薄且受到后期不同程度的扰动，黑龙江东部勒瓦娄哇技术相关的器物组合、层位和年代目前均未有定论，需要未来发现堆积更厚、层位更清晰和遗存更丰富的遗址才能解决这些问题。

（三）西南地区

云南富源大河遗址2001年、2002年、2006年的发掘出土石制品组合包括盘状石核、勒瓦娄哇石核、半月形刮削器、锯齿刃器、凹缺器、边刮器等，文化层铀系法和^{14}C测年结果为距今4.4万～3.5万年[③]，但具体勒瓦娄哇石核剥片序列信息有待进一步研究成果的发表。

近年有学者公布了贵州黔西观音洞遗址最新的光释光测年结果为距今17万～8万年，并指出在2273件石制品中发现45件具有勒瓦娄哇技术概念，包括11件石核、30件石片和4件工具[④]。但也有学者对观音洞遗址勒瓦娄哇技术质疑，认为观音洞遗址所谓的勒瓦娄哇石核仅在形态上与勒瓦娄哇石核相似，在结构上与勒瓦娄哇石核不同[⑤]。

此外，云南鹤庆天华洞遗址光释光年代为距今9.5万～5万年，石器工业中存在似勒瓦娄哇石核、盘状石核、似基纳型刮削器等[⑥]，但该遗址似勒瓦娄哇石核与欧洲典型

① 田禾、陈全家、李有骞：《黑龙江省海林市杨林南山旧石器遗址石器研究》，《北方文物》2010年第3期。

② 陈全家、田禾、陈晓颖等：《秦家东山旧石器地点发现的石器研究》，《北方文物》2014年第2期。

③ 吉学平、刘成武、谭惠忠等：《大河洞穴之魅——富源大河旧石器遗址揭秘》，《中国文化遗产》2008年第6期。

④ Hu Y., Marwick B., Zhang J. F., et al. Late Middle Pleistocene Levallois stone-tool technology in southwest China. *Nature*, 2019, 564 (7737): 82-85.

⑤ a. 李锋、李英华、高星：《贵州观音洞遗址石制品剥片技术辨析》，《人类学学报》2020年第1期。

b. Li Y. H., Boëda E., Forestier H., et al. Lithic technology, typology and cross-regional comparison of Pleistocene lithic industries: Comment on the earliest evidence of Levallois in East Asia. *Anthropologie*, 2019, 123 (4-5): 769-781.

⑥ 阮齐军、刘建辉、胡越等：《云南鹤庆天华洞旧石器遗址石制品研究》，《人类学学报》2019年第2期。

勒瓦娄哇石核结构仍存在差别。现有证据显示我国西南地区晚更新世以来存在复杂多样的具有预制石核因素的剥片策略，这些石器工业的剥片技术与西方勒瓦娄哇技术的关系有待未来进一步探究。

五、比较与讨论

勒瓦娄哇技术是一种从预制两面体石核上生产定型石片的技术，而非制作两面器的成器技术，该技术与两面器技术虽然存在一定渊源但并非直接的祖裔关系，该技术应当与旧石器时代早期阿舍利工业中等级化两面体预制石核技术具有更密切的技术谱系关系。勒瓦娄哇技术究竟是非洲起源还是多地区起源，目前学界似乎没有统一认识。多地区起源观点认为勒瓦娄哇技术是开发原料的一种最优策略，勒瓦娄哇技术可以高效地降低石核预制过程中的原料浪费，并且可以最大化地产生具有切割刃缘的毛坯的数量，勒瓦娄哇技术几何结构一旦改变，则会导致原料利用效率的降低[1]，因此不同地区早期人群在某种功能需求情况下均可以策略性地开发利用勒瓦娄哇技术。但是，从进化考古学的理论出发，作为更新世早中期人类石器技术史上最为复杂的勒瓦娄哇技术，不同地区的古人群在已有技术禀赋基础上"随机变异"出相同的复杂技术的概率是非常低的。

现有考古证据显示，非洲最早的勒瓦娄哇技术来自东非肯尼亚利基手斧区（Leakey Handaxe Area）和工厂遗址（Factory Site）两个阿舍利遗址，二者的年代为距今50.9万~28.4万年，以"优先剥片法"生产的形态较大的勒瓦娄哇石片为特征，与阿舍利技术共存。现有亚洲最早的勒瓦娄哇技术来自南亚印度Attirampakkam（ATM）遗址距今38万~17万年层位和西亚亚美尼亚的Nor Geghi 1（NG1）遗址距今约30万年层位。这两个遗址的勒瓦娄哇技术均为优先剥片法和循环剥片法并用，产品包括勒瓦娄哇石片和勒瓦娄哇石叶，并与阿舍利技术共存。现有欧洲最早勒瓦娄哇技术以年代距今35万~30万年的法国Orgnac 3遗址和意大利Cave dall'Olio遗址为代表，勒瓦娄哇石核预制较为简单，循环剥片占主导。

勒瓦娄哇技术的发展经历了尺寸小型化和剥片方法多样化的历史过程。最早期勒瓦娄哇技术产品形态硕大，以优先剥片法生产大石片为特征，与阿舍利技术共存，仅见于非洲。大概距今30万年前后，勒瓦娄哇技术产品的尺寸与功能发生转变，更为小型与多样化的勒瓦娄哇技术反映了人群活动范围的扩大与流动性的提高，这一转变的

---

① a. Brantingham P. J., Kuhn S. L. Constraints on Levallois core technology: A mathematical model. *Journal of Archaeological Science*, 2001, 28 (7): 747-761.

b. Lycett S. J., Eren M. I. Levallois economics: An examination of 'waste' production in experimentally produced Levallois reduction sequences. *Journal of Archaeological Science*, 2013, 40 (5): 2384-2392.

驱动力应与MIS9与MIS8阶段之交全球环境的恶化有关。大约距今30万年前后，更为成熟的勒瓦娄哇技术凭借对原料更为经济的利用方式和较高的生产定型石片的能力，形成了较强的适应优势，勒瓦娄哇技术伴随着人群迁徙走出非洲到达西亚、南亚与欧洲等地区，并且在不同地区更为多样化地适应了当地的社会-生态环境。

进入晚更新世，勒瓦娄哇技术在旧大陆的分布范围进一步扩大，特别是扩散至东亚，以中国新疆通天洞遗址、内蒙古金斯太遗址和宁夏水洞沟遗址为代表。其中通天洞遗址和金斯太遗址呈现出与欧洲旧石器时代中期晚段莫斯特工业的相似性，而水洞沟遗址第1地点与西亚旧石器晚期初段工业相似，这些遗址应代表了至少2次不同的人群扩散事件。中国北方勒瓦娄哇技术的出现显然非本土起源，而是通过欧亚草原通道的人群迁徙与西方勒瓦娄哇技术保持了密切的关联。中国北方已发现勒瓦娄哇技术出现于距今5万～3万年，从旧大陆格局来看正处于勒瓦娄哇技术的衰退期，或者说勒瓦娄哇技术被石叶技术等取代的阶段。本阶段我国勒瓦娄哇技术的突然出现，应当是MIS3阶段欧亚大陆现代人扩散导致人口压力增大的情境下，勒瓦娄哇技术人群应对压力开拓新的生存空间的结果。

第五章　发展的石核-石片技术

　　旧大陆旧石器时代石器技术的演化并非简单的单线发展模式，而是与生物演化一样呈现出多线分支的演化路径。无论在旧大陆东部还是西部，新的石器技术出现后，早期石核-石片技术依然延续。一方面，石核-石片技术可以作为"古老技术因素"存在于阿舍利工业或莫斯特工业等新兴石器工业之中；另一方面，新兴技术出现后某些考古遗存还可以见到不含新兴技术因素的单纯的石核-石片技术工业。本章节重点探讨更新世中晚期的单纯石核-石片工业，该工业作为石器技术演化脉络中的单独分支具有重要演化意义。

一、西方更新世中期石核-石片技术

　　西方奥杜威工业之后的石核-石片工业以欧洲的发现为代表。欧洲更新世中期遗址除了包含手斧的阿舍利工业之外，还存在不含手斧的石核-石片工业，在英国也被称为克拉克当（Clactonian）工业，后者以20世纪上半叶英国埃塞克斯郡Clacton-on-Sea遗址发掘而命名。英国克拉克当石器工业中石核类型有双面盘状石核和砍砸器石核等，工具类型包括刮削器、凹缺刮器、尖状器、砍砸器等，石片常见厚石片（图5-1）[1]。

　　中欧地区阿舍利时代的石核-石片工业以德国Schöningen遗址为代表，该遗址主要文化层位年代距今约30万年，发现石核-石片工业与至少10件制作精良的木质标枪及数十匹被屠宰的野马遗存共存，显示当时人群具有高度的计划性和组织性[2]。该遗址附近有丰富的燧石砾石和燧石结核原料，其中存在重量大于10千克的燧石结核，石器工业以石片和碎屑为主体，石核和工具比例较低，不见任何阿舍利技术或勒瓦娄哇技术产品，石核剥片序列短而随机，石片背面片疤少而简单，工具加工程度高且精致，工具类型包括刮削器、尖状器、凹缺刮器和锯齿刃器等（图5-2），刮削器修理方式多为陡刃多层修理[3]。

---

① White M. J. The Clactonian question: On the interpretation of core-and-flake assemblages in the British Lower Paleolithic. *Journal of World Prehistory*, 2000, 14 (1): 1-63.

② Conard N. J., Serangeli J., Böhner U., et al. Excavations at Schöningen and paradigm in human evolution. *Journal of Human Evolution*, 2015, 89: 1-17.

③ Serangeli J., Conard N. J. The behavioral and cultural stratigraphic contexts of the lithic assemblages from Schöningen. *Journal of Human Evolution*, 2015, 89: 287-297.

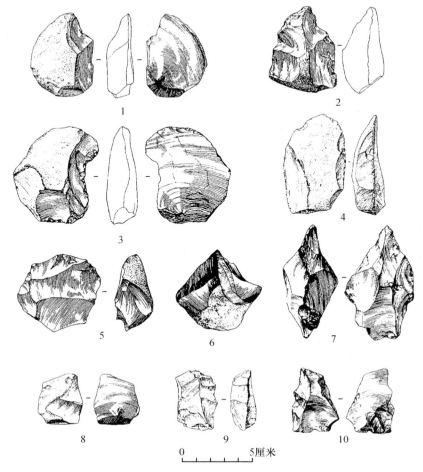

图5-1　英国Clacton-on-Sea遗址石制品

1、8. 石片　2. 经过修理的石片　3. 凹缺刮器　4. 边刮器　5. 盘状石核
6. 砍砸器石核　7. 似手斧石核　9、10. 锯齿刃器

［图片引自White M. J. The Clactonian question: On the interpretation of core-and-flake assemblages in the British Lower Paleolithic. *Journal of World Prehistory*, 2000, 14 (1): 1-63］

　　20世纪大部分时间里学者们通常认为在英国克拉克当工业与阿舍利工业大体代表了2个不同的史前人群。20世纪70年代之后，受过程考古学思潮影响，一些学者提出克拉克当工业可能是阿舍利工业因功能不同而产生的"相变"，如有学者认为克拉克当工业是阿舍利人群适应茂密森林地区采集经济活动的遗存，而阿舍利工业是阿舍利人群适应开阔环境狩猎经济活动的遗存[1]，有学者指出克拉克当工业遗址存在少量手斧半

---

① a. Collins D. Culture traditions and environment of early man. *Current Anthropology*, 1969, 10: 267-316.

b. Svoboda J. Middle Pleistocene adaptations in central Europe. *Journal of World Prehistory*, 1989, 3 (1): 33-70.

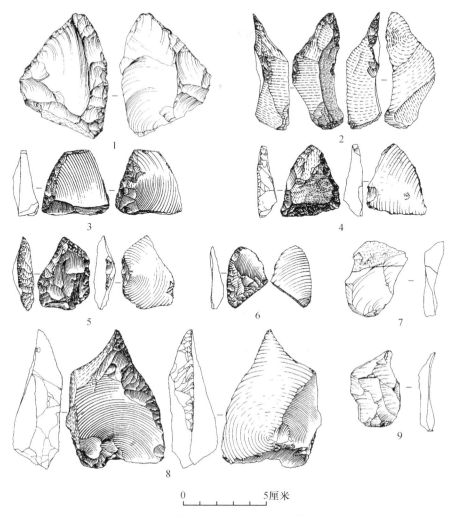

图5-2　德国Schöningen遗址石制品

1、3~6、8. 刮削器　2. 尖状器　7、9. 石片

（图片引自Serangeli J., Conard N. J. The behavioral and cultural stratigraphic contexts of the lithic assemblages from Schöningen. *Journal of Human Evolution*, 2015, 89: 287-297）

成品，是初步加工手斧而非使用-废弃手斧的地点[1]，另有学者指出克拉克当及相关欧洲石核-石片工业中不含手斧的主要原因是当地缺乏生产手斧的大型优质原料[2]。

　　但是，也有学者认为克拉克当工业遗址并不见与手斧相关的半成品、成品、废品

[1]　Ohel M. Y. The Clactonian: An independent complex or an integral part of the Acheulean? [and Comments and Reply]. *Current Anthropology*. 1979, 20 (4): 685-726.

[2]　Raposo L., Santonja M. The earliest occupation of Europe: The Iberian peninsula// Roebroeks W., Kolfschoten T. *The Earliest Occupation of Europe*. Leiden: University of Leiden and European Science Foundation, 1995: 7-25.

或去薄石片，有学者指出的手斧半成品应为石核[1]，一些克拉克当工业遗址并不缺乏大型优质原料[2]，没有足够证据显示克拉克当工业与森林环境的密切关联性[3]。另有学者指出克拉克当与阿舍利工业的年代并非重合而似乎是交替地出现[4]。在此基础之上，20世纪90年代之后受后过程考古思潮影响，有学者认为克拉克当工业与阿舍利工业的区别并非功能或原料差异所致，而是与不同时期来自欧洲不同地区的不同社会网络（或人口规模）的拓殖人群有关[5]。研究者进一步指出欧洲不同地区石核-石片工业可能具有不同的成因[6]。

二、中国更新世中期石核-石片技术

中国更新世中期石核-石片工业遗址中遗存丰富、年代清晰且研究深入的遗址以北京周口店第1地点和陕西洛南龙牙洞等遗址为代表。

北京周口店遗址第1地点自20世纪20年代以来经过多次发掘，发现了大量石制品、动物化石与直立人化石共存，最新^{26}Al/^{10}Be法年代测定结合以往铀系法、裂变径迹法等测年显示遗址主要文化层的年代为距今70万～20万年[7]。遗址石器工业原料以脉石英为主，另有水晶、燧石和砂岩等，基本上取自遗址附近的岩块和砾石，剥片技术长期以来被认为包括砸击法、锤击法和碰砧法[8]，新近研究显示遗址主要剥片方法是锤击法而

[1] Ohel M. Y. The Clactonian: An independent complex or an integral part of the Acheulean? [and Comments and Reply]. *Current Anthropology*. 1979, 20 (4): 685-726.

[2] Singer R., Wymer J. J., Gladfelter B. G., et al. Excavations of the Clactonian industry at the Golf Course, Clacton-on Sea, Essex. *Proceedings of the Prehistoric Society*, 1973, 39: 6-74.

[3] White M. J. The Clactonian question: On the interpretation of core-and-flake assemblages in the British Lower Paleolithic. *Journal of World Prehistory*, 2000, 14 (1): 1-63.

[4] Ohel M. Y. The Clactonian: An independent complex or an integral part of the Acheulean? [and Comments and Reply]. *Current Anthropology*. 1979, 20 (4): 685-726.

[5] a. White M. J., Schreve D. C. Insular Britain-Peninsula Britain: Palaeogeography, colonization and settlement history of Lower Palaeolithic Britain. *Proceedings of the Prehistory Society*, 2000, 66: 1-28.
b. Ashton N., Lewis S. G., Parfitt S. A., et al. Handaxe and non-handaxe assemblages during Marine Isotope Stage 11 in northern Europe: recent investigations at Barnham, Suffolk, UK. *Journal of Quaternary Science*, 2016, 31 (8): 837-843.

[6] White M. J. The Clactonian question: On the interpretation of core-and-flake assemblages in the British Lower Paleolithic. *Journal of World Prehistory*, 2000, 14 (1): 1-63.

[7] Shen G. J., Gao X., Gao B., et al. Age of Zhoukoudian *Homo erectus* determined with ^{26}Al/^{10}Be burial dating. *Nature*, 2009, 458 (7235): 198-200.

[8] 裴文中、张森水：《中国猿人石器研究》，北京：科学出版社，1985年，第219、220页。

非砸击法①，锤击石核可以分为单台面石核与多台面石核（图5-3），多是多面剥片石核且形态不固定，极少数石核形态规整呈漏斗形、立方体等，石片多长大于宽，工具毛坯多为石片且以刮削器为主体，另有尖状器、锥、砍砸器等②。

陕西洛南龙牙洞遗址1995～1997年考古发掘出土丰富的石制品和动物化石等遗存，文化堆积年代经热释光测年为距今50万～25万年。龙牙洞遗址石器工业原料来自遗址附近的河滩砾石，原料包括石英、石英岩、砂岩、燧石、火成岩和硅质岩等，石核可以分为单台面、双台面与多台面石核，同时包括方形、扁平状、锥形、盘状、船底形等多种几何结构，其中盘状石核具有高的剥片效率（图5-4），工具类型包括砍砸器、刮削器、尖状器等③。

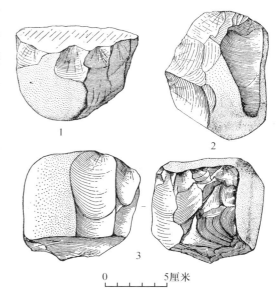

图5-3 北京周口店第1地点石核

1. 单台面石核 2、3. 多台面石核

（图片引自裴文中、张森水：《中国猿人石器研究》，北京：科学出版社，1985年，第227—241页）

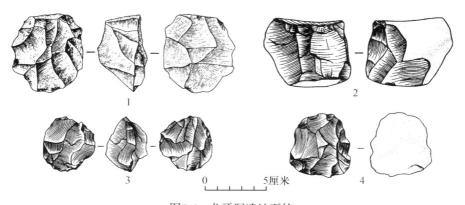

图5-4 龙牙洞遗址石核

1、3. 双面盘状石核 2. 多台面石核 4. 单面盘状石核

（图片引自陕西省考古研究院、洛南县博物馆：《花石浪（Ⅱ）——洛南花石浪龙牙洞遗址发掘报告》，北京：科学出版社，2008年，第45—187页）

① Li F. An experimental study of bipolar reduction at Zhoukoudian locality 1, north China. *Quaternary International*, 2016, 400: 23-29.

② 裴文中、张森水：《中国猿人石器研究》，北京：科学出版社，1985年，第227—241页。

③ 陕西省考古研究院、洛南县博物馆：《花石浪（Ⅱ）——洛南花石浪龙牙洞遗址发掘报告》，北京：科学出版社，2008年，第45—187页。

三、中国更新世晚期石核-石片技术

（一）北方地区

中国北方更新世晚期石核-石片工业遗址中，遗存丰富、年代清晰不存在争议且研究深入的遗址以周口店遗址第15地点、河南许昌灵井遗址、河北阳原板井子遗址、内蒙古鄂尔多斯乌兰木伦遗址和河南郑州老奶奶庙遗址等为代表。

1. 北京周口店遗址第15地点

北京周口店遗址第15地点发掘于1935～1937年，年代距今14万～11万年，原料主要来自遗址附近的基岩岩块，以近距离脉石英为主体，另有少量火成岩、水晶、燧石、砂岩和石英岩等，其中水晶产地距离遗址约5千米，燧石原料应该更远[1]。剥片方法以锤击法为主体，另有少量砸击法运用，锤击法剥片策略主要为向中心交互剥片和多向剥片，130件锤击石核包括23件尝试剥片石核、33件盘状石核（图5-5）和74件多台面石核[2]，工具以刮削器为主体，另有砍砸器、尖状器、石锥和凹缺器等，形态与修理不规则[3]。

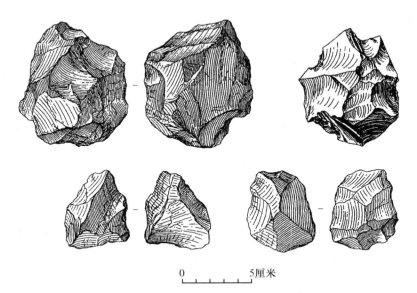

0 _____ 5厘米

图5-5　周口店遗址第15地点盘状石核

（图片引自高星：《周口店第15地点剥片技术研究》，《人类学学报》2000年第3期）

---

① 高星：《周口店第15地点石器原料开发方略与经济形态研究》，《人类学学报》2001年第3期。

② 高星：《周口店第15地点剥片技术研究》，《人类学学报》2000年第3期。

③ 高星：《关于周口店第15地点石器类型和加工技术的研究》，《人类学学报》2001年第1期。

2. 河南许昌灵井遗址

河南许昌灵井遗址2005年以来经多次发掘，遗址下部文化层（第11～10层）发现典型石核-石片工业，并与两具古老人种头骨化石共存，光释光测年结果为距今12.5万～9万年①。灵井遗址下部文化层原料以附近石英砾石为主体，2006年发掘下文化层中出土石核132件、石片（图5-6，6、8、9）689件、工具343件和石锤（图5-6，1）7件等。石核包括单台面石核（图5-6，3）57件、双台面石核（图5-6，2、5）28件、多台面石核13件、砸击石核8件和盘状石核（图5-6，4、7）26件②。近年来新的研究显示，灵井遗址下文化层石核-石片工业剥片策略以单向单面剥片、多向剥片和双面向心剥片为主体，另有随机剥片、对向剥片和砸击剥片等，向心剥片策略中存在少量等级化两面剥片策略，工具类型包括刮削器、凹缺刮器、锯齿刃器、尖状器和钻等，除了硬锤修理外可能存在少量压制和软锤修理方式③。

3. 河北阳原板井子遗址

河北阳原板井子遗址20世纪80年代以来进行了多次发掘，2015年最新的发掘再次获得较为丰富的石制品和动物化石，遗址年代为距今9万～8万年，处于晚更新世早期，石器工业原料主要为不同颜色的燧石岩块，另有石英、石英砂岩、白云岩砾石等，其中部分燧石很可能为远距离原料。2015年发现石核111件，包括尝试剥片石核23件、普通石核（含单台面石核、双台面石核和多台面石核）66件、盘状石核15件和特殊石核7件，盘状石核为剥片技术规范的双面盘状石核，特殊石核包括似棱柱状石核1件、似锥形石核1件、似楔形石核5件，盘状石核和特殊石核显示剥片存在一定计划性和组织性，工具包括刮削器、锯刃齿器、凹缺器、石锥等，多为单面修理，修理多为单层且多限于毛坯的边缘④。

4. 内蒙古鄂尔多斯乌兰木伦遗址

内蒙古鄂尔多斯乌兰木伦遗址2010年发掘，出土了丰富的石制品与动物化石，光

---

① Li Z. Y., Wu X. J., Zhou L. P., et al. Late Pleistocene archaic human crania from Xuchang, China. *Science*, 2017, 355 (6328): 969-972.

② 河南省文物考古研究所：《许昌灵井旧石器时代遗址2006年发掘报告》，《考古学报》2010年第1期。

③ Li H., LI Z. Y., Gao X., et al. Technological behavior of the early Late Pleistocene archaic humans at Lingjing (Xuchang, China). *Archaeological and Anthropological Science*, 2019, 11: 3477-3490.

④ 中国科学院古脊椎动物与古人类研究所、中国科学院大学、河北省文物研究所：《河北阳原县板井子旧石器时代遗址2015年发掘简报》，《考古》2018年第11期。

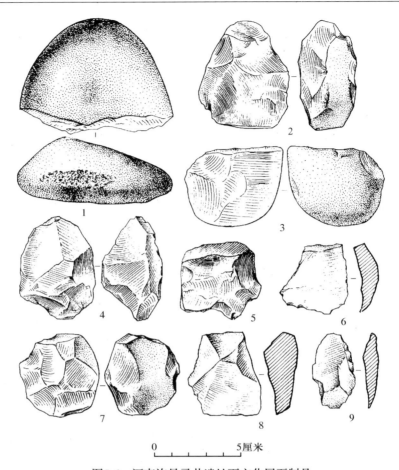

图5-6　河南许昌灵井遗址下文化层石制品

1. 石锤　2、5. 双台面石核　3. 单台面石核　4、7. 盘状石核　6、8、9. 石片

（图片引自河南省文物考古研究所：《许昌灵井旧石器时代遗址2006年发掘报告》，《考古学报》2010年第1期）

释光测年显示遗址文化层的年代为距今6.5万～5万年[①]。乌兰木伦遗址原料以石英岩为主体，另有石英、燧石、砂岩、片麻岩、玛瑙和玉髓等，主要来自距离遗址约2千米的砾石层[②]。遗址石核剥片方法主要采用硬锤直接剥片方法，石核剥片至少存在17个剥片序列，不同剥片序列对石核初始毛坯的形状和原料等具有一定的选择性，进一步显示出石器剥片较强的计划性和组织性[③]。石核主要包括普通石核、盘状石核和砸击石核

① Rui X., Zhang J. F., Hou Y. M., et al. Feldspar multi-elevated-temperature post-IR IRSL dating of the Wulanmulun Paleolithic site and its implication. *Quaternary Geochronology*, 2015, 30: 438-444.

② 刘扬、侯亚梅、杨泽蒙等：《鄂尔多斯乌兰木伦遗址石制品原料产地及其可获性》，《人类学学报》2017年第2期。

③ 刘扬、侯亚梅、杨泽蒙：《鄂尔多斯市乌兰木伦遗址石核剥片技术的阶段类型学研究》，《考古》2015年第6期。

等类型，其中盘状石核（图5-7）最具代表性，包括1件双面盘状石核和1件单面盘状石核[①]。

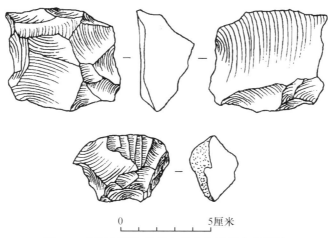

0 5厘米

图5-7 内蒙古鄂尔多斯乌兰木伦遗址盘状石核

（图片引自刘扬、侯亚梅、杨泽蒙等：《鄂尔多斯乌兰木伦遗址第1地点剥片技术研究》，《北方文物》2019年第3期）

5. 河南郑州老奶奶庙遗址

河南郑州老奶奶庙遗址2011～2013年发掘揭露出了丰富的石制品、动物化石和用火遗迹等，[14]C年代数据校正后为距今4.5万年左右。老奶奶庙遗址石器工业原料以石英和石英砂岩为主体，其中石英砂岩来自遗址附近出露的基岩，而石英则很可能来自遗址之外至少20余千米处出露的基岩。老奶奶庙遗址共发现石核112件，其中A类石核是老奶奶庙遗址最为稳定和最具特色的一类石核，往往以厚石片为毛坯，以厚石片平坦的腹面为台面（偶尔以厚石片的背面为台面），沿台面周缘向石核底面剥片，石核体的片疤末汇聚于一点，而是延伸到石核体底面的小平面上，石核的整体特点是台面和底面是两个平行或近平行的平面，台面面积大于底面面积，通常器身略长，似船形（图5-8），共19件[②]。

老奶奶庙遗址B类石核一般由两个面构成，一个面是较平的台面，另一个面是主剥片工作面，并且主剥片工作面汇聚于石核底部一点，或接近一点，呈漏斗形，共6件。此外其他类型的一些石核也体现出C类似楔形、D类立方体（图5-9，1、2）、E

① 刘扬、侯亚梅、杨泽蒙等：《鄂尔多斯乌兰木伦遗址第1地点剥片技术研究》，《北方文物》2019年第3期。

② 陈宥成、曲彤丽、张松林等：《郑州老奶奶庙遗址石核类型学初步研究》，《人类学学报》2019年第2期。

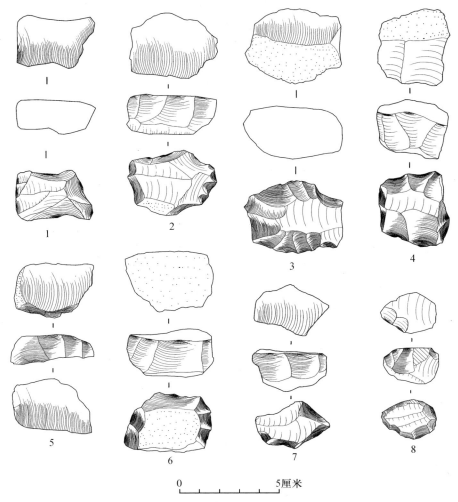

图5-8　河南郑州老奶奶庙遗址A类石核

（图片引自陈宥成、曲彤丽、张松林等：《郑州老奶奶庙遗址石核类型学初步研究》，

《人类学学报》2019年第2期）

类扁立方体（图5-9，3、4）和F类似柱形等几何结构，这种几何组织结构是在有计划地操作程式下剥片的结果。与此同时，老奶奶庙遗址出土的石片分析显示石器打制者有利用背脊连续生产石片的能力，并且对石片的形态有稳定的控制能力，多开发平坦开阔的主台面连续生产单向的两边近平行的石片，并且在剥片过程中有似更新维护剥片工作面的行为，这些现象共同显示出老奶奶庙遗址石器工业向系统性剥片发展的趋势[1]。

---

① 陈宥成、曲彤丽、张松林等：《郑州老奶奶庙遗址石核类型学初步研究》，《人类学学报》2019年第2期。

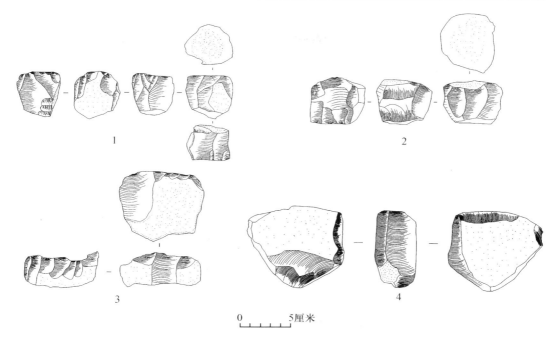

图5-9　河南郑州老奶奶庙遗址D类和E类石核

1、2. D类石核　　3、4. E类石核

（图片引自陈宥成、曲彤丽、张松林等：《郑州老奶奶庙遗址石核类型学初步研究》，

《人类学学报》2019年第2期）

（二）南方地区

1. 贵州黔西观音洞遗址

贵州黔西观音洞遗址20世纪60年代[1]与70年代[2]经过多次发掘，最近的光释光测年结果显示含有石制品的文化堆积年代为距今17万～8万年[3]。研究显示，观音洞遗址史前人类从石核获取毛坯的过程主要运用了三种不同的操作程式，对应于三种不同的石核预备方法。操作程式1的石核剥片工作面是砾石上的自然面，缺乏自然纵脊；操作程式2的石核剥片工作面通常是岩块上的节理面，存在凸出的自然纵脊有利于剥片；操作程式3的石核剥片工作面是石片腹面，石片腹面打击泡的凸度有利于剥片（图5-10）[4]。

① 裴文中、袁振新、林一朴等：《贵州黔西县观音洞试掘报告》，《古脊椎动物学报》1965年第3期。

② 李炎贤、文本亨：《观音洞——贵州黔西旧石器时代初期文化遗址》，北京：文物出版社，1986年。

③ Hu Y., Marwick B., Zhang J. F., et al. Late Middle Pleistocene Levallois stone-tool technology in southwest China. *Nature*, 2019, 564 (7737): 82-85.

④ 李英华、侯亚梅、Boëda E.：《观音洞遗址古人类剥坯模式与认知特征》，《科学通报》2009年第19期。

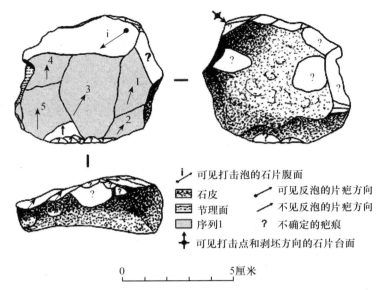

图5-10　贵州黔西观音洞遗址操作程式3石核

（图片引自李英华、侯亚梅、Boëda E.：《观音洞遗址古人类剥坯模式与认知特征》，

《科学通报》2009年第19期）

2. 湖南澧县条头岗和乌鸦山遗址

湖南澧县澧水流域条头岗遗址发掘于2011年，遗址上文化层的光释光年代数据是距今约10.5万年，大体处于晚更新世早期[1]，遗址上文化层石器工业原料主要来自附近的河滩砾石，以燧石为主，另有石英砂岩和石英岩等，石核以普通石核为主，包括单台面石核94件、双台面石核92件和多台面石核（图5-11，1~3）43件，其中存在漏斗形、似楔形、船形或龟背状等高效剥片的石核，另存在单面与双面盘状石核（图5-11，4~7）共12件，工具以片状毛坯为主体，包括刮削器、凹缺器、锯齿刃器、尖状器等[2]。

湖南澧县澧水流域乌鸦山遗址发掘于2011年，来自遗址2个层位的光释光年代数据分别是距今约9.6万年和距今约7.3万年，大体处于晚更新世早期[3]，遗址石器工业原料主要来自附近的河滩砾石，以石英砂岩为主，另有石英岩、硅质板岩和燧石等，剥片方法以锤击法为主，另有少量砸击法，石核以普通石核为主，包括单台面石核、双台

① 李意愿：《石器工业与适应行为：澧水流域晚更新世古人类文化研究》，上海：上海古籍出版社，2020年，第265—267页。

② 李意愿：《石器工业与适应行为：澧水流域晚更新世古人类文化研究》，上海：上海古籍出版社，2020年，第99—138页。

③ 李意愿：《石器工业与适应行为：澧水流域晚更新世古人类文化研究》，上海：上海古籍出版社，2020年，第265—267页。

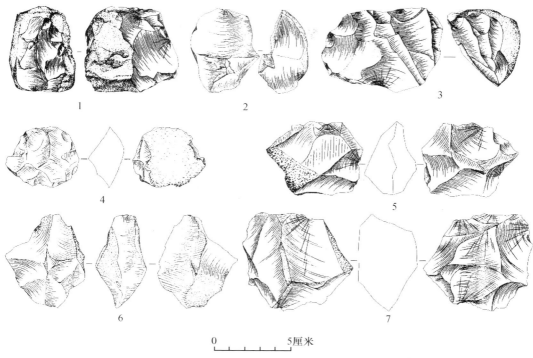

图5-11　湖南澧县条头岗遗址石核

1～3. 多台面石核　4～7. 盘状石核

（图片引自李意愿：《石器工业与适应行为：澧水流域晚更新世古人类文化研究》，

上海：上海古籍出版社，2020年，第110—112页）

面石核和多台面石核（图5-12，1），存在少量盘状石核（图5-12，2、3），工具以片状毛坯为主体，加工程度较低[①]。

3. 重庆丰都井水湾遗址

重庆丰都井水湾遗址是三峡地区一处重要石核-石片工业遗址，埋藏于长江右岸2级阶地内，1998～2002年经历了5次发掘[②]，光释光年代为距今约7万年。该遗址石器工业原料以附近石英砂岩砾石为主，石核剥片策略可以分为单向剥片和多向剥片（图5-13），工具类型包括砍砸器、刮削器、尖状器和凹缺刮器等[③]。

---

① 李意愿：《石器工业与适应行为：澧水流域晚更新世古人类文化研究》，上海：上海古籍出版社，2020年，第46—98页。

② 裴树文、高星、冯兴无等：《井水湾旧石器遗址初步研究》，《人类学学报》2003年第4期。

③ Pei S. W., Gao X., Feng X. W., et al. Lithic assemblage from the Jingshuiwan Paleolithic site of the early Late Pleistocene in the Three Gorges, China. *Quaternary International*, 2010, 211: 66-74.

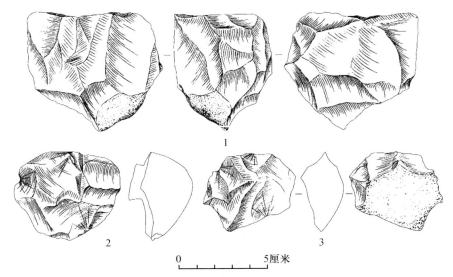

图5-12　湖南澧县乌鸦山遗址石核

1. 多台面石核　2、3. 盘状石核

（图片引自李意愿：《石器工业与适应行为：澧水流域晚更新世古人类文化研究》，

上海：上海古籍出版社，2020年，第63页）

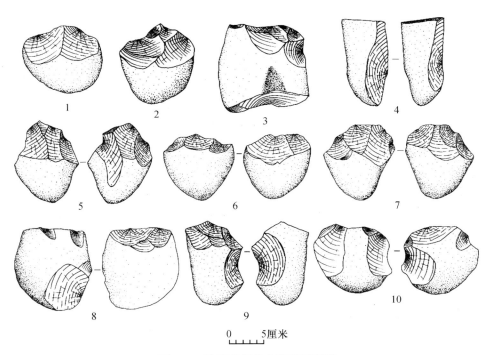

图5-13　重庆丰都井水湾遗址石核

1～3. 单向剥片　4～10. 多向剥片

（图片引自Pei S. W., Gao X., Feng X. W., et al. Lithic assemblage from the Jingshuiwan Paleolithic site of the early Late Pleistocene in the Three Gorges, China. *Quaternary International*, 2010, 211: 66-74）

四、比较与讨论

（一）盘状石核相关问题

东亚地区本阶段石核-石片工业中石核剥片策略中最为显著的特征是盘状石核出现频率增加。盘状石核的形制与勒瓦娄哇石核较相似，均为"两面体石核"。在石核体上可以看到向心剥片留下的片疤，也有学者称其为放射状石核（radial core）[1]。这类石核一般呈圆形，至少一面有凸起，如盘子一般，故得名盘状石核。根据剥片工作面的数量，盘状石核可以分为单面盘状石核与双面盘状石核。单面盘状石核，在两面体石核上一面为较平台面，另一面为凸起的剥片面，即石核体只有一面凸起（图5-14，1）。双面盘状石核，石核的两面均凸起，且这两个面分别既是台面，又是剥片工作面，是可以互换的（图5-14，2）。传统文献中盘状石核常常特指双面盘状石核。从技术上讲，双面盘状石核与单面盘状石核有明显不同，前者台面不固定，在剥片过程中需要不断转换台面；后者台面固定，不转换台面。这两种石核至少反映了不同的剥片策略[2]。

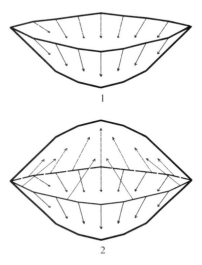

图5-14　盘状石核几何结构
1. 单面盘状石核　2. 双面盘状石核
（图片引自陈宥成、曲彤丽：《"勒瓦娄哇"技术源流管窥》，《考古》2015年第2期）

盘状石核与勒瓦娄哇石核的技术组织结构具有一定的相似性，尤其是双面盘状石核与勒瓦娄哇石核更为接近，二者都是两面体石核。至于二者的不同之处，国内外学者有不少论述，他们强调双面盘状石核的两个面在打制者的"概念型板"不分等级，而勒瓦娄哇石核的两个面在打制者的概念型板中则有清楚的台面与剥片工作面的区分，同时对台面有精心的预制过程[3]。除此之外，二者的终极产品也不一样，盘状

---

[1]　Villa P., Delagnes A., Wadley L. A late Middle Stone Age artifact assemblage from Sibudu (KwaZulu-Natal): Comparisons with the European Middle Paleolithic. *Journal of Archaeological Science*, 2005, 32 (3): 399-422.

[2]　陈宥成、曲彤丽：《"勒瓦娄哇技术"源流管窥》，《考古》2015年第2期。

[3]　a. Boëda E. Levallois: A volumetric construction, methods, a technique// Dibble H. L., Bar-Yosef O. *The Definition and Interpretation of Levallois Technology*. Wisconsin: Prehistory Press, 1995, 41-68.

　　b. 高星：《周口店第15地点剥片技术研究》，《人类学学报》2000年第3期。

石核的终极产品是类似勒瓦娄哇石核预制过程中的修理剥片，这些剥片有些可以归入"假勒瓦娄哇尖状器"（pseudo-Levallois point）；而勒瓦娄哇石核的终极产品是预制石核后打下定形的勒瓦娄哇石片、勒瓦娄哇尖状器（Levallois point）或勒瓦娄哇石叶（Levallois blade）。勒瓦娄哇石核的剥片序列长度大于盘状石核。

我国有学者将石器的剥片方法分为两大类：一类是不需要进行预先规划而直接进行的简单剥片，另一类是经过规划与预制处理的复杂剥片，盘状石核剥片是在简单剥片与预制剥片之间的一个过渡[①]。西方有学者将盘状石核归入复杂剥片石核，认为盘状石核与勒瓦娄哇石核是程度上而不是本质类型的区别[②]，也有学者将其归入权宜石核（expedient cores）[③]。从技术与操作链的角度来看，盘状石核缺乏对石核的台面和剥片工作面的系统预制过程，但确实存在计划性与规范性[④]，故可以理解为介于简单剥片与复杂剥片（或称预制剥片、系统剥片等）之间的一种剥片技术。

盘状石核在我国早更新世已有零星出现，如河北阳原泥河湾盆地麻地沟遗址群（MDG）中的MDG-E6地点于2012～2013年发掘出土石核44件，其中盘状石核5件，盘状石核均为双面盘状石核，在所有石核中剥片利用率最高[⑤]。我国中更新世遗址中，前文提到的陕西洛南龙牙洞遗址也有明确的发现，并且研究者指出盘状石核是高利用率石核。到了中更新世晚段至晚更新世早段，如前文所述，盘状石核在我国北京周口店第15地点、河南许昌灵井遗址、湖南澧县条头岗和乌鸦山遗址、河北阳原板井子遗址、重庆丰都井水湾遗址、内蒙古鄂尔多斯乌兰木伦遗址、河南郑州老奶奶庙遗址等南北方不同地区的多个石核-石片工业遗址中有更为频繁的体现。

除了上述遗址，在我国秦岭—淮河以北的北方地区，最近对于陕西大荔人遗址20世纪70年代末发掘出土石制品的重新研究显示存在两面不对称的双面盘状石核，年代距今30万～24.7万年[⑥]。山西许家窑-河北侯家窑遗址20世纪70年代的发掘中也出土

① 王幼平：《石器研究——旧石器时代考古方法初探》，北京：北京大学出版社，2006年，第78、79页。

② Debenath A., Dibble H. L. *Handbook of Paleolithic Typology, Volume 1: Lower and Middle Paleolithic of Europe*. Philadelphia (PA): University Museum, University of Pennsylvania, 1994.

③ Wallace I. J., Shea J. J. Mobility patterns and core technologies in the Middle Paleolithic of the Levant. *Journal of Archaeological Science*, 2006, 33 (9): 1293-1309.

④ 高星：《周口店第15地点剥片技术研究》，《人类学学报》2000年第3期。

⑤ 贾真秀、裴树文、马宁等：《泥河湾盆地麻地沟E6和E7旧石器地点发掘简报》，《人类学学报》2016年第3期。

⑥ Li H., Lotter M. G. Lithic production strategies during the late Middle Pleistocene at Dali, Shaanxi Province, China: Implications for understanding late archaic humans. *Archaeological and Anthropological Sciences*, 2018, 11 (5): 1701-1712.

23件双面盘状石核，年代大约为晚更新世早期[1]。河南洛阳北窑遗址1998年发掘出的S₂层（年代大概为距今24.2万～18.5万年）中，发现的39件石核中有单面盘状石核和双面盘状石核共6件，另有单台面石核、双台面石核和多台面石核[2]。河南栾川龙泉洞遗址2011年发掘出土锤击石核82件，其中盘状石核5件，遗址¹⁴C年代校正后为距今3.5万～3.1万年[3]。

此外，陕西长武窑头沟遗址出土的三角形石片也应是从盘状石核上生产的，该遗址的时代为晚更新世初期[4]。陕西蓝田地区晚更新世的砾石砍砸器与中更新世的有明显区别，为选取扁平砾石，先沿着砾石的一侧边缘由一面向另一面加工，然后再把砾石翻过来，在相对的一边向未加工的一面打击，因此这类石器的两面外凸，呈椭圆形[5]，应系双面盘状石核。辽宁喀左鸽子洞遗址出土的盘状石核，石片多呈梯形和三角形，个别呈长方形，时代大体与周口店第15地点相当[6]。辽宁海城小孤山（仙人洞）遗址的盘状石核（盘状器）尺寸不大，但比较发达[7]。河南南召小空山遗址下洞石器工业中存在一定数量的单台面石核，形状为漏斗状或锥状，保存有连续剥片的痕迹，另存在盘状刮削器和龟背状砍砸器等，暗示着盘状石核技术的存在[8]。河北承德四方洞下文化层的石核包括单台面石核、双台面石核和多台面石核[9]，其中单台面石核中存在一类石核，沿台面周边向中心剥片，外形近似漏斗状，应为单面盘状石核，双台面石核中存在一类石核，沿一条棱脊的两面交互剥片，应为双面盘状石核。

在我国秦岭—淮河以南的南方地区，贵州盘县大洞遗址经铀系法、电子自旋共振法等方法测定，年代为中更新世晚期，距今33万～13万年，从该遗址出土石器的照片和线图来看，该遗址存在一定数量典型双面盘状石核[10]。贵州黔西县观音洞遗址最新的

① 贾兰坡、卫奇：《阳高许家窑旧石器时代文化遗址》，《考古学报》1976年第2期。

② 刘富良、杜水生：《洛阳北窑黄土旧石器遗址1998年发掘报告》，《人类学学报》2011年第1期。

③ 北京师范大学历史学院、洛阳市文物考古研究院、栾川县文物管理所：《河南栾川龙泉洞遗址2011年发掘报告》，《考古学报》2017年第2期。

④ 盖培、黄万波：《陕西长武发现的旧石器时代中期文化遗物》，《人类学学报》1982年第1期。

⑤ 盖培、尤玉柱：《陕西蓝田地区旧石器的若干特征》，《古脊椎动物与古人类》1976年第3期。

⑥ 鸽子洞发掘队（辽宁省博物馆、中国科学院古脊椎动物与古人类研究所）：《辽宁鸽子洞旧石器遗址发掘报告》，《古脊椎动物与古人类》1975年第2期。

⑦ 辽宁省文物考古研究所：《小孤山：辽宁海城史前洞穴遗址综合研究》，北京：科学出版社，2009年，第27页。

⑧ 小空山联合发掘队：《1987年河南南召小空山旧石器遗址发掘报告》，《华夏考古》1988年第4期。

⑨ 中国科学院古脊椎动物与古人类研究所、河北省文物研究所：《四方洞——河北第一处旧石器时代洞穴遗址》，《文物春秋》1992年第S1期。

⑩ 黄慰文、侯亚梅、斯信强：《盘县大洞：贵州旧石器初期遗址综合研究》，北京：科学出版社，2012年，第11—151页。

光释光测年结果为距今17万～8万年，该遗址出土的形似勒瓦娄哇石核的石核与三角形石片[①]是盘状石核存在的证据。冉家路口遗址石核中存在大量的单台面石核，且剥片效率较高，这类石核一般以砾石较平的一面为台面，从砾石的一端打片，据线图描述存在单面盘状石核，遗址光释光年代为距今14.3万～7.8万年[②]。重庆丰都枣子坪遗址也发现2件盘状石核，石核通体布满片疤，利用率高，年代据地貌部位推测为晚更新世[③]。湖北房县樟脑洞遗址石器工业中存在盘状砍砸器，有单面加工与两面加工之别，形状扁平，轮廓近圆形饼状，推测应为单面盘状石核与双面盘状石核，另存在盘状刮削器也应类似双面盘状石核[④]。

　　同时，在我国山西襄汾丁村遗址群和陕西洛南盆地见到盘状石核与阿舍利技术产品共存的现象。山西襄汾丁村遗址群1976～1980年发掘的"旧石器时代中期文化"（时代大体为晚更新世早期）的多个地点出土了相当数量的盘状石核，与单台面石核、双台面石核和多台面石核等共存。76：006地点发现石核28件，其中盘状石核7件（占25%），均为双面盘状石核；76：007地点发现石核26件，其中盘状石核5件（占19.2%），均为双面盘状石核；76：008地点发现石核82件，其中盘状石核19件（占23.2%），均为双面盘状石核；79：05地点发现石核26件，其中盘状石核12件（占46.2%），均为双面盘状石核；81：01地点发现石核65件，其中盘状石核15件（占23.1%），系双面盘状石核，另有漏斗形石核6件（占9.2%），系单面盘状石核[⑤]。

　　中国南北方交界秦岭地区的洛南盆地旷野地点调查也发现相当数量的盘状石核与阿舍利工业共存，其中既有呈船底形的单面盘状石核，也有呈饼状、龟背状的双面盘状石核，尤其是双面盘状石核的剥片利用率相当高[⑥]，洛南盆地旷野地点调查发现的盘状石核数量较多，非常有特色和代表性，其时代可能处于中更新世晚期至晚更新世早中期，距今25万～5万年[⑦]。此外，在新疆吉木乃县通天洞遗址莫斯特工业中也见到

①　Hu Y., Marwick B., Zhang J. F., et al. Late Middle Pleistocene Levallois stone-tool technology in southwest China. *Nature*, 2019, 564 (7737): 82-85.

②　陈福友、高星、裴树文等：《冉家路口旧石器遗址初步研究》，《人类学学报》2004年第4期。

③　裴树文、陈福友、冯兴无等：《三峡地区枣子坪旧石器遗址》，《人类学学报》2004年第3期。

④　黄万波、徐晓风、李天元：《湖北房县樟脑洞旧石器时代遗址发掘报告》，《人类学学报》1987年第4期。

⑤　山西省考古研究所：《丁村旧石器时代遗址群：丁村遗址1976～1980年发掘报告》，北京：科学出版社，2014年，第141—261页。

⑥　陕西省考古研究院、商洛地区文管会、洛南县博物馆：《花石浪（Ⅰ）——洛南盆地旷野类型旧石器地点群研究》，北京：科学出版社，2007年。

⑦　王社江、鹿化煜：《秦岭地区更新世黄土地层中的旧石器埋藏与环境》，《中国科学：地球科学》2016年第7期。

相当数量盘状石核，通天洞遗址2016～2017年发掘的旧石器时代文化遗存中石核共112件，包括勒瓦娄哇石核22件、盘状石核21件和非定型石核69件，盘状石核比例近五分之一，平面近圆形，尺寸相对较小，包括单面盘状石核与双面盘状石核，该遗址动物化石^{14}C年代校正后为距今约4.5万年[1]。

　　旧大陆视野下，盘状石核剥片策略最早出现于非洲早期石核-石片工业中，以距今260万～250万年埃塞俄比亚Gona遗址[2]和距今160万～140万年坦桑尼亚Peninj遗址[3]为代表。盘状石核剥片策略随后出现于阿舍利工业，以距今约170万年埃塞俄比亚奥杜威峡谷的FLK West遗址[4]、距今150万～140万年坦桑尼亚Peninj地区EN1-Noolchalaiyizhi[5]、距今约130万年南非Rietputs 15遗址[6]、距今约40万年葡萄牙Gruta da Aroeira遗址[7]和距今28万～22万年Galería遗址上部阿舍利文化层[8]等为代表。盘状石核也存在于英国克拉克当石器工业中，以Clacton-on-Sea遗址为代表[9]。以在时代更晚的旧石器时代中期或中期石器时代石器工业中，盘状石核剥片策略的出现更为频繁，在

①　新疆文物考古研究所、北京大学考古文博学院：《新疆吉木乃通天洞遗址》，《考古》2018年第7期。

②　Semaw S. The world's oldest stone artefacts from Gona, Ethiopia: Their implications for understanding stone technology and patterns of human evolution between 2.6-1.5 million years ago. *Journal of Archaeological Science*, 2000, 27 (12): 1197-1214.

③　De la Torre I., Mora R., Domínguez-Rodrigo M., et al. The Oldowan industry of Peninj and its bearing on the reconstruction of the technological skills of Lower Pleistocene hominids. *Journal of Human Evolution*, 2003, 44 (2): 203-224.

④　Diez-Martín F., Yustos P. S., Uribelarrea D., et al. The origin of the Acheulean: The 1.7 million-year-old site of FLK West, Olduvai Gorge (Tanzania). *Scientific Report*, 2015, 5 (1): 17839.

⑤　Diez-Martín F., Yustos P. S., González J. A. G., et al. Reassessment of the Early Acheulean at EN1-Noolchalai (Ancient RHS-Mugulud) in Peninj (Lake Natron, Tanzania). *Quaternary International*, 2014, 322-323: 237-263.

⑥　Leader G. M., Kuman K., Gibbon R. J., et al. Early Acheulean organized core knapping strategies ca. 1.3 Ma at Rietputs 15, Northern Cape Province, South Africa. *Quaternary International*, 2018, 480: 16-28.

⑦　Daura J., Sanz M., Deschamps M., et al. A 400, 000-year-old Acheulean assemblage associated with the Aroeira-3 human cranium (Gruta da Aroeira, Almonda karst system, Portugal). *Competes Rendus Palevol*, 2018, 17 (8): 594-615.

⑧　Ollé A., Mosquera M., Rodríguez-Alvarez X. P., et al. The Acheulean from Atapuerca: Three steps forward, one step back. *Quaternary International*, 2016, 411: 316-328.

⑨　White M. J. The Clactonian question: On the interpretation of core-and-flake assemblages in the British Lower Paleolithic. *Journal of World Prehistory*, 2000, 14 (1): 1-63.

非洲[①]、欧洲[②]、西亚[③]、南亚[④]等地区均有充分的体现，盘状石核常和勒瓦娄哇石核共存。

　　在旧石器时代中期或中期石器时代某些地区的某些层位盘状石核数量甚至多于勒瓦娄哇石核，如英国旧石器时代中期晚段（Late Middle Paleolithic）石器工业中几乎不见勒瓦娄哇技术，而以盘状石核技术为主导剥片策略[⑤]；欧洲比利牛斯山两侧的Mauran、Romaní、Olha Shelter等莫斯特晚期遗址中，盘状石核占有统治地位[⑥]；非洲埃塞俄比亚Omo河谷下游Kibish遗址群中的Awoke遗址出土35件石核，其中盘状石核有12件，另有4件勒瓦娄哇石片石核[⑦]；印度Toka遗址，单面盘状石核和双面盘状石核都占有重要地位[⑧]。

①　a. Foley R. A., Maíllo-Fernández J. M., Lahr M. M. The Middle Stone Age of the Central Sahara: Biogeographical opportunities and technological strategies in later human evolution. *Quaternary International*, 2013, 300 (5): 153-170.

　　b. Tryon C. A., Faith J. T. Variability in the Middle Stone Age of Eastern Africa. *Current Anthropology*, 2013, 54 (S8): S234-S254.

②　a. Kuhn S. L. Roots of the Middle Paleolithic in Eurasia. *Current Anthropology*, 2013, 54 (S8): S255-S268.

　　b. Locht J., Hérisson D., Goval E., et al. Timescales, space and culture during the Middle Palaeolithic in northwestern France. *Quaternary International*, 2016, 411: 129-148.

　　c. White M. J., Pettitt P. B. The British late Middle Palaeolithic: An interpretative synthesis of Neanderthal occupation at the northwestern edge of the Pleistocene world. *Journal of World Prehistory*, 2011, 24 (1): 25-97.

③　Petraglia M. D., Alsharekh A. The Middle Paleolithic of Arabia: Implications for modern human origins, behavior and dispersals. *Antiquity*, 2003, 77 (298): 671-684.

④　James H. V. A., Petraglia M. D. Modern human origins and the evolution of behavior in the Later Pleistocene record of South Asia. *Current Anthropology*, 2005, 46 (5): S3-S27.

⑤　White M. J., Pettitt P. B. The British late Middle Palaeolithic: An interpretative synthesis of Neanderthal occupation at the northwestern edge of the Pleistocene world. *Journal of World Prehistory*, 2011, 24 (1): 25-97.

⑥　Thiébaut C., Mourre V., Chalard P., et al. Lithic technology of the final Mousterian on both sides of the Pyrenees. *Quaternary International*, 2012, 247: 182-198.

⑦　Shea J. J. The Middle Stone Age archaeology of the Lower Omo Valley Kibish Formation: Excavations, lithic assemblages, and inferred patterns of early Homo sapiens behavior. *Journal of Human Evolution*, 2008, 55 (3): 448-485.

⑧　Chauhan P. R. Soanian cores and core-tools from Toka, Northern India: Towards a new typo-technological organization. *Journal of Anthropological Archaeology*, 2007, 26 (3): 412-441.

（二）人群的分化与技术发展

1. 东西方人群的分化

自早期石核-石片技术随早期人类扩散至非洲之外的欧亚大陆，单纯的石核-石片工业作为一个单独的石器技术演化分支长期存在于旧大陆不同地区，以欧洲部分地区和东亚的发现最为丰富。对于欧洲而言，石核-石片工业与阿舍利工业的关系似乎比较复杂，二者的时间和空间分布更为密切，虽有学者支持二者差异因遗址功能差异所致，但更多的证据显示欧洲石核-石片工业似乎代表着分布于欧洲中东部和西北部的不同于阿舍利人群的另外一批狩猎采集人群，同时石核-石片人群存在不同于阿舍利人群的社会组织网络。

对于东亚地区而言，石核-石片技术更明显地指示出自早更新世以来延续的技术文化传统，一方面我国石核-石片工业遗址分布面积广大且遗址数量众多，另一方面在北京周口店遗址第1地点和陕西龙牙洞遗址等都见有石核-石片技术模式在跨越数十万年的多个文化地层堆积中持续发展的过程，未见外来新兴技术的证据，而在前文讨论过的北京周口店第15地点、河南嵩山东南麓地区、河北泥河湾盆地、重庆三峡地区等晚更新世早中期遗址也未见新型技术侵入的明确证据。因此，全世界范围内而言，东亚地区是石核-石片技术模式在更新世中期至更新世晚期分布最广、延续时间最长的地区，进一步显示该技术是更新世中晚期适应东亚地区社会-生态环境最为成功的技术模式。

在更新世中晚期，旧大陆东西方石器工业在已有多线分支演化的石器技术体系中呈现出既有关联但又显著不同的发展道路。本阶段东西方的相似性在于早期石核-石片技术工业都得到了某种程度的延续，西方以欧洲英国克拉克当工业和德国Schöningen遗址等为代表，东方以我国更新世中晚期石核-石片工业为代表。相比而言，我国石核-石片工业延续时间更长、分布范围更广，更为充分地体现出东亚石核-石片工业是一种独立存在于阿舍利和莫斯特工业之外的具有技术风格和社会文化意义的教授-学习系统石器技术文化传统。这种石器技术区域分异现象，应当是人类扩散和演化过程中不同地区的群体形成相对独立社会交流网络的体现，不同地区的人群社会网络之间的信息传播是非常有限的。

2. 东亚石核-石片技术的发展

本阶段东亚地区石核-石片技术可以看到更为清楚的多线发展过程。在东亚地区，相比于早更新世，更新世中晚期石核-石片工业的原料更为多样化，并在更新世晚期出现明确的远距离开发利用优质原料的策略。本阶段石核剥片的技术几何结构更为多样化和复杂化，在陕西洛南龙牙洞、湖南澧水流域、河北阳原板井子遗址、河南郑州老奶奶庙遗址等见有盘状、立方体形、似锥形、似楔形和似柱形等不同石核技术几何结构，并以盘状石核的表现最为突出，出现早期预制石核的概念和意图，剥片强度与连续性高，显示本阶段石核-石片技术向系统化发展。此外，不同学者都注意到本阶段工具的类型更为多样化，在多个不同遗址都更为频繁地见到凹缺刮器、锯齿刃器和钻等。

比较研究显示，盘状石核剥片策略并非旧大陆某一人群或某种技术模式所独有，盘状石核作为旧大陆古老的技术因素长期存在于中西方的早期石核-石片工业、阿舍利工业和莫斯特工业等石器组合之中。盘状石核技术策略对于旧大陆不同地区的原料、环境和人群具有广泛的适应性，该技术因素并非复杂难以掌握而被屏蔽在某个社会网络之外，旧大陆不同地区人群均可以基于已有技术禀赋在某种情境下开发和利用盘状石核剥片策略。我国更新世晚期早段盘状石核的数量呈现出突然较大幅度增长的趋势，是当时人群剥片技术与剥片效率提升的体现，同时暗示当时人群生态-社会压力的增大。

第六章　石叶技术

石叶技术（Blade Technology），是旧石器时代人类石器技术史上最为经典的石器技术之一。石叶技术凭借自身适应优势，在旧石器时代晚期扩散范围超过了经典悠久的阿舍利技术和繁缛复杂的勒瓦娄哇技术等众多技术，几乎影响到旧大陆的所有角落[①]，并向新大陆辐射[②]，实现了人类石器技术史上的"全球化"发展。正因为如此，国内外学术界对石叶的兴趣一直没有减退。

早在19世纪，西方早期考古学家就在欧洲识别出石叶，并意识到其独特性和重要性，将其作为旧石器时代晚期文化分期的重要标志[③]。20世纪，旧大陆西侧石叶遗存的发现不断积累，并将其时间范围扩大至旧石器时代中期甚至更早，这些较早期的石叶分散地出现于西北欧[④]和近东[⑤]等地区。进入21世纪，旧大陆西侧又新发现了时代更早的石叶遗存[⑥]，使学者们再次审视石叶技术的内涵和其人类学意义。在我国，宁夏水洞

---

① Bar-Yosef O. The Upper Paleolithic Revolution. *Annual Review of Anthropology*, 2002, 31 (1): 363-393.

② 陈宥成、袁广阔：《美洲最早人类文化的技术构成及其与旧大陆的关系》，《南方文物》2017年第1期。

③ a.〔英〕格林·丹尼尔著，黄其煦译：《考古学一百五十年》，文物出版社，1987年。

b.〔加〕布鲁斯·G. 特里格著，陈淳译：《考古学思想史》（第2版），中国人民大学出版社，2010年。

④ Conard N. Laminar lithic assemblages from the Last Interglacial complex in northwestern Europe. *Journal of Anthropological Research*, 1990, 46 (3): 243-262.

⑤ a. Bar-Yosef O., Kuhn S. L. The big deal about blades: Laminar technologies and Human evolution. *American Anthropologist*, 1999, 101 (2): 322-338.

b.〔美〕奥法·巴尔-约瑟夫、斯蒂夫·库恩著，陈淳译：《石叶的要义：薄片技术与人类进化》，《江汉考古》2012年第2期。

⑥ a. Johnson C. R., McBrearty, S. 500, 000 year old blades from the Kapthurin Formation, Kenya. *Journal of human evolution*, 2010, 58 (2): 193-200.

b. Wilkins J., Chazan M. Blade production ~ 500 thousand years ago at Kathu Pan 1, South Africa: Support for a multiple origins hypothesis for early Middle Pleistocene blade technologies. *Journal of Archaeological Science*, 2012, 39: 1883-1900.

c. Shimelmitz R., Barkai R., Gopher A. Systematic blade production at late Lower Paleolithic (400-200Kyr) Qesem Cave, Israel. *Journal of Human Evolution*, 2011, 61 (4): 458-479.

沟遗址石叶技术近百年来一直吸引着学者们的关注[①]，近年来在青藏高原腹地羌塘地区发现了距今4万～3万年石叶技术遗存[②]，不断拓展学界对石叶技术的认识。本章节将基于上述发现，从中西比较的视野探讨石叶技术的演化问题。

一、石叶的定义

何为石叶？首先，石叶是形态比较窄长的石片，也有学者称其为"长石片"[③]。普通的石片，可能长度略大于宽度，或者宽度大于长度。而石叶则不同，大多学者认为石叶"长度超过宽度的一倍"，或者说"长度大于宽度的2倍"[④]。石叶形态修长且规整，两边往往平行或者近平行，是一种较为标准化的产品。第二，石叶是一种"薄片"（laminar）。国外有学者就指出"石叶的要义"在于"薄片技术"[⑤]。在一般的石器打制过程中，形态窄长并且两边较平行的石片会偶尔伴出，但是要生产出"窄长"而且"薄"的石片则对剥片技术具有更高要求。普通长石片的厚度通常小于石片的宽度，往往石片厚度在宽度的二分之一左右。但是石叶的厚度往往是宽度的三分之一左右，或者更薄，并且同一剥片过程中生产的石叶的厚度往往相当稳定。因此，在石叶生产过程中，要求石器打制者对于石锤在石核台面上的落点有精准的控制，必须很接近石核台面的外缘，甚至直接落在外缘上，并且还需要高效生产出贯通的窄长的石片。石叶的"薄片"形态，接近"刀片"（blade），同时也增加了石片相同体积或重

① a. 宁夏文物考古研究所：《水洞沟——1980年发掘报告》，北京：科学出版社，2003年。

b. Peng F., Wang H. M., Gao X. Blade production of Shuidonggou Locality 1 (Northwest China): A technological perspective. *Quaternary International*, 2014, 347: 12-20.

c. Li F., Kuhn S. L., Bar-Yosef O., et al. History, chronology and techno-typology of the upper Paleolithic sequence in the Shuidonggou area, Northen China. *Journal of World Prehistory*, 2019, 32 (2): 111-141.

② Zhang X. L., Ha B. B., Wang S. J., et al. The earliest human occupation of the high-altitude Tibetan Plateau 40 thousand to 30 thousand years ago. *Science*, 2018, 362 (6418): 1049-1051.

③ 张森水：《中国北方旧石器工业的区域渐进与文化交流》，《人类学学报》1990年第4期。

④ a. 王幼平：《石器研究——旧石器时代考古方法初探》，北京大学出版社，2006年。

b. 加藤真二：《中国的石叶技术》，《人类学学报》2006年第4期。

⑤ a. Bar-Yosef O., Kuhn S L. The big deal about blades: Laminar technologies and Human evolution. *American Anthropologist*, 1999, 101 (2): 322-338.

b. 〔美〕奥法·巴尔-约瑟夫、斯蒂夫·库恩著，陈淳译：《石叶的要义：薄片技术与人类进化》，《江汉考古》2012年第2期。

量下有效刃缘的长度[①]。

上述"窄、长、薄"是对石叶形态特点的概括，其关键在于"窄"、"长"和"薄"这三点必须同时满足。这些特点不但使石叶产品更具美感，而且使其在相同背景参数下拥有更长、更锋利的有效刃缘。石叶生产中一些特殊环节的产品比如"鸡冠状石叶"、"更新台面石片"以及"更新剥片工作面石片"等不具备"窄、长、薄"的特点，但这些产品数量毕竟占少数，也可以理解为副产品。但是，事实上，仅从"窄、长、薄"来界定，目前学界中至少有另外两种称谓的石片，包括"小石叶"（bladelet）和"细石叶"（microblade）。这里，就涉及"石叶"与"小石叶"和"细石叶"的区别问题。从形态上看，石叶与小石叶和细石叶比较相似，但尺寸有所不同。一般认为小石叶的尺寸小于石叶，而细石叶的尺寸则小于小石叶。为了准确区分出上述三类，学者们提出了不同的区分标准。如有部分学者认为石叶的宽度应该大于12毫米[②]，另有部分学者认为石叶的宽度应该大于10毫米[③]。而对于细石叶，有学者认为细石叶的宽度应该在7毫米左右[④]，另有学者认为细石叶的宽度应该小于6毫米[⑤]，还有学者认为细石叶的宽度应在5毫米左右[⑥]。相应地，小石叶的宽度尺寸则是介于石叶和细石叶之间，大概为5/6/7 ~ 10/12毫米。

石叶与小石叶和细石叶存在密切的亲缘关系。如果说细石叶因为其压制技术[⑦]与石叶、小石叶的锤击技术不同，那么至少可以说石叶与小石叶的亲缘关系更近，而细石叶则是人类技术行为变化需求的基础上石叶、小石叶特化的结果。学界之所以对三

---

① a. Sheets P. D., Muto G. R. Pressure blades and total cutting edge: An experiment in lithic technology. *Science*, 1972, 175 (4022): 632-634.

b. Chazan M. The language hypothesis for the Middle-to-Upper Paleolithic transition: An examination based on a multiregional lithic analysis (and Comments and Reply). *Current anthropology*, 1995, 36 (5): 749-768.

② a. 李锋：《石叶概念探讨》，《人类学学报》2012年第1期。

b. Tixier, J. *Typologie de l'Epipaléolithique du Maghreb*, C.R.A.P.E., 1963.

③ 张森水：《中国北方旧石器工业的区域渐进与文化交流》，《人类学学报》1990年第4期。

④ 陈胜前：《细石叶工艺的起源——一个理论与生态的视角》，《考古学研究（七）》，北京：科学出版社，2008年。

⑤ Zwyns N., Rybin E., Hublin J., Derevianko A. Burin-core technology and laminar reduction sequences in the initial Upper Paleolithic from Kara-Bom (Gorny-Altai, Siberia). *Quaternary International*, 2012, 259: 33-47.

⑥ 李有骞：《日本海西北岸旧石器时代的细石叶技术及其与相邻地区的关系》，《北方文物》2011年第2期。

⑦ a. Kato S. Human dispersal and interaction during the spread of microblade industries in East Asia. *Quaternary International*, 2014, 347: 105-112.

b. 仪明洁：《细石器研究中几个关键概念的厘定》，《考古与文物》2014年第5期。

者的界定有所分歧，原因在于三者之间并没有不可逾越的鸿沟。从历史发展的角度来看，小石叶是石叶技术发展到后期小型化的表现，而人类石器技术小型化是一个普遍趋势，不仅局限于石叶技术，两面器技术产品和勒瓦娄哇技术产品也都经历了小型化的过程[①]。而细石叶技术则是石叶技术与小石叶技术在某些地区的特化，其"祖本"应当是统一的。东北亚旧石器时代晚期的较早阶段的石叶工业中可以看到细石叶[②]，时代稍晚的下川、柴寺和李家沟等细石叶工业中可以看到石叶和小石叶[③]。另外也有实验表明，细石叶工艺与石叶工艺原理大致相同，间接法、压制法和直接法均可以生产细石叶[④]。因此，石叶、小石叶与细石叶的区分是相对的，其区分的意义在于同一技术思想的时代差异和地域差异。

二、西方早期石叶技术

（一）非洲

1. 肯尼亚Kapthurin Formation

东非肯尼亚Kapthurin Formation的最早的石叶技术的年代为距今54.5万～50.9万年，属于阿舍利工业，发现石叶与手斧共存。Kapthurin Formation早期石叶技术产品虽然不多，但可以见到清楚的石叶石核和石叶，与当地大量存在的盘状石核技术有明显不同。Kapthurin Formation早期石叶石核的预制程度低，石叶是同向剥片产生的，台面的修疤较少（图6-1），石叶的平均长度为5厘米，且未经二次修理[⑤]。

2. 南非Kathu Pan 1遗址

南非的Kathu Pan 1遗址的最早石叶技术证据发现在该遗址的4a层，该层位为福尔

---

① a. 陈宥成、曲彤丽：《"两面器技术"源流小考》，《华夏考古》2015年第1期。

　　b. 陈宥成、曲彤丽：《"勒瓦娄哇技术"源流管窥》，《考古》2015年第2期。

② Derevianko A., Shunkov M., Markin, S. *The dynamics of the Paleolithic Industries in Africa and Eurasia in the Late Pleistocene and the issue of the Homo sapien origin.* Institute of Archaeology and Ethnography SB RAS Press, 2014.

③ a. 陈虹：《华北细石叶工艺的文化适应研究——晋冀地区部分旧石器时代晚期遗址的考古学分析》，浙江大学出版社，2011年。

　　b. 王幼平、张松林、顾万发等：《李家沟遗址的石器工业》，《人类学学报》2013年第4期。

④ 赵海龙：《细石叶剥制实验研究》，《人类学学报》2011年第1期。

⑤ Johnson C. R., McBrearty, S. 500, 000 year old blades from the Kapthurin Formation, Kenya. *Journal of human evolution*, 2010, 58 (2): 193-200.

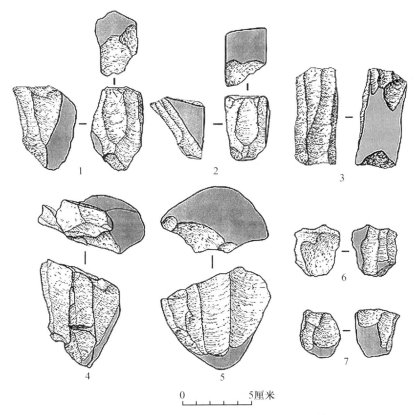

图6-1　肯尼亚卡Kapthurin Formation石叶石核

［图片引自Johnson C. R., McBrearty, S.500,000 year old blades from the Kapthurin Formation, Kenya. *Journal of Human Evolution*, 2010, 58 (2): 193-200］

史密斯（Fauresmith）文化，时代为距今50万年左右，发现石叶与手斧共存。值得注意的是，Kathu Pan 1遗址的4a层不但发现有最早的石叶技术，还见有最早的勒瓦娄哇技术的线索。该遗址发现的石叶石核的台面和工作面都有系统的预制，工作面的预制采用的是向心剥片（图6-2，1~4），台面有很多修理片疤，但缺少鸡冠状石叶（crested blade），而存在背面有向心片疤的石叶，所以该遗址的石叶技术与棱柱状石叶石核技术有显著不同，而与勒瓦娄哇技术有关。石叶包括对向石叶（图6-2，5、7、9、10、12）和单向石叶（图6-2，6、8、11），且前者数量多于后者。Kathu Pan 1遗址石叶的平均长度为7厘米，最长的达15厘米，常被修理为尖状器、刮削器和锯齿状器[1]。

---

[1]　Wilkins J., Chazan M. Blade production ~ 500 thousand years ago at Kathu Pan 1, South Africa: Support for a multiple origins hypothesis for early Middle Pleistocene blade technologies. *Journal of Archaeological Science*, 2012, 39 (6): 1883-1900.

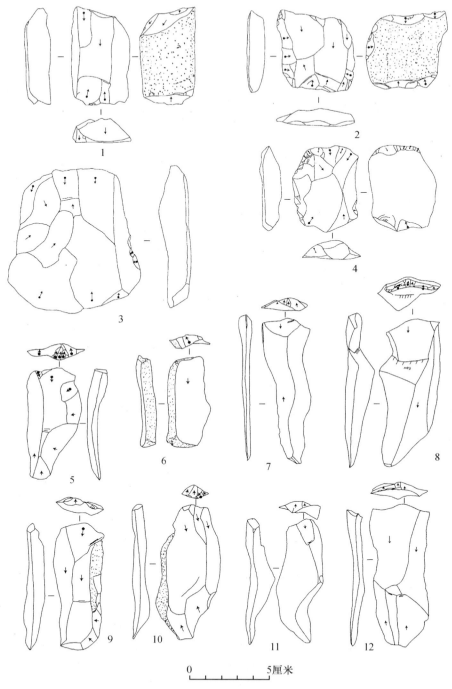

0　　　　　5厘米

图6-2　南非Kathu Pan 1遗址石叶石核与石叶

1~4. 石叶石核　　5~12. 石叶

（图片引自Wilkins J., Chazan M. Blade production ~ 500 thousand years ago at Kathu Pan 1, South Africa: Support for a multiple origins hypothesis for early Middle Pleistocene blade technologies. *Journal of Archaeological Science*, 2012, 39: 1883-1900）

（二）西亚

1. 以色列Qesem遗址

黎凡特地区最早的石叶技术出现在Qesem洞穴遗址的阿穆迪（Amudian）工业，时代为距今42万～32万年。Qesem遗址的石叶石核的预制程度较低，石核台面和剥片工作面都灵活根据原料的形状选择，通常使用砾石的自然棱脊剥片，但也存在鸡冠状石叶，存在典型的棱柱状石核技术（图6-3，1～4），并且80.7%的石叶都带有石皮，大部分石核也都带有石皮。Qesem遗址石叶的平均长度为5.1厘米，石叶被二次加工为典型的边刮器、端刮器和雕刻器（图6-3，5～11）[1]。

2. 亚美尼亚的Nor Geghi 1（NG1）遗址

亚美尼亚的Nor Geghi 1（NG1）遗址，氩氩法测年显示文化层位年代为距今约30万年。该遗址不但发现了目前西亚最早的勒瓦娄哇技术，而且勒瓦娄哇技术中存在勒瓦娄哇石叶技术。NG1的石器技术的独特性在于阿舍利技术、勒瓦娄哇技术、基纳修理技术和石叶技术共存。这些不同技术在层位上的共存可能是不同文化传统的人群在几千年时间内交替占据该遗址的结果，但也可能是同一人群使用了多种技术因素[2]。

3. 以色列Misliya遗址

以色列Misliya遗址旧石器中期早段（EMP）石器工业以勒瓦娄哇技术和棱柱状石叶技术为特点，年代为距今25万～16万年[3]。Misliya遗址的石叶较厚，横截面为三角形，且存在鸡冠状石叶，表明非勒瓦娄哇石叶，石叶尺寸较大，长5～12厘米，另外存在一些长4～6厘米的小型石叶石核，单向或对向剥片[4]。

---

① Shimelmitz R., Barkai R., Gopher A. Systematic blade production at late Lower Paleolithic (400-200Kyr) Qesem Cave, Israel. *Journal of Human Evolution*, 2011, 61 (4): 458-479.

② Adler D. S., Wilkinson K. N., Blockley S., et al. Early Levallois technology and the Lower to Middle Paleolithic transition in the Southern Caucasus. *Science*, 2014, 345 (6204): 1609-1613.

③ Valladas H., Mercier N., Hershkovitz I., et al. Dating the lower to Middle Paleolithic transition in the Levant: A view from Misliya Cave, Mount Carmel, Israel. *Journal of Human Evolution*, 2013, 65 (5): 585-593.

④ Weinstein-Evron M., Bar-Oz G., Tastskin A., et al. Introducing Misliya Cave, Mount Carmel, Israel: A new continuous Lower/Middle Paleolithic sequence in the Levant. *Eurasian Prehistory*, 2003, 1 (1): 31-35.

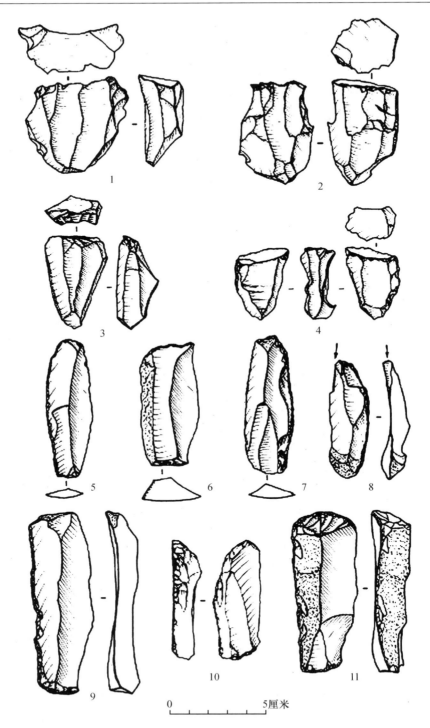

图6-3　以色列Qesem遗址石叶石核与工具

1～4. 石叶石核　5～11. 以石叶为毛坯的工具

〔图片引自Shimelmitz R., Barkai R., Gopher A. Systematic blade production at late Lower Paleolithic (400-200Kyr) Qesem Cave, Israel. *Journal of Human Evolution*, 2011, 61 (4): 458-479〕

4. 叙利亚Hummal遗址

叙利亚中部干旱草原地带Hummal遗址下部层位为Hummalian工业，以生产石叶为特点，年代距今约20万年，Hummalian工业中石核剥片技术多样，包括石叶技术与勒瓦娄哇技术等（图6-4）。Hummalian工业中的石叶技术也被称为Hummalian技术，Hummalian技术总体属于棱柱状石叶技术范畴，常利用石核毛坯的窄面开始剥片，随后可以转换到石核的宽面剥片，部分宽面剥片石叶石核和勒瓦娄哇石核具有一定形态相似性[①]。Hummalian工业石叶既有厚型也有薄型，既有大石叶也有小石叶，台面既有素台面也有修理台面[②]。

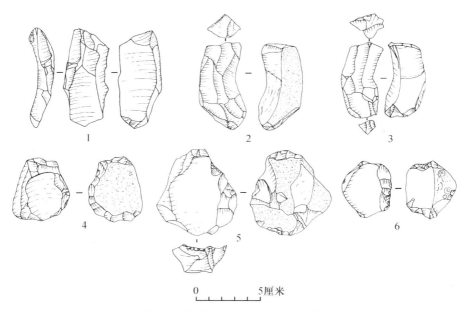

图6-4 叙利亚Hummalian工业石核

1～3. 石叶石核 4～6. 勒瓦娄哇石核

（图片引自Wojtczak D. Rethinking the Hummalian industry. *L'Anthropologie*, 2015, 119: 610-658）

（三）南亚

印度Attirampakkam遗址旧石器时代中期遗存的光释光年代为距今38万～17万年，石器组合中手斧数量逐渐减少，存在多样化的勒瓦娄哇石核，毛坯包括勒瓦娄哇石

---

① Wojtczak D. Rethinking the Hummalian industry. *L'Anthropologie*, 2015, 119 (5): 610-658.

② Wojtczak D. Cores on flakes and bladelet production, a question of recycling? The perspective from the Hummalian industry of Hummal, Central Syria. *Quaternary International*, 2015, 361: 155-177.

片、勒瓦娄哇尖状器和勒瓦娄哇石叶。其中第5层光释光年代为距今约38万年，发现少量小型手斧与勒瓦娄哇石核等共存，勒瓦娄哇石核尺寸较小，包括优先剥片法和循环剥片法，还存在少量勒瓦娄哇石叶。第4层距今约26万年，第3层距今约21万年，第2层距今约17万年，第4~2层继续用勒瓦娄哇技术生产石片、石叶和尖状器，石叶比例增加（用单向和对向剥片策略生产石叶）[①]。

（四）小结

现有资料显示，石叶技术从距今50万年左右开始出现，早期石叶出现于阿舍利和阿穆迪等不同的石器工业。同时早期石叶技术已经呈现出多样性，如距今54.5万~50.9万年东非肯尼亚的Kapthurin Formation、距今42万~32万年以色列Qesem遗址、距今25万~16万年以色列Misliya遗址、距今约20万年叙利亚Hummal遗址等显示出早期棱柱状石叶技术特征。距今50万年左右南非Kathu Pan 1遗址、距今38万~17万年印度Attirampakkam遗址、距今约30万年亚美尼亚的Nor Geghi 1遗址等显示出早期勒瓦娄哇石叶技术特征。早期棱柱状石叶技术对石核的预制程度要求并不高，至少是低于勒瓦娄哇石叶技术的。

三、西方晚期石叶技术

进入晚更新世，西方石叶技术大体也可以分为勒瓦娄哇石叶技术与棱柱状石叶技术两类，年代大体分为旧石器时代中期晚段和旧石器时代晚期两个阶段。

（一）旧石器时代中期晚段

非洲中期石器时代也存在多种剥片技术，不同的石叶技术产品常与勒瓦娄哇石核、盘状石核、单台面石核和多台面石核等共存[②]。南非距今6.5万~5.9万年的Howiesons Poort（HP）工业是本阶段石叶生产的重要代表。南非Rose Cottage遗址

---

① Akhilesh K., Pappu S., Rajapara H. M., et al. Early Middle Paleolithic culture in India around 385-172 ka reframes Out of Africa models. *Nature*, 2018, 554 (7690): 97-101.

② a. Foley R. A., Maíllo-Fernández J. M., Lahr M. M. The Middle Stone Age of the Central Sahara: Biogeographical opportunities and technological strategies in later human evolution. *Quaternary International*, 2013, 300 (5): 153-170.

b. Tryon C. A., Faith J. T. Variability in the Middle Stone Age of Eastern Africa. *Current Anthropology*, 2013, 54 (S8): S234-S254.

Howiesons Poort（HP）工业以距离遗址约10千米的硅质蛋白石砾石为主要原料，砾石原料磨圆程度低保持了结核的形态，通常尺寸小于6厘米且带有棱脊。石叶生产以硬锤直接剥片为主，石叶石核预制程度较低，石核的台面和背面经常保留石皮，也存在少量单面或双面预制的鸡冠状石叶，石叶生产通常利用结核原料的自然棱脊开始剥片，剥片过程中台面的维护和更新行为很少（图6-5，1~5）[①]。Rose Cottage遗址HP工业石叶相比于该遗址晚期石器时代石叶规整程度较低[②]，石叶尺寸较小，宽度主要集中在10毫米左右（图6-5，6~11），存在未经修理的石叶，另有大部分石叶被加工为修背石叶工具作为复合工具使用[③]。

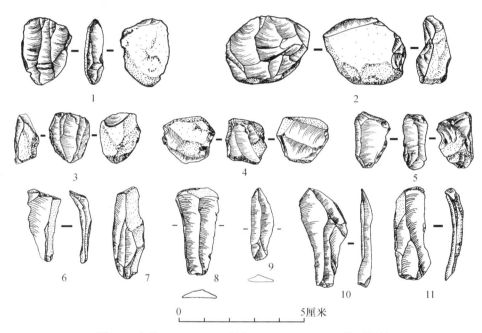

图6-5　南非Rose Cottage遗址Howiesons Poort工业石制品

1~5. 石叶石核　6~11. 石叶

（图片引自Soriano S., Villa P., Wadley L. Blade technology and tool forms in the Middle Stone Age of South Africa: The Howiesons Poort and post-Howiesons Poort at Rose Cottage Cave. *Journal of Archaeological Science*, 2007, 34: 681-703）

[①] Soriano S., Villa P., Wadley L. Blade technology and tool forms in the Middle Stone Age of South Africa: The Howiesons Poort and post-Howiesons Poort at Rose Cottage Cave. *Journal of Archaeological Science*, 2007, 34 (5): 681-703.

[②] Cochrane G. W. G. A comparison of Middle Stone Age and Later Stone Age blades from South Africa. *Journal of Field Archaeology*, 2008, 33 (4): 429-448.

[③] Soriano S., Villa P., Wadley L. Blade technology and tool forms in the Middle Stone Age of South Africa: The Howiesons Poort and post-Howiesons Poort at Rose Cottage Cave. *Journal of Archaeological Science*, 2007, 34 (5): 681-703.

　　黎凡特地区的旧石器时代中期石叶的年代主要集中在旧石器时代中期早段，晚更新世早期反而减少，出土早期现代人化石的Qafzeh遗址，石器工业不见石叶生产，而是以勒瓦娄哇向心或汇聚剥片为特点[1]。欧洲晚更新世距今13万～3.5万年"经典"莫斯特工业见证了保存最好、演化最为成熟的旧石器时代中期行为[2]，本阶段欧洲莫斯特石器工业中石核剥片技术大体以勒瓦娄哇石片技术与盘状石核技术为主导，此外也可见棱柱状石叶技术，如法国北部MIS5阶段Bettencourt N3b遗址、Bettencourt N3a遗址与Bettencourt N2b遗址等[3]。

（二）旧石器时代晚期

　　与旧石器时代中期相对应的是，棱柱状石叶技术在西亚和欧洲旧石器时代晚期伴随现代人的扩散实现了"革命性"的发展[4]。距今4.5万～3.7万年，东欧Bohunician工业和西欧Châtelperronian工业等，已经在早期石叶技术基础上出现了更为成熟的石叶技术[5]和小石叶技术[6]。法国Quinçay洞穴遗址Châtelperronian石器工业存在清楚的生产小石叶的操作链，年代大体为距今4.5万～4万年。该遗址石器剥片体系以单向剥片的棱柱状石叶（含小石叶）石核为主体，没有典型的勒瓦娄哇、盘状和基纳石核。石叶石核剥片工作面有宽面和窄面之分，包括宽面-窄面协同剥片、宽面剥片和窄面剥片等多种类型（图6-6）。鸡冠状石叶、更新台面石片和更新剥片工作面石片等技术产品普遍存在。鸡冠状石叶多在窄面经单向修理预制。Quinçay洞穴遗址的Châtelperronian工业可以称为真正的旧石器晚期工业，因为以石器生产小石叶生产为主导[7]。

---

[1]　Bar-Yosef O., Kuhn S. L. The big deal about blades: Laminar technologies and Human evolution. *American Anthropologist*, 1999, 101 (2): 322-338.

[2]　Kuhn S. L. Roots of the Middle Paleolithic in Eurasia. *Current Anthropology*, 2013, 54 (S8): S255-SS268.

[3]　Locht J. L., Hérisson D., Goval E., et al. Timescales, space and culture during the Middle Paleolithic in northwestern France. *Quaternary International*, 2016, 411: 129-148.

[4]　Bar-Yosef O. The Upper Paleolithic Revolution. *Annual Review of Anthropology*, 2002, 31 (1): 364-393.

[5]　Bar-Yosef O., Bordes J. Who were the makers of the Châtelperronian culture?. *Journal of Human Evolution*, 2010, 59 (5): 586-593.

[6]　Bordes J., Teyssandier N. The Upper Paleolithic nature of the Châtelperronian in South-West France: Archeostratigraphic and lithic evidence. *Quaternary International*, 2011, 246: 382-388.

[7]　Roussel M., Hublin J. J. The Châtelperronian conundrum: Blade and bladelet lithic technologies from Quinçay, France. *Journal of Human Evolution*, 2016, 95: 13-32.

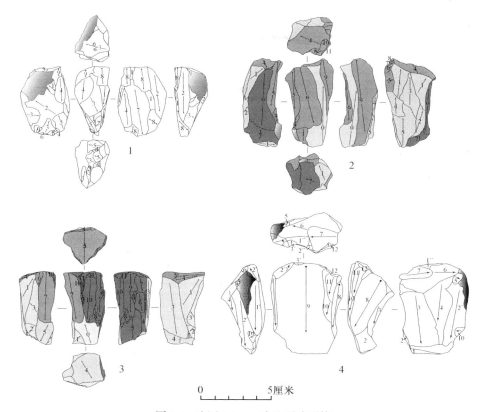

图6-6 法国Quinçay遗址石叶石核

（数字表示剥片的先后顺序，箭头表示剥片的方向，不同的阴影表示不同剥片序列，图片引自Roussel M.，Soressi M., Hublin J. J. The Châtelperronian conundrum: Blade and bladelet lithic technologies from Quinçay, France. *Journal of Human Evolution*, 2016, 95: 13-32）

　　时代稍晚距今4.1万～3.5万年，欧洲棱柱状石叶、小石叶技术则更为发达，涉及奥瑞纳工业的兴起与现代人在欧洲的扩散[①]。奥瑞纳工业的兴起涉及"原奥瑞纳工业"（Protoaurignacian）和"早期奥瑞纳工业"（Early Aurignacian）。原奥瑞纳工业年代稍早，常发现在欧洲南部地中海地区，通常被认为是旧石器时代晚期早段专注生产小石叶的石器工业[②]，石叶和小石叶往往生产自锥形石叶石核，石叶尺寸较小且通常不修理，小石叶形态修长笔直且通常修理为Dufour小石叶（左右两边错向修理）[③]。以长直小石叶为特征的原奥瑞纳工业在欧洲南部从巴尔干半岛到大西洋沿岸均有分布，显示

① Mellars P. Major issues in the emergence of modern humans. *Current Anthropology*, 1989, 30: 349-385.

② Kuhn S. L. Pioneers of Microlithization: The "Proto-Aurignacian" of Southern Europe. Archeological papers of the American Anthropological Association, 2002, 12 (1): 83-93.

③ Teyssandier N. Revolution or evolution: the emergence of the Upper Paleolithic in Europe. *World Archaeology*, 2008, 40 (4): 493-519.

出与近东地区Early Ahmarian工业的相似性。相比之下，早期奥瑞纳工业常发现在欧洲内陆地区，石叶和小石叶有不同的生产方法，石叶石核常见单向的棱柱状石核，而小石叶则常常来自龙骨状端刮器石核，石叶尺寸较大且修理程度高，小石叶形态弯曲且通常不经修理[1]。

意大利Fumane洞穴遗址A2～A1层位，为原奥瑞纳工业，以生产小石叶为主要目标，石叶为次要目标产品，年代距今4.1万～4万年（校正后），石核包括窄面剥片石核（图6-7，1、2）、半周剥片石核（图6-7，3、4）和宽面剥片石核等（图6-7，5、6），块状原料、板状原料和厚石片均可以作为石核毛坯。窄面石核只生产小石叶，石核毛坯以石片为主，石核修理出后缘，台面更新频繁，单向剥片，石片角较大[2]。

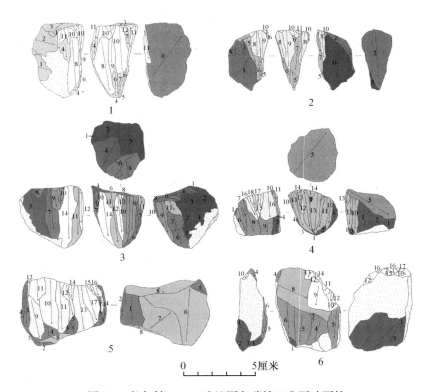

图6-7　意大利Fumane遗址原奥瑞纳工业石叶石核

[数字表示剥片的先后顺序，箭头表示剥片的方向，不同的阴影表示不同剥片序列，图片引自Falcucci A., Peresani M. Protoaurignacian core reduction procedures: Blade and bladelet technologies at Fumane Cave. *Lithic Technology*, 2018, 43 (2): 125-140]

---

① Teyssandier N. Revolution or evolution: The emergence of the Upper Paleolithic in Europe. *World Archaeology*, 2008, 40 (4): 493-519.

② Falcucci A., Peresani M. Protoaurignacian core reduction procedures: Blade and bladelet technologies at Fumane Cave. *Lithic Technology*, 2018, 43 (2): 125-140.

　　德国Hohle Fels洞穴遗址AH Ⅳ层奥瑞纳工业遗存的年代距今4.2万～3.6万年（校正后），属于早期奥瑞纳工业，石器工业以石叶和小石叶生产为特征。石器工业主要以燧石结核为原料，石叶石核的预制程度较低，几何结构包括棱柱形、圆形柱和锥形等，台面多为素台面，剥片工作面包括宽面和窄面，剥片方向主要包括同向平行剥片和同向汇聚剥片（图6-8）。石叶石核的剥片方式常为半周剥片，利用石核的一个宽面作为主剥片面，与宽面相邻的窄面作为次剥片面。小石叶石核多在毛坯的边缘剥片，以雕刻器石核和龙骨状端刮器石核为代表[1]。

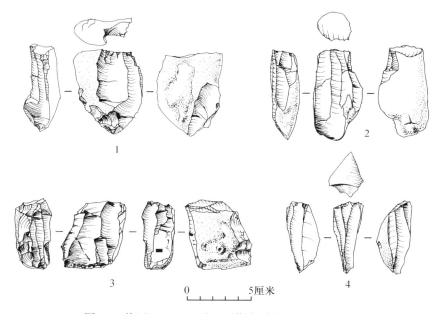

图6-8　德国Hohle Fels遗址早期奥瑞纳工业石叶石核

1、2. 单向平行剥片棱柱状石叶石核　3. 对向剥片棱柱状石叶石核　4. 单向汇聚剥片锥形石叶石核

［图片引自Bataille G., Conard N. J. Blade and bladelet production at Hohle Fels Cave, AH IV in the Swabian Jura and its importance for characterizing the technological variability of the Aurignacian in Central Europe. *PLoS ONE*, 2018, 13 (4): e0194097］

　　在南西伯利亚阿尔泰地区，旧石器晚期初段（Initial Upper Palaeolithic）工业年代距今4.7万～3.7万年（校正后），以Kara-Bom和Ust-Karakol-1遗址为代表。石器工业为典型石叶工业，包含大石叶与小石叶生产，大石叶石核为扁脸石核（flat-faced blade core），小石叶石核为雕刻器石核和棱柱状石叶石核[2]。

① Bataille G., Conard N. J. Marco., P. Blade and bladelet production at Hohle Fels Cave, AH IV in the Swabian Jura and its importance for characterizing the technological variability of the Aurignacian in Central Europe. *PLoS ONE*, 2018, 13 (4): e0194097.

② Belousova N. E., Rybin E. P., Fedorchenko A. Y., et al. Kara-Bom: New investigations of a Palaeolithic site in the Gorny Altai, Russia. *Antiquity*, 2018, 92 (361): 1-7.

四、中国石叶技术

（一）西北地区

1. 新疆通天洞遗址

我国新疆吉木乃县通天洞遗址2016～2017年发掘旧石器时代文化层出土动物化石的¹⁴C年代校正后为距今约4.5万年，石核以勒瓦娄哇石片石核和盘状石核为特征，不见石叶石核，但存在少量典型石叶产品[1]，显示存在旧石器时代中期之末的石叶技术。

2. 宁夏水洞沟遗址第1地点和第2地点

宁夏水洞沟遗址第1地点和第2地点均发现石叶技术，年代大体为距今4.6万～3.3万年[2]。水洞沟遗址第1地点既存在勒瓦娄哇石叶石核（图6-9，1～4），也存在棱柱状石叶石核（图6-9，5、6），与勒瓦娄哇石片石核和普通石核等共存，具有欧洲旧石器时代晚期早段的技术特点[3]。水洞沟遗址第2地点经2003～2005年、2007年、2014～2016年等多次发掘，该地点下部地层发现与水洞沟遗址第1地点相似的勒瓦娄哇石叶技术石核[4]。水洞沟遗址的勒瓦娄哇石叶石核多选择扁平的砾石或者较厚的石片为毛坯，在毛坯的一端或者两端修理出台面，剥片过程中不断修理维护石核剥片面的凸度，剥片使用硬锤完成[5]。

---

① 新疆文物考古研究所、北京大学考古文博学院：《新疆吉木乃县通天洞遗址》，《考古》2018年第7期。

② Li F., Kuhn S. L., Bar-Yosef O., et al. History, chronology and techno-typology of the upper Paleolithic sequence in the Shuidonggou area, Northen China. *Journal of World Prehistory*, 2019, 32 (2): 111-141.

③ a. 宁夏文物考古研究所：《水洞沟——1980年发掘报告》，北京：科学出版社，2003年。
b. Peng, F., Wang, H. M., Gao, X., Blade production of Shuidonggou Locality 1 (Northwest China): A technological perspective. *Quaternary International*, 2014, 347, pp. 12-20.

④ a. 宁夏文物考古研究所、中国科学院古脊椎动物与古人类研究所：《水洞沟：2003～2007年度考古发掘与研究报告》，北京：科学出版社，2013年，第52—57页。
b. Li F., Chen F. Y., Gao X. "Modern behaviors" of ancient populations at Shuidonggou Locality 2 and their implications. *Quaternary International*, 2014, 347: 66-73.

⑤ 李锋、李英华、高星：《贵州观音洞遗址石制品剥片技术辨析》，《人类学学报》2020年第1期。

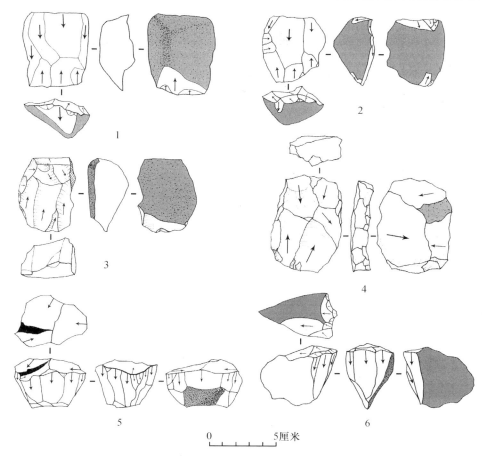

图6-9　宁夏水洞沟第1地点石叶石核

1～4. 勒瓦娄哇石叶石核　5、6. 棱柱状石叶石核

（图片引自Peng, F., Wang, H. M., Gao, X., Blade production of Shuidonggou Locality 1 (Northwest China): A technological perspective. *Quaternary International*, 2014, 347, pp. 12-20）

（二）青藏高原

青藏高原西藏北部那曲尼阿底遗址海拔4600米，该遗址2013年和2016～2018年发掘发现了典型的棱柱状石叶技术组合，光释光年代为距今4万～3万年。石叶石核不见勒瓦娄哇技术因素，而是以窄面单向剥片的棱柱状石叶石核为特征（图6-10），石叶尺寸变化范围较大，工具组合包括刮削器、钻、砍砸器、凹缺刮器和雕刻器等，显示出旧石器晚期早段的技术特征[1]。

① Zhang X. L., Ha B. B., Wang S. J., et al. The earliest human occupation of the high-altitude Tibetan Plateau 40 thousand to 30 thousand years ago. *Science*, 2018, 362 (6418): 1049-1051.

图6-10　西藏那曲尼阿底遗址石叶石核

（图片引自Zhang X. L., Ha B. B., Wang S. J., et al. The earliest human occupation of the high-altitude Tibetan Plateau 40 thousand to 30 thousand years ago. *Science*, 2018, 362: 1049-1051）

（三）东北地区

黑龙江省西部大兴安岭地区塔河县十八站遗址2005年发掘C层出土石制品24件，发现1件棱柱状对向剥片石叶石核与4件石叶、5件普通石片和2件刮削器等共存，该层位光释光年代为距今2.5万年左右[1]。近年来有研究者经过观察该遗址1975～1976年发掘材料，指出该遗址不仅存在棱柱状石叶石核，还存在一定比例的勒瓦娄哇石叶石核，同时指出不同年度发掘的地层与遗物的对应关系需要进一步确定[2]。

[1]　张晓凌、于汇历、高星：《黑龙江十八站遗址的新材料与年代》，《人类学学报》2006年第2期。

[2]　李锋、陈福友、汪英华等：《晚更新世晚期中国北方石叶技术所反映的技术扩散与人群迁徙》，《中国科学：地球科学》2016年第7期。

（四）华北地区

河南登封西施与东施遗址位于嵩山东南麓，两遗址相距仅500米左右，西施遗址2010年发掘，^{14}C年代校正后为距今2.5万年左右[1]，东施遗址2013年发掘，东施遗址上文化层的年代与西施遗址相当。西施遗址与东施遗址上文化层的石器工业面貌一致，以燧石为原料，石核以石叶石核为主体，另有部分细石叶石核。石叶石核是典型棱柱状石叶技术（图6-11），剥片工作面可以分为宽面剥片和窄面剥片，另见有鸡冠状石叶、更新台面石片、更新剥片工作面石片、石叶等典型的棱柱状石叶技术副产品，工具类型以端刮器为主体，另有边刮器和雕刻器等[2]。

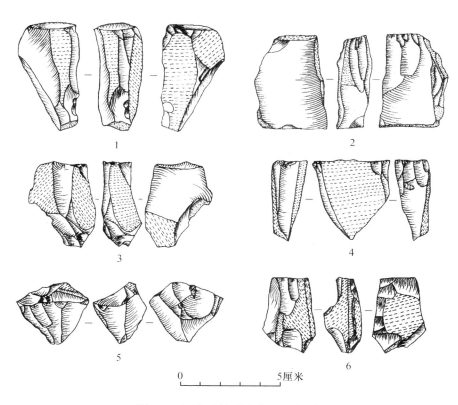

0 ├─┼─┼─┼─┤ 5厘米

图6-11　河南登封西施遗址石叶石核

（图片引自郑州市文物考古研究院、北京大学考古文博学院：《2013年河南登封东施旧石器晚期遗址发掘简报》，《中原文物》2018年第6期）

---

① 王幼平、汪松枝：《MIS3阶段嵩山东麓旧石器发现与问题》，《人类学学报》2014年第3期。

② 郑州市文物考古研究院、北京大学考古文博学院：《2013年河南登封东施旧石器晚期遗址发掘简报》，《中原文物》2018年第6期。

（五）小结

我国石叶技术大体也可以分为勒瓦娄哇石叶技术与棱柱状石叶技术两类。新疆通天洞遗址处于旧石器时代中期之末，石叶技术类型暂不明确。宁夏水洞沟遗址第1地点处于旧石器时代晚期之初，石叶技术包括勒瓦娄哇石叶技术与棱柱状石叶技术，保留了一定程度的旧石器时代中期风格。西藏尼阿底遗址、黑龙江十八站遗址和河南西施与东施遗址处于旧石器时代晚期早段，石叶技术为典型棱柱状石叶技术。西藏尼阿底遗址石叶工业不见小石叶和细石叶技术因素等显示出显著的地域-时代和功能特征。河南西施与东施遗址棱柱状石叶技术与小石叶、细石叶技术共存，呈现出东亚腹地旧石器时代晚期早段向晚段过渡阶段的特点。

此外，我国东北黑龙江省东部近年来考古调查工作也发现石叶技术证据，以牡丹江支流海浪河流域杨林西山遗址发现的棱柱状石叶石核和鸡冠状石叶[①]、牡丹江流域中上游三道亮子屯地点采集到棱柱状石叶石核[②]等为代表，但这些石叶技术的年代暂不明确。

五、比较与讨论

比较研究显示，石叶技术最早出现于西方。西方石叶技术在早期就呈现出多样性。与勒瓦娄哇技术不同，石叶是拥有特定形态的产品而非具体的技术程序，同一种形态的产品可以拥有不同的生产方法。已有学者指出石叶可以有多种生产方法，包括勒瓦娄哇石叶技术、棱柱状石叶石核技术和Hummalian技术等[③]，这些早期石叶技术可以分为勒瓦娄哇石叶技术、棱柱状石叶技术两类，Hummalian技术可以归入广义棱柱状石叶技术范畴。

目前学界对石叶技术特征的讨论颇丰，有学者认为石叶技术从整体上讲属于"预

---

① 陈全家、田禾、王欢等：《黑龙江省海林市杨林西山旧石器遗址（2008）石器研究》，《北方文物》2013年第2期。

② 申佐军、陈全家、杨枢通等：《牡丹江流域中上游新发现的三处旧石器地点》，《北方文物》2019年第3期。

③ a. Bar-Yosef O., Kuhn S. L. The big deal about blades: Laminar technologies and Human evolution. *American Anthropologist*, 1999, 101 (2): 322-338.

　　b. 奥法·巴尔-约瑟夫、斯蒂夫·库恩著，陈淳译：《石叶的要义：薄片技术与人类进化》，《江汉考古》2012年第2期。

制"剥片①,有学者认为石叶技术的要义在于"薄片"②,也有学者强调石叶技术的"背脊属性"③。石叶技术是一种预制剥片技术,石叶生产需要预制出背脊,另外需要对石核体预制出合适的剥片角度、台面、工作面等。但是需要强调的是,棱柱状石叶石核技术的预制强度和复杂程度低于勒瓦娄哇石叶技术,如果石料本身具备棱脊和适合剥片角度及台面、剥片工作面,甚至可以不经预制而直接剥下第一件石叶。早期石叶技术的多样性显示出该技术并非拥有单一的源流,而是很可能从出现之初就是多线演化的。早期石叶技术并非"一招一式",而是某种"适应策略",更新世中晚期旧大陆地区不同时代、不同地域的多个人群在某种技术禀赋的基础上,均在应对某种生态-社会环境变化的过程中开发利用了石叶技术策略。石叶技术从创作思想讲,集"包容性"、"便捷性"、"高效性"和"标准化"等多个特点于一身。

从现有考古资料来看,西方早期勒瓦娄哇石叶技术与勒瓦娄哇石片技术的关系是非常密切的,二者几乎同时出现。棱柱状石叶技术与勒瓦娄哇石叶技术也大体同时出现,棱柱状石叶技术的禀赋基础应当可以追溯至更早的阿舍利工业或其他旧石器时代早期工业中的早期预制石核技术。在东亚,考古学者尚未发现早期人群生产使用石叶的现象,这一方面可能与东亚早期人群缺乏相应技术禀赋基础有关,另一方面可能显示东亚早期人类社会生存适应压力并不大,或者当时人群并没有通过石器技术的推陈出新来应对新增的压力。根据进化考古学理论,不同早期石叶技术的出现可能是历史偶然;根据进化生态学和文化传播理论,旧石器时代中晚期石叶技术的在不同社会网络中的不同程度的盛行,应当有更深层次和更为复杂的原因。

欧洲大陆旧石器时代晚期之初,勒瓦娄哇石叶技术策略仍然在部分地区使用,但是往往与棱柱状石叶技术共存,被称为旧石器时代晚期初段(Initial Upper Paleolithic,IUP)石器工业,以西亚Boker Tachtit遗址第4层石器组合为典型代表,在黎凡特、东欧、西伯利亚阿尔泰和中国西北部等广大地区都有所发现,年代范围是距今4.7万~3.2万年(校正后)④,我国水洞沟遗址第1地点和第2地点下部地层也大体属于同类型的石器工业。但随着时间推进和空间视野的放大,我们看到更多的考古现象是棱柱状石叶技术的兴起和对勒瓦娄哇技术的取代,以欧洲Châtelperronian工业、原奥瑞纳工业、早

① 王幼平:《石器研究——旧石器时代考古方法初探》,北京:北京大学出版社,2006年。

② a. Bar-Yosef O., Kuhn S., L. The big deal about blades: Laminar technologies and Human evolution. *American Anthropologist*, 1999, 101 (2): 322-338.

   b.〔美〕奥法·巴尔-约瑟夫、斯蒂夫·库恩著,陈淳译:《石叶的要义:薄片技术与人类进化》,《江汉考古》2012年第2期。

③ 李锋:《石叶概念探讨》,《人类学学报》2012年第1期。

④ Kuhn S. L., Zwyns N. Rethinking the initial Upper Paleolithic. *Quaternary International*, 2014, 347: 29-38.

期奥瑞纳工业和西亚Early Ahmarian工业等为代表，我国西藏尼阿底遗址、黑龙江十八站遗址和河南西施与东施遗址等也大体符合本类型石叶工业特点。

旧大陆西部旧石器时代晚期棱柱状石叶技术的主导地位与对更为轻型的投射复合工具的依赖密切相关[①]。旧石器时代晚期经典的棱柱状石叶技术对原料的要求更高，通常以优质燧石和黑曜石等为原料，石器生产者需要花费更多的精力和时间来获取优质原料。旧石器时代晚期棱柱状石叶石核往往剥片预制出鸡冠状脊，沿石核的宽面或窄面连续剥取石叶，台面可以预制，也可以不预制，以单向剥片和对向剥片为主，棱柱状石叶石核往往用硬锤或软锤直接法剥片完成。棱柱状石叶石核更有利于控制石叶的尺寸，产生更小型且标准化的产品，尺寸较小的小石叶更有利于制作轻型复合工具[②]。

与此同时，旧大陆范围内棱柱状石叶技术对于勒瓦娄哇石叶技术的取代似乎并非功能性的技术趋同这么简单，而是涉及多个拥有更强适应优势的人群的迁徙与扩散。欧洲原奥瑞纳工业与早期奥瑞纳工业在不同地区与现代人化石的共存显示石器工业变化与现代人在欧洲的侵入的密切关联[③]，而Châtelperronian工业与尼安德特人化石的共存似乎显示出尼安德特人的石器工业受到外来现代人石器工业的影响[④]。东亚地区棱柱状石叶工业虽然目前没有发现共存的人类化石，但是遗址石器工业面貌与此前石核-石片工业形成鲜明对比，石器工业的突变并非完全能够由生态适应理论所解释，而进一步显示携带棱柱状石叶技术外来人群的侵入。

此外，我们需要考虑东亚地区等外来棱柱状石叶技术人群与该地区已有石核-石片工业人群的关系也许没有直接取代那么简单。以河南郑州距今约4.5万年（校正后）的郑州老奶奶庙遗址为代表的石器工业无论是石核的几何组织结构，还是石片的形态、尺寸与背脊属性，均显示其已向系统性方向发展，老奶奶庙遗址石器工业显示出的对石核体几何组织结构的控制与维护、剥片的连续与高效以及对石片形态的控制等，均已达到发达石片石器工业的阶段[⑤]。从某种角度上说，在携带石叶技术的外来人群深入

① Shea J. J. The origins of lithic projectile point technology: Evidence from Africa, the Levant and Europe. *Journal of Archaeological Science*, 2006, 33 (6): 823-846.

② Bar-Yosef O., Kuhn S., L. The big deal about blades: Laminar technologies and Human evolution. *American Anthropologist*, 1999, 101 (2): 322-338.

③ Teyssandier N. Revolution or evolution: The emergence of the Upper Paleolithic in Europe. *World Archaeology*, 2008, 40 (4): 493-519.

④ Roussel M., Hublin J. J. The Châtelperronian conundrum: Blade and bladelet lithic technologies from Quinçay, France. *Journal of Human Evolution*, 2016, 95: 13-32.

⑤ 陈宥成、曲彤丽、张松林等：《郑州老奶奶庙遗址石核类型学初步研究》，《人类学学报》2019年第2期。

东亚腹地之前，本地人群已经完成了向石叶技术过渡的部分技术禀赋准备过程。在这种情境下，携带石叶技术人群一旦到达东亚腹地并通过通婚、物品交换等方式与本地人群融合，石叶显著的适应优势以及其具备的"包容性"和"便捷性"特点使得东亚腹地类似Châtelperronian工业的"融合式过渡"成为可能。这个问题事实上进一步涉及中国北方旧石器时代晚期人群演化的连续性问题。

第七章　细石器技术

关于我国早期细石器起源的问题，可以说是我国史前考古领域的热点问题。早在20世纪中叶裴文中先生就注意到细石器遗存的重要性并开始探讨细石器起源问题[1]。20世纪70年代后期以贾兰坡[2]和安志敏[3]两位先生为代表几乎同时发表关于细石器起源的研究成果，自此我国史前考古学者从未中断关于细石器起源的探索，并且先后发表了相当数量的论著。尽管如此，数十年来我国关于细石器起源问题的争论也从未停止，学界始终没有形成统一的见解。关于细石器起源的争论焦点主要涉及"中国华北起源说"[4]与"外来说"[5]两个方面。数十年来我国学者对于细石器起源问题的研究主要是局限于我国及邻近地区的考古材料，但对于旧大陆西侧地区的考古材料的关注是相对缺乏的。本章即将从旧大陆东西方比较的视野考察早期细石器的演化问题。

一、细石器概念解析

回顾学术史，我国学者很早就注意到中西方细石器的技术差异，并都较为一致地认为旧大陆西侧以欧洲和西亚为代表的细石器为"几何形细石器"，特点是将毛坯加工成规整的三角形、半月形和梯形等几何形石器，作为装备复合工具的配件使用；而以我国为代表的分布于东亚、东北亚的细石器为"细石叶细石器"，特点为从预制的柱形、锥形、楔形、船形等细石核上压剥更为细小的"细石叶"，同样作为制作复合工具使用[6]。

---

① 裴文中：《中国史前石器之研究》，北京：商务印书馆，1948年。

② 贾兰坡：《中国细石器的特征和它的传统、起源与分布》，《古脊椎动物与古人类》1978年第2期。

③ 安志敏：《海拉尔的中石器遗存——兼论细石器的起源和传统》，《考古学报》1978年第3期。

④ a. 贾兰坡：《中国细石器的特征和它的传统、起源与分布》，《古脊椎动物与古人类》1978年第2期。

　 b. 安志敏：《海拉尔的中石器遗存——兼论细石器的起源和传统》，《考古学报》1978年第3期。

⑤ 裴文中：《中国史前石器之研究》，北京：商务印书馆，1948年。

⑥ a. 安志敏：《中国细石器研究的开拓和成果——纪念裴文中教授逝世20周年》，《第四纪研究》2002年第1期。

　 b. 仪明洁：《细石器研究中几个关键概念的厘定》，《考古与文物》2014年第5期。

　　所谓"几何形细石器"，是指对毛坯的一个或更多的边缘进行修理，形成高度标准的不同几何形状的石器[1]，主要活跃于距今2万年以后的旧石器时代晚期后段、旧石器时代末期以及中石器时代[2]，以欧洲旧石器时代晚期的马格德林文化、西亚旧石器时代末期的几何形卡巴拉文化、纳吐夫文化和欧洲中石器时代的诸文化等为代表，如葡萄牙Estremadura 地区发现的马格德林文化遗存[3]、黎凡特地区Wadi Sayakh遗址[4]和Ain Miri遗址[5]发现的几何形卡巴拉文化遗存。

　　所谓"细石叶"，是形态上"窄、长、薄"的石片，与石叶、小石叶存在密切的亲缘关系。与石叶技术相似，细石叶技术同样是预制石核技术，细石叶生产需要预制出背脊，另外需要对石核体预制出合适的剥片角度、台面、工作面等，并强调利用背脊连续剥片，细石叶技术是立足石叶技术基础之上进一步适应演化的结果。细石叶应是石叶与小石叶在某些地区进一步小型化的结果，东亚与北亚、欧洲和南亚等地区在旧石器时代晚期均可以见到细石叶产品与石叶、小石叶等共存，细石叶的出现与人群流动性提高、技术禀赋积累、石器原料特点与生计策略需求等均存在不同程度的关联性。细石叶与石叶的不同在于以下几个方面。第一，细石叶的尺寸小于石叶。通常学者们认为小石叶的尺寸小于石叶，而细石叶的尺寸则小于小石叶，国外和国内不同学者对于细石叶的尺寸并没有统一规定，细石叶的宽度通常在3~10毫米范围之内。第二，细石叶技术对原料性能的要求和剥片的精准度要求更高，更依赖热处理技术、压制技术或间接剥片法，但不一定局限于这些方法。第三，细石叶技术对石核的预制程度更高，我国细石核的类型多样性和复杂程度普遍高于石叶石核，常见细石核类型包括柱形、（半）锥形、楔形、船形等。

　　另外，在西方文献中细石器并非局限于几何形细石器与细石叶细石器。所谓旧大陆西部"细石器"（mircrolithic）是指一种小型的用于制作复合工具的石制品[6]。在旧大陆西侧几何形的细石器出现之前，存在更为古朴的早期细石器阶段，其中相当一部

①　Kuhn S. L. Pioneers of microlithization: The "proto-aurignacian" of Southern Europe. *Archeological papers of the American Anthropological Association*, 2002, 12 (1): 83-93.

②　Price T. D. The Mesolithic of Western Europe. *Journal of World Prehistory*, 1987, 1 (3): 225-305.

③　Marks A. E., Bicho N., Zilhão J., et al. Upper Pleistocene prehistory in Portuguese Estremadura: Results of preliminary research. *Journal of Field Archaeology*, 1994, 21 (1): 53-68.

④　Bar-Yosef O., Killebrew A. Wadi Sayakh- A Geometric Kebaran site in Southern Sinai. *Paléorient*, 1984, 10 (2): 95-102.

⑤　Shimelmitz R., Barkai R., Gopher A. The geometric kebaran microlithic assemblage of Ain Miri, Northern Israel. *Paléorient*, 2004, 30 (2): 127-140.

⑥　Kuhn S. L., Elston R. G. Introduction: Thinking small globally. *Archeological papers of the American Anthropological Association*, 2002, 12 (1): 1-7.

分早期细石器与修背工具（backed tools）是密切相关的。所谓"修背"，是指对毛坯的至少一个边缘进行较为连续的、精细的、约90°"修钝"处理，使其刃缘不再锋利，反而成为圆钝的背部小面，这种修理方式与制作复合工具密切相关。

二、早期修背细石器

（一）南非

根据目前的考古材料，非洲在中期石器时代已经出现了以石叶技术为基础的修背细石器[①]，主要以时代距今6.5万～5.9万年的Howiesons Poort工业为代表[②]。Howiesons Poort工业是南非中期石器时代与Still Bay工业齐名的两大技术传统之一[③]，大多分布于赞比西河以南，至少涉及以Sibudu遗址、Klasies River 遗址和Rose Cottage Cave 遗址等为代表的32处遗址[④]，其标志即为修背工具，并且毛坯多为小型石叶[⑤]。

南非Rose Cottage Cave 遗址Howiesons Poort工业修背工具多以小型石叶为毛坯，并在工具组合中占据主体地位，包括节段（segment）、三角形（triangle）、部分修背石叶（partially backed blade）和修背石叶（blades with a complete back）等类型（图7-1），平均长度约2.7厘米[⑥]。近年来南非Pinnacle Point遗址出土的修背小石叶所

---

①　Ambrose S. H. Introduction: Thinking small globally. *Archeological papers of the American Anthropological Association*, 2002, 12 (1): 9-29.

②　a. Jacobs Z., Roberts R. G., Galbraith R. F., et al. Ages for the Middle Stone Age of southern Africa: Implications for human behavior and dispersal. *Science*, 2008, 322 (5902): 733-735.
　　b. Henshilwood C. S., Dubreuil B. The Still Bay and Howiesons Poort, 77-59 Ka. *Current Anthropology*, 2011, 52 (3): 361-400.

③　Wurz S. Technological Trends in the Middle Stone Age of South Africa between MIS7 and MIS3. *Current Anthropology*, 2013, 54 (8): 305-319.

④　Mohapi M. Point morphology and the Middle Stone Age cultural sequence of Sibudu Cave, Kwazulu-Natal, South Africa. *The South African Archaeological Bulletin*, 2012, 67 (195): 5-15.

⑤　Henshilwood C. S., Dubreuil B. The Still Bay and Howiesons Poort, 77-59 Ka: Symbolic material culture and the evolution of the mind during the African Middle Stone Age. *Current Anthropology*, 2011, 52 (3): 361-400.

⑥　Soriano S., Villa P., Wadley L. Blade technology and tool forms in the Middle Stone Age of South Africa: the Howiesons Poort and post-Howiesons Poort at Rose Cottage Cave. *Journal of Archaeological Science*, 2007, 34 (5): 681-703.

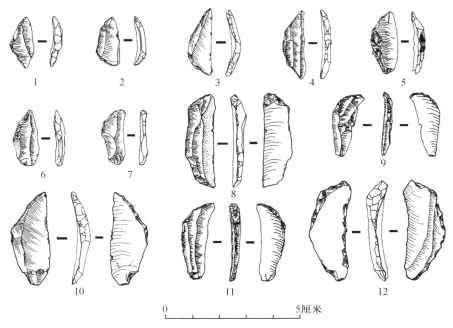

图7-1　南非Rose Cottage遗址Howiesons Poort工业修背工具

［图片引自Brown K. S., Marean C. W., Jacobs Z., et al. An early and enduring advanced technology originating 71, 000 years ago in South Africa. *Nature*, 2012, 491 (7245): 590-594］

在层位的光释光年代达到距今7.1万年左右[1]。

（二）东非

大概距今6万～4万年，东非地区也相继出现修背工具。东非核心区域包括非洲角（现今的埃塞俄比亚和索马里地区，是连接非洲和阿拉伯半岛的重要地区），肯尼亚和坦桑尼亚等[2]。位于坦桑尼亚的Mumba岩厦遗址出土修背石叶层位的光释光年代达到距今5.7万年左右[3]。位于肯尼亚的Enkapune Ya Muto遗址距今5.5万～4万年的MSA层位出现少量的修背工具，而其之上的LSA层位则存在大量的修背石叶，大概相似的发现

[1] Brown K. S., Marean C. W., Jacobs Z., et al. An early and enduring advanced technology originating 71, 000 years ago in South Africa. *Nature*, 2012, 491 (7245): 590-594.

[2] Clark J. D. The Middle Stone Age of East Africa and the beginnings of regional identity. *Journal of World Prehistory*, 1988, 2 (3): 235-305.

[3] Gliganic L. A., Jacobs Z., Roberts R. G., et al. New ages for Middle and Later Stone Age deposits at Mumba rockshelter, Tanzania: Optically stimulated luminescence dating of quartz and feldspar grains. *Journal of Human Evolution*, 2012, 62 (4): 533-547.

也存在于坦桑尼亚的Mumba Rockshelter遗址（图7-2，1、2）①。位于埃塞俄比亚西南部的Mochena Borago岩厦，距今4.5万年（校正后）左右，该遗址T组地层首次出现修背工具（图7-2，5），其毛坯多是小的长石片②。埃塞俄比亚东部的Porc-Epic遗址和Goda Buticha遗址都在中期石器时代的地层中发现了修背工具（图7-2，3、4）③。东非的中期石器时代出现修背工具，背部多呈弧形，但数量不如晚期石器时代丰富。

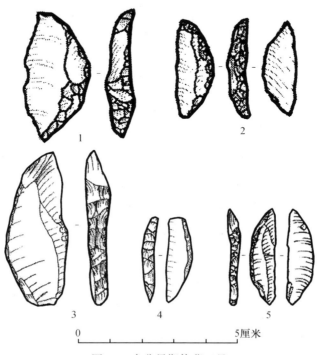

图7-2　东非早期修背工具

1、2. 坦桑尼亚Mumba Rockshelter遗址　3、4. 埃塞俄比亚Goda Buticha遗址　5. 埃塞俄比亚Mochena Borago遗址

［图片引自Tryon C. A., Faith, J. T. Variability in the Middle Stone Age of Eastern Africa. *Current Anthropology*, 2013, 54 (S8): S234-S254; Brandt S. A., Fisher E. C., Hildebrand E. A., et al. Early MIS3 occupation of Mochena Borago Rockshelter, Southwest Ethiopian Highlands: Implications for Late Pleistocene archaeology, paleoenvironments and modern human dispersals. *Quaternary International*, 2012, 274: 38-54; Leplongeon A. Microliths in the Middle and Later Stone Age of eastern Africa: New data from Porc-Epic and Goda Buticha cave sites, Ethiopia. *Quaternary International*, 2014, 343: 100-116］

---

① Tryon C. A. Faith, J. T. Variability in the Middle Stone Age of Eastern Africa. *Current Anthropology*, 2013, 54 (S8): S234-S254.

② Brandt S. A., Fisher E. C., Hildebrand E. A., et al. Early MIS3 occupation of Mochena Borago Rockshelter, Southwest Ethiopian Highlands: Implications for Late Pleistocene archaeology, paleoenvironments and modern human dispersals. *Quaternary International*, 2012, 274: 38-54.

③ Leplongeon A. Microliths in the Middle and Later Stone Age of eastern Africa: New data from Porc-Epic and Goda Buticha cave sites, Ethiopia. *Quaternary International*, 2014, 343: 100-116.

（三）欧洲

欧洲早期修背细石器大体出现于旧石器时代晚期之初。法国Quinçay洞穴遗址Châtelperronian石器工业年代大体为距今4.5万～4万年，石器工业为典型小石叶工业，修背尖状器是工具组合中的重要特征[1]。时代稍晚，格拉维特（Gravettian）工业通常将小石叶的一侧边修陡，背部较直，并且修理出尖部，被加工为形态窄长的修背尖状器（backed point），在欧洲有较为广泛的分布，以法国La Gravette遗址（图7-3）、德国Geissenklösterle和Hohle Fels遗址、捷克DolníVestonice遗址和意大利Grotta Paglicci遗址等为代表，[14]C年代距今2.9万～2万年（未校正）[2]。格拉维特工业的修背工具很好地延续至马格德林工业时期，马格德林工业生产的石叶和小石叶往往被加工为修背小石叶和修背尖状器[3]。

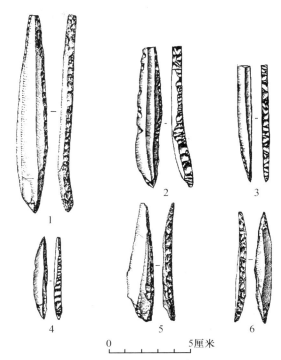

图7-3　法国La Gravette遗址格拉维特工业修背尖状器
（图片引自Kozlowski J. K. The origin of the Gravettian. *Quaternary International*, 2015, 359-360: 3-18）

意大利Grotta Paglicci遗址第23层早期格拉维特工业年代为距今2.9万～2.7万年（未校正），石器工业以优质燧石结核为原料，石核剥片主要目的是生产石叶和小石叶（两者的区分标准为宽度12毫米），并以小石叶为主体。小石叶石核包括棱柱形石核和雕刻器石核等（图7-4，1～4），小石叶主要加工为修背尖状器（图7-4，5～12）。修背尖状器宽度主要集中在3.1～5.9毫米，修理方式多为一侧边连续修背，另有少量修背工具为两侧边修背，部分修背程度较高的修背小石叶已不见背脊[4]。

① Roussel M., Hublin J. J. The Châtelperronian conundrum: Blade and bladelet lithic technologies from Quinçay, France. *Journal of Human Evolution*, 2016, 95: 13-32.

② Kozlowski J. K. The origin of the Gravettian. *Quaternary International*, 2015, 359-360: 3-18.

③ Fisher L. E. Blades and microliths: Changing contexts of tool production from Magdalenian to Early Mesolithic in southern Germany. *Journal of Anthropological Archaeology*, 2006, 25 (2): 226-238.

④ Kozlowski J. K. The origin of the Gravettian. *Quaternary International*, 2015, 359-360: 3-18.

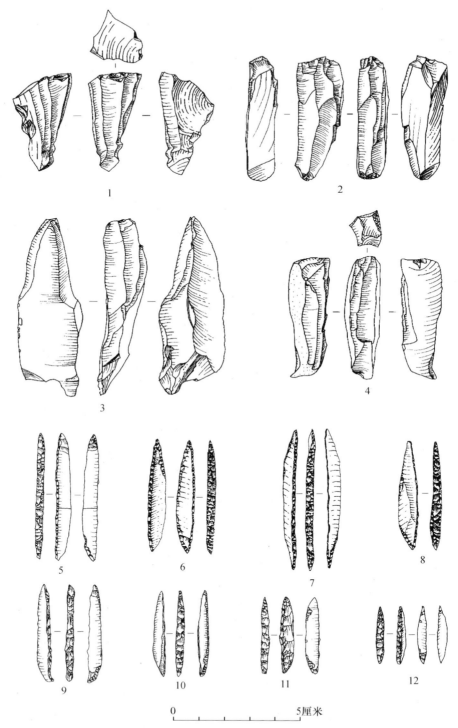

图7-4 意大利Grotta Paglicci遗址格拉维特工业小石叶石核与修背尖状器
1. 棱柱状小石叶石核 2~4. 雕刻器小石叶石核 5~12. 修背尖状器
（图片引自Kozlowski J. K. The origin of the Gravettian. *Quaternary International*, 2015, 359-360: 3-18）

（四）西亚

对于西亚黎凡特地区而言，修背工具在旧石器时代晚期开始出现[①]。在旧石器时代晚期偏早阶段修背往往是局部的，只是轻微改变毛坯的形状，到了旧石器时代晚期偏晚阶段和旧石器时代末期修背强度增大，并且数量占据统治地位[②]。以色列旧石器时代晚期之末Ohalo Ⅱ遗址发现了距今约2.3万年（未校正）的修背细石器，同时在出土的修背细石器上发现了呈黑色和白色的黏合剂。Ohalo Ⅱ遗址修背细石器毛坯多为小石叶，多修理为形态窄长的修背尖状器，有的呈不等边三角形细石器，不等边三角形细石器修理部位包括较直背部和与之相邻的倾斜的截断修理部位（图7-5）[③]，显示出早期几何形细石器特征。黎凡特地区旧石器时代晚期修背细石器延续至旧石器时代末期早段（Early Epipaleolithic period），距今2.25万～1.75万年（校正后）；到了旧石器时代末期中段（Middle Epipaleolithic period），距今1.75万～1.45万年（校正后），发展出梯形（trapeze）、长方形（rectangle）几何细石器；并且到旧石器时代末期晚段（Late Epipaleolithic period），距今1.45万～1.15万年（校正后），发展出新月形（crescent）几何细石器[④]。

（五）中亚

中亚地区修背细石器以旧石器时代晚期Kulbulakian工业为代表。塔吉克斯坦Shugnou遗址第1层年代为距今3.2万～3.2万年（校正后），石器工业特点为从龙骨状石核上生产小石叶，工具组合中存在典型的修背小石叶与端刮器等共存[⑤]。乌兹别克斯坦Dodekatym-2遗址第4～2层年代为距今2.8万～2.2万年（校正后），石器工业特点为用小石叶石核生产小石叶并进一步加工为修背细石器，其中不等边三角形细石器呈现出

[①]　Bar-Yosef O. The Upper Paleolithic Revolution. *Annual Review of Anthropology*, 2002, 311 (1): 363-393.

[②]　Belfer-Cohen, A., Goring-Morris, N. Why microliths? microlithization in the Levant. *Archeological papers of the American Anthropological Association*, 2002, 12 (1): 57-68.

[③]　Yaroshevich A., Nadel D., Tsatskin A. Composite projectiles and hafting technologies at Ohalo Ⅱ (23 ka, Israel): Analyses of impact fractures, morphometric characteristics and adhesive remains on microlithic tools. *Journal of Archaeological Science*, 2013, 40 (11): 4009-4023.

[④]　Maher L. A., Richter T., Stock J. T. The Pre-Natufian Epipaleolithic: long-term behavioral trends in the Levant. *Evolutionary Anthropology*, 2012, 21: 69-81.

[⑤]　Kolobova K., Krivoshapkin A., Shnaider S. Early geometric microlithic technology in Central Asia. *Archaeological and Anthropological Sciences*, 2019, 11: 1407-1419.

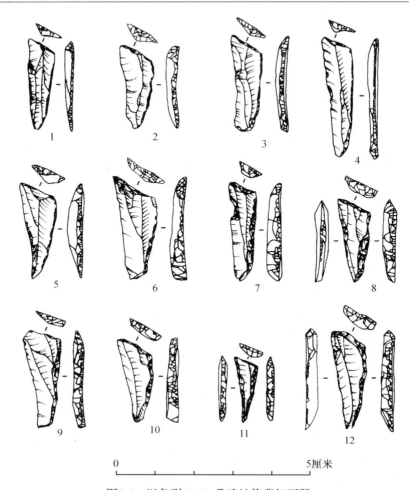

图7-5　以色列Ohalo Ⅱ遗址修背细石器

［图片引自Yaroshevich A., Nadel D., Tsatskin A. Composite projectiles and hafting technologies at Ohalo Ⅱ (23 ka, Israel): Analyses of impact fractures, morphometric characteristics and adhesive remains on microlithic tools. *Journal of Archaeological Science*, 2013, 40 (11): 4009-4023］

显著的早期几何形细石器特征（图7-6），并且呈现出显著小型化，完整的不等边三角形细石器平均长度为13.5毫米，平均宽度为5.2毫米，平均厚度为1.9毫米[①]。

（六）中国

在我国旧石器时代考古文献中，存在"琢背刀""琢背石刀"，以及"琢背小

---

① Kolobova K., Krivoshapkin A., Shnaider S. Early geometric microlithic technology in Central Asia. *Archaeological and Anthropological Sciences*, 2019, 11: 1407-1419.

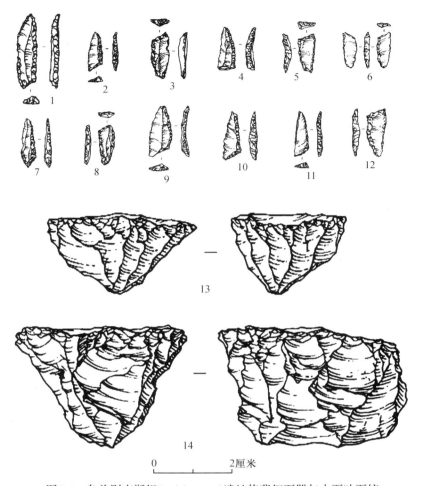

图7-6　乌兹别克斯坦Dodekatym-2遗址修背细石器与小石叶石核

1~12. 修背细石器　13、14. 小石叶石核

（图片引自Kolobova K., Krivoshapkin A., Shnaider S. Early geometric microlithic technology in Central Asia. *Archaeological and Anthropological Sciences*, 2019, 11: 1407-1419）

刀"等一类器物，可统一称为"琢背刀"。所谓"琢背"，是指对毛坯的至少一个边缘进行较为连续的"修钝"处理，使其刃缘不再锋利，反而成为圆钝的背部小面。中国琢背刀实际上与西方修背细石器属于同类器物。琢背刀在我国主要出现在旧石器时代晚期细石叶工业中。从地域上来讲，华北地区和东北地区是我国早期琢背刀的两个主要发现地区。

华北地区，山西沁水下川遗址1973年发掘出土琢背小刀22件，包括三角形、长方形等不同形状（图7-7，1~4）[①]，1976~1979年下川遗址富益河圪梁、小白桦圪梁、

————————————

① 王建、王向前、陈哲英：《下川文化——山西下川遗址调查报告》，《考古学报》1978年第3期。

棠梨树圪梁和牛路圪梁四个地点出土琢背刀100余件[①]。山西省襄汾丁村遗址群1977年发掘的77：01地点发掘出土琢背工具11件，毛坯为石片者5件、毛坯为石叶者2件、毛坯为细石叶者4件[②]。山西蒲县薛关遗址，1979年和1980年的发掘出土琢背小刀2件，其中一件刀背钝而平直，另一侧边未经修理保持石片利缘（图7-7，6），[14]C年代校正前为距今1.35万年左右[③]。山西吉县柿子滩遗址，1980年试掘上文化层出土琢背石片8件[④]。2002～2005年发掘的柿子滩遗址S14地点出土琢背刀2件，与细石核、细石叶等技术产品共存，[14]C年代校正后为距今2.3万～1.8万年[⑤]，2009～2010年发掘的柿子滩遗址S29地点第7层出土琢背刀2件，[14]C年代校正后为距今2.6万～2.4万年[⑥]。河北阳原泥河湾油房遗址1986年试掘发现琢背刀2件，标本Y139一侧缘修钝厚，另一侧缘薄而锋利（图7-7，7）[⑦]。舞阳大岗遗址1989年和1990年的发掘出土琢背刀3件[⑧]。河北阳原泥河湾盆地二道梁遗址2002年发掘出土琢背刀1件，毛坯似石叶，长55、宽20毫米，遗址内出土动物化石[14]C年代校正前为距今1.8万年左右[⑨]。河北唐山玉田孟家泉遗址1990年发掘出土琢背刀若干件，琢背刀类型多样，刀背有厚有薄，有的有一个背，有的有两个背，形状有条形和三角形之分，标本048三角形，长28、宽15毫米（图7-7，9），标本049条形，左边甚厚，右边锋薄（图7-7，8）[⑩]。河北省秦皇岛昌黎亭泗涧遗址，1992年和1993年的试掘中获得琢背刀1件，长19、宽11毫米[⑪]。许昌灵井遗址2008～2013年发掘中第5层出土琢背刀7件，[14]C年代校正后为距今约1.35万

① 中国社会科学院考古研究所、山西省考古研究所：《下川：旧石器时代晚期文化遗址发掘报告》，北京：科学出版社，2016年，第246—253页。

② 山西省考古研究所：《丁村旧石器时代遗址群：丁村遗址群1976～1980年发掘报告》，北京：科学出版社，2014年。

③ 王向前、丁建平、陶富海：《山西蒲县薛关细石器》，《人类学学报》1983年第2期。

④ 山西省临汾行署文化局：《山西吉县柿子滩中石器文化遗址》，《考古学报》1989年第3期。

⑤ 柿子滩考古队：《山西吉县柿子滩旧石器时代遗址S14地点2002～2005年发掘简报》，《考古》2013年第2期。

⑥ 山西大学历史文化学院、山西省考古研究所：《山西吉县柿子滩遗址S29地点发掘简报》，《考古》2017年第2期。

⑦ 谢飞、成胜泉：《河北阳原油房细石器发掘报告》，《人类学学报》1989年第1期。

⑧ 张居中、李占扬：《河南舞阳大岗细石器地点发掘报告》，《人类学学报》1996年第2期。

⑨ 李罡、任雪岩、李珺：《泥河湾盆地二道梁旧石器时代晚期遗址发掘简报》，《人类学学报》2016年第4期。

⑩ 河北省文物研究所、唐山市文物管理所、玉田县文保所：《河北玉田县孟家泉旧石器遗址发掘简报》，《文物春秋》1991年第1期。

⑪ 王恩霖：《河北昌黎亭泗涧细石器遗址的新材料》，《人类学学报》1997年第1期。

年①。河南新密李家沟遗址2009年发掘南区第4层出土琢背刀1件②，毛坯为细石叶，原料为黑色燧石，长2.14、宽0.66厘米（图7-7，5），^{14}C年代校正后为距今10500～10300年，属于旧、新石器时代过渡阶段③。

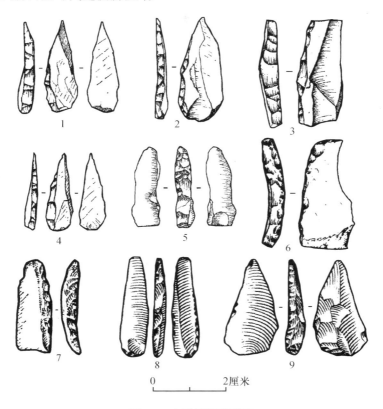

图7-7　中国早期琢背刀

1～4.下川遗址　5.李家沟遗址　6.薛关遗址　7.油房遗址　8、9.孟家泉遗址

（图片引自陈宥成、曲彤丽：《试论旧大陆旧石器时代琢背刀》，《北方文物》2021年第4期）

在东北地区，黑龙江省齐齐哈尔昂昂溪大兴屯地点1982年的发掘中发现有琢背刀④。黑龙江讷河神泉遗址2002年发掘琢背刀2件，毛坯为石叶⑤。吉林省延边和龙

① 河南省文物考古研究院、日本奈良文化财研究所：《灵井许昌人遗址第5层细石器2008～2013年发掘报告》，《华夏考古》2018年第2期。

② 北京大学中国考古学研究中心、郑州市文物考古研究院：《河南新密李家沟遗址南区2009年发掘报告》，《古代文明（第9卷）》，北京：文物出版社，2013年。

③ 北京大学考古文博学院、郑州市文物考古研究院：《河南新密市李家沟遗址发掘简报》，《考古》2011年第4期。

④ 黄蔚文、张镇洪、缪振棣等：《黑龙江昂昂溪的旧石器》，《人类学学报》1984年第3期。

⑤ 于汇历、田禾：《黑龙江神泉旧石器时代晚期遗址石制品初步研究》，《考古学研究（七）》，北京：科学出版社，2008年。

市柳洞旧石器地点2002年调查中发现琢背刀1件[①]。2004年复查中发现琢背小刀1件，毛坯为石片[②]。吉林辉南邵家店遗址2003年和2004年的调查中共获得琢背刀3件[③]。吉林延边和龙石人沟遗址2004年调查中发现琢背小刀2件[④]。2005年试掘获得琢背小刀3件，毛坯为石片[⑤]。吉林和龙青头遗址2006年复查和试掘中共发现琢背小刀2件，原料为黑曜石，毛坯为石片[⑥]。黑龙江省海林市杨林西山遗址2008年调查发现琢背刀1件，毛坯为石片[⑦]。黑龙江齐齐哈尔富裕县老虎屯遗址2011年调查中发现琢背刀3件[⑧]。东北地区早期修背细石器大多与细石叶技术共存，年代大体处于旧石器时代晚期后段。

（七）小结

西方细石器所谓"细"，即细小，是与小石叶技术的兴起密不可分的。旧大陆西侧的修背细石器技术大概在非洲中期石器时代末段开始频繁出现，并于旧石器时代晚期在西亚和欧洲繁荣。早期细石器的毛坯可以为石片，但更多的是小石叶，并且经过修理特别是"修背"的小石叶尺寸会进一步消减。早期修背细石器的修理强度往往小于晚期几何形细石器。我国的旧石器时代琢背刀主要发现于秦岭—淮河以北的北方地区，至少距今2.4万年（校正后）左右已经出现，并且几乎全部存在于细石叶工业，显示出我国早期琢背刀与细石叶工业的密切关联。同时考古材料显示，大多数遗址中，琢背刀的发现数量都是非常有限的，原料为燧石或黑曜石等优质原料，毛坯包括石片、石叶和细石叶。

---

① 陈全家、赵海龙、霍东峰：《和龙市柳洞旧石器地点发现的石制品研究》，《华夏考古》2005年第3期。
② 陈全家、王春雪、方启等：《吉林和龙柳洞2004年发现的旧石器》，《人类学学报》2006年第3期。
③ 陈全家、李有骞、赵海龙等：《吉林辉南邵家店发现的旧石器》，《北方文物》2006年第1期。
④ 陈全家、王春雪、方启等：《延边地区和龙石人沟发现的旧石器》，《人类学学报》2006年第2期。
⑤ 陈全家、赵海龙、方启等：《延边和龙石人沟旧石器遗址2005年试掘报告》，《人类学学报》2010年第2期。
⑥ 陈全家、方启、李霞等：《吉林和龙青头旧石器遗址的新发现及初步研究》，《考古与文物》2008年第2期。
⑦ 陈全家、田禾、王欢等：《黑龙江省海林市杨林西山旧石器遗址（2008）石器研究》，《北方文物》2013年第2期。
⑧ 李有骞：《黑龙江富裕县老虎屯遗址发现的旧石器》，《北方文物》2015年第1期。

三、早期细石叶技术

（一）中国

我国早期细石叶工业的组合和年代在华北地区有更为清晰的体现。1973~1975年山西沁水下川遗址发现的数百件细石核组合包括"锥状、柱状、半锥状、楔状和船形"等类型[①]，2014~2017年下川遗址新发掘出土了距今2.7万~2.5万年（校正后）"船形、楔形、锥形、半锥形"细石核组合（图7-8）[②]。1986年河北阳原油房遗址出土十余件细石核，组合包括"楔形、船底形和柱形"等类型[③]，但随后谢飞先生撰文指出"船形石核是从遗址附近采集的，可靠性较差，应予以排除"[④]，近年来该遗址的年

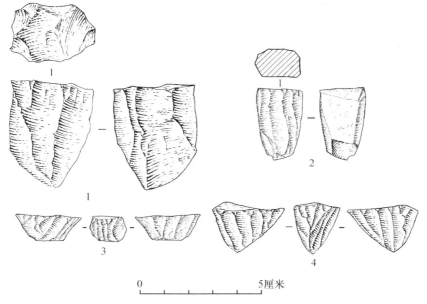

0　　　　　　　5厘米

图7-8　山西下川遗址出土细石核

1. 锥形细石核　2. 半锥形细石核　3、4. 船形细石核

（图片引自北京师范大学历史学院、山西省考古研究所：《山西沁水下川遗址小白桦圪梁地点2015年发掘报告》，《考古学学报》2019年第3期）

① 王建、王益人：《下川细石核形制研究》，《人类学学报》1991年第1期。

② 北京师范大学历史学院、山西省考古研究所：《山西沁水下川遗址小白桦圪梁地点2015年发掘报告》，《考古学学报》2019年第3期。

③ 谢飞、成胜泉：《河北阳原油房细石器发掘报告》，《人类学学报》1989年第1期。

④ 谢飞：《河北旧石器时代晚期细石器遗存的分布及在华北马蹄形分布带中的位置》，《文物春秋》2000年第2期。

代学研究认为其年代为距今2.9万～2.6万年[1]。2005～2006年陕西宜川龙王辿遗址出土的细石核主要有"锥状、半锥状和柱状等"几种，"楔形石核"极少[2]，遗址下部第6层和第5层的[14]C和释光测年结果为距今2.9万～2.5万年[3]。2009年山西吉县柿子滩遗址S29地点第7文化层出土细石核23件，类型以"半锥状、半柱状和柱状石核"为主，与细石叶、端刮器、琢背刀和雕刻器等共存（图7-9）[4]，该层位[14]C年代校正后为距今2.6万～2.4万年[5]。2010年河南登封西施遗址发现石叶组合与细石叶组合共存，细石核呈"柱状或锥状"，[14]C数据集中在距今2.2万年前后，校正后为距今2.6万～2.5万年[6]。2013年河北阳原西沙河遗址3A层发现"楔形、锥形、半锥形和柱形"细石核组合与细石叶和端刮器等共存（图7-10），该层[14]C年代校正后为距今2.7万年左右[7]。除了上述华北地区的考古发现，2017年东北地区黑龙江省龙江县西山头遗址第3层也发现了与小石叶技术共存的早期细石叶技术，石器工业组合包括小石叶石核、半锥形细石核、鸡冠状石叶、小石叶、细石叶、尖状器、边刮器和钻等（图7-11），该层与石制品密集区共存的两件动物骨骼化石的[14]C年代校正后为距今2.8万年左右[8]。

　　我国华北地区早期细石叶技术在距今2.9万～2.4万年（校正后）已经出现，并且相对快速地出现在华北不同地区的多个遗址。华北早期细石叶技术并非零星地出现于已有石器工业之中，而是自出现之初便强势地占据石器工业主体地位，显示出浓厚的

① Nian X. M., Gao X., Xie F., et. al. Chronology of The Youfang site and its implication for the emergence of microblade technology in North China. *Quaternary International*, 2014, 347 (1): 113-121.

② 中国社会科学院考古研究所、陕西省考古研究所：《陕西宜川县龙王辿旧石器时代遗址》，《考古》2007年第7期。

③ 王小庆、张家富：《龙王辿遗址第一地点细石器加工技术与年代——兼论华北地区细石器的起源》，《南方文物》2016年第4期。

④ 山西大学历史文化学院、山西省考古研究所：《山西吉县柿子滩遗址S29地点发掘简报》，《考古》2017年第2期。

⑤ Song Y. H., Cohen D. J., Shi J. M., et. al. Environmental reconstruction and dating of Shizitan 29, Shanxi Province: An early microblade site in north China. *Journal of Archaeological Science*, 2017, 79 (3): 19-35.

⑥ 王幼平、汪松枝：《MIS3阶段嵩山东麓旧石器发现与问题》，《人类学学报》2014年第3期。

⑦ Guan Y., Wang X. M., Wang F. G., et al. Microblade remains from the Xishahe site, North China and their implications for the origin of microblade technology in Northeast Asia. *Quaternary International*, 2020, 535: 38-47.

⑧ 吉林大学考古学院、黑龙江省文物考古研究所、中国科学院古脊椎动物与古人类研究所：《黑龙江龙江县西山头旧石器时代遗址试掘简报》，《考古》2019年第11期。

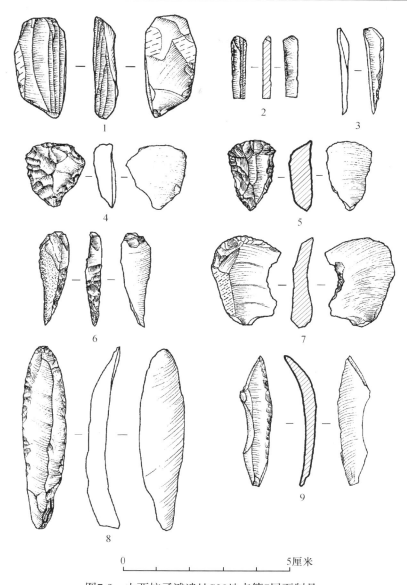

图7-9　山西柿子滩遗址S29地点第7层石制品

1.细石核　2、3.细石叶　4、5.端刮器-尖状器　6.琢背刀　7.端刮-凹缺器　8.边刮器　9.雕刻器

（图片引自山西大学历史文化学院、山西省考古研究所：《山西吉县柿子滩遗址S29地点发掘简报》，

《考古》2017年第2期）

外来人群侵入特点[①]。华北早期细石叶技术以楔形、锥形、半锥形和柱形等细石核为特点，显示出较为成熟的发展面貌，同时显示出与棱柱状石叶技术中石叶石核的密切关联，另外在河南登封西施和东施遗址见到早期细石叶技术与棱柱状石叶技术共存的证

---

① 王幼平：《华北细石器技术的出现与发展》，《人类学学报》2018年第4期。

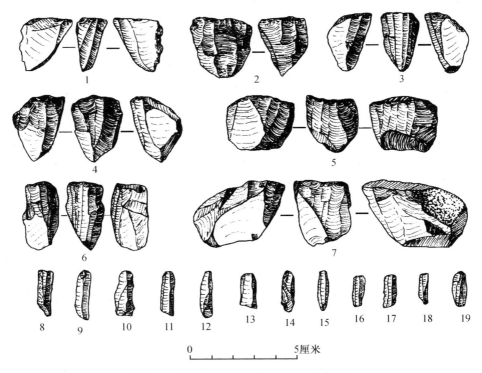

图7-10　河北西沙河遗址细石核与细石叶

1~7. 细石核　　8~19. 细石叶

（图片引自Guan Y., Wang X. M., Wang F. G., et al. Microblade remains from the Xishahe site, North China and their
implications for the origin of microblade technology in Northeast Asia. *Quaternary International*, 2020, 535: 38-47）

据①。华北早期细石核的所有剥片几何结构在欧亚大陆的棱柱状石叶石核中均可以见到
前身，但华北早期细石核原料更优、尺寸更小且预制更为精良。

　　大约距今2.4万年之后，我国早期细石叶技术在已有基础上进一步发展，更广泛地
分布在我国华北地区、东北地区和西北地区。华北地区以距今2.3万～1.79万年（校正
后）柿子滩遗址S14地点②、距今2万年左右（校正后）柿子滩遗址S5地点③和距今1.8万
年左右（未校正）河北阳原泥河湾盆地二道梁遗址④等遗址为代表，东北地区以距今

① 郑州市文物考古研究院、北京大学考古文博学院：《2013年河南登封东施旧石器晚期遗址发掘简
　　报》，《中原文物》2018年第6期。

② 柿子滩考古队：《山西吉县柿子滩旧石器时代遗址S14地点2002～2005年发掘简报》，《考古》
　　2013年第2期。

③ 柿子滩考古队：《山西吉县柿子滩旧石器时代遗址第五地点发掘简报》，《考古》2016年第4期。

④ 李罡、任雪岩、李珺：《泥河湾盆地二道梁旧石器时代晚期遗址发掘简报》，《人类学学报》
　　2016年第4期。

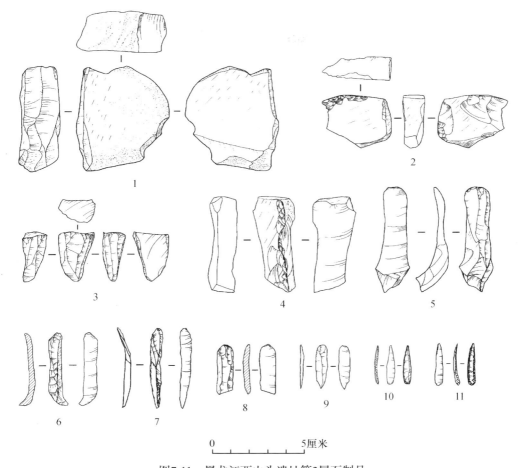

图7-11　黑龙江西山头遗址第3层石制品

1. 小石叶石核　2、3. 细石叶石核　4、5. 鸡冠状小石叶　6、7. 鸡冠状细石叶

8、9. 细石叶　10、11. 尖刃器（细石叶毛坯）

（图片引自吉林大学考古学院、黑龙江省文物考古研究所、中国科学院古脊椎动物与古人类研究所：
《黑龙江龙江县西山头旧石器时代遗址试掘简报》，《考古》2019年第11期）

1.9万～1.4万年（校正后）黑龙江伊春桃山遗址第4～3层①和距今约1.3万年（校正后）黑龙江海林小龙头山遗址②为代表，西北地区以距今1.8万～1.7万年甘肃张家川石峡口

① 　a. 岳健平、侯亚梅、杨石霞等：《黑龙江省桃山遗址2014年度发掘报告》，《人类学学报》2017年第2期。

　　b. Yang S. X., Zhang Y. X., Li Y. Q., et al. Environmental change and raw material selection strategies at Taoshan: A terminal Late Pleistocene to Holocene site in north-eastern China. *Journal of Quaternary Science*, 2017, 32 (5): 553-563.

② 　李有骞：《黑龙江海林小龙头山旧石器遗址发掘简报》，《人类学学报》2021年第1期。

遗址①和距今1.1万年前后宁夏灵武水洞沟第12地点②等为代表。本阶段华北地区细石叶工业新出现船形细石核，东北地区细石叶工业大体为涌别技法楔形细石核传统，中国细石叶技术呈现显著区域化特点。

（二）欧洲与西亚

西方文献中虽然很少见到细石叶术语，但欧亚大陆西侧旧石器时代晚期小石叶工业中的部分小石叶石核和小石叶已经符合我国学者对细石叶的定义尺寸标准。已有学者指出西欧奥瑞纳工业龙骨状端刮器（carinate endscraper）的第一功能是生产小石叶的石核③，同样雕刻器也具有生产小石叶的功能④。这些复杂结构的石核完全可以生产宽度小于10毫米，甚至宽度小于7毫米的细石叶。德国Hohle Fels洞穴遗址AH IV层早期奥瑞纳工业遗存的年代距今4.2万～3.6万年（校正后），石器工业以石叶和小石叶生产为特征。小石叶石核以雕刻器石核和龙骨状端刮器石核为代表，产品中包含小石叶和细石叶，细石叶宽度小于7毫米（图7-12），有的细石叶经过进一步修理或存在使用痕迹⑤。意大利Fumane洞穴遗址A2～A1层位为原奥瑞纳工业，以生产小石叶为主要目标，年代距今4.1万～4万年（校正后），小石叶石核中存在较为典型的楔形、锥形与柱形石核（图7-13）⑥，呈现出与我国早期细石叶工业细石核的相似性。

时代稍晚，高加索地区格鲁吉亚的Dzudzuana洞穴遗址距今2.3万～2万年（未校正）的C层石器工业以从龙骨状窄面石核（carinated narrow cores）上生产石叶和小石叶

---

① 任进成、周静、李锋等：《甘肃石峡口旧石器遗址第1地点发掘报告》，《人类学学报》2017年第1期。

② 仪明洁、高星、王惠民等：《水洞沟第12地点2007年出土石核研究》，《人类学学报》2015年第2期。

③ a. Chiotti L. Lamelles Dufour et grattoirs aurignaciens (carénés et à museau) de la couche 8 de l'abri Pataud, Les Eyzies-de-Tayac, Dordogne. *L'Anthropologie*, 2000, 104 (2): 239-263.

b. Teyssandier N. Revolution or evolution: The emergence of the upper Paleolithic in Europe. World Archaeology, 2008, 40 (4): 493-519.

④ Kuhn S. L. Pioneers of microlithization: The "proto-aurignacian" of Southern Europe. *Archeological papers of the American Anthropological Association*, 2002, 12 (1): 83-93.

⑤ Bataille G., Conard N. J. Blade and bladelet production at Hohle Fels Cave, AH IV in the Swabian Jura and its importance for characterizing the technological variability of the Aurignacian in Central Europe. *PLoS ONE*, 2018, 13 (4): e0194097.

⑥ Falcucci A., Peresani M. Protoaurignacian core reduction procedures: Blade and bladelet technologies at Fumane Cave. *Lithic Technology*, 2018, 43 (2): 125-140.

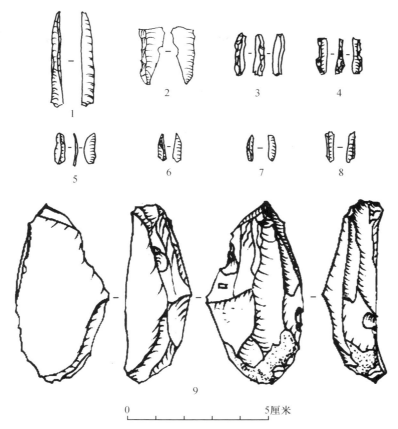

图7-12　德国Hohle Fels洞穴遗址AH IV层奥瑞纳工业细石叶相关石制品
1~8. 细石叶　9. 小（细）石叶石核

［图片引自Bataille G., Conard N. J. Blade and bladelet production at Hohle Fels Cave, AH IV in the Swabian Jura and its importance for characterizing the technological variability of the Aurignacian in Central Europe. *PLoS ONE*, 2018, 13 (4): e0194097 ］

为特点[①]，该遗址龙骨状石核的预制过程中，首先将毛坯（结核）进行两面修理，预制出底缘，然后剥片创造台面，剥片工作面为窄面（图7-14）[②]，与东亚部分楔形细石核的剥片程序和形态有高度的相似性。

① Bar-Yosef O., Belfer-Cohen A., Adler D. S. The implications of the Middle-Upper Paleolithic chronological boundary in the Caucasus to Eurasian Prehistory. *L'Anthropology*, 2006, 44 (1): 49-60.

② Kuhn S. L. Pioneers of microlithization: The "proto-aurignacian" of Southern Europe. *Archeological papers of the American Anthropological Association*, 2002, 12 (1): 83-93.

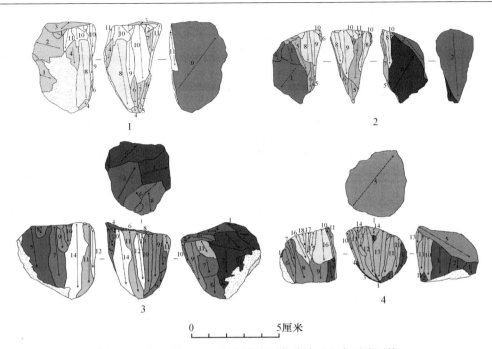

0　　　　　　　5厘米

图7-13　意大利Fumane洞穴遗址原奥瑞纳工业小石叶石核

1、2. 楔形小石叶石核　3. 锥形小石叶石核　4. 扁柱形小石叶石核

［图片引自Falcucci A., Peresani M. Protoaurignacian core reduction procedures: Blade and bladelet technologies at Fumane Cave. *Lithic Technology*, 2018, 43 (2): 125-140］

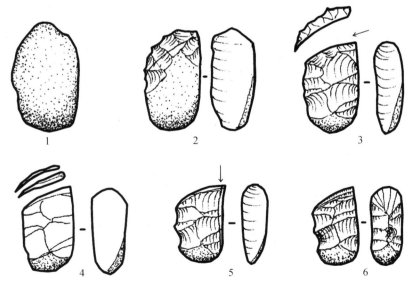

图7-14　格鲁吉亚旧石器时代晚期龙骨状石核预制与剥片程序

（1～6依次表示石核预制与剥片的先后阶段）

［图片引自Kuhn S. L. Pioneers of Microlithization: The "Proto-Aurignacian" of Southern Europe// Elston R. G., Kuhn S. L. *Thinking Small: Global Perspectives on Microlithization*. American Anthropological Association, 2002, 12 (1): 83-93］

（三）南亚

南亚地区，印度南部的Jwalapuram遗址第9地点从下部距今约3.4万年地层到上部全新世地层均连续发现细石叶遗存，该遗址细石叶平均长23.6、宽8.05毫米（图7-15，7～19），细石叶有逐渐变窄的趋势，遗址中虽然存在石叶但比例很低[1]。Jwalapuram遗址第9地点工具组合包括修背工具、雕刻器、边刮器、端刮器等，修背工具多以细石叶为毛坯，修背工具平均尺寸小于细石叶，平均长19.5、宽6.07毫米，修背工具有梯形、三角形和新月形等，大体属于几何细石器范畴[2]。Jwalapuram遗址第9地点细石核为棱柱形细石核（图7-15，1～6），以单向剥片和对向剥片为主，也存在多向剥片[3]。此外，印度Mehtakheri遗址光释光年代距今约4.5万年开始出现细石核、细石叶与修背

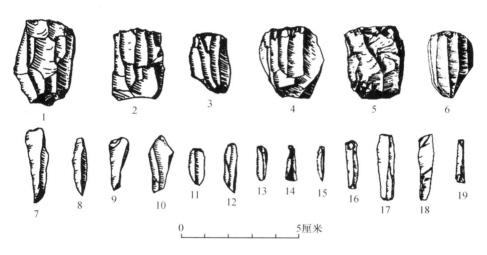

0　　　　　　　　5厘米

图7-15　印度Jwalapuram遗址第9地点细石核与细石叶

（图片引自Clarkson C., Petraglia M., Korisettar R., et al. The oldest and longest enduring microlithic sequence in India: 35000 years of modern human occupation and change at the Jwalapuram Locality 9 rockshelter. *Antiquity*, 2009, 83: 326-348）

---

[1]　Clarkson C., Petraglia M., Korisettar R., et al. The oldest and longest enduring microlithic sequence in India: 35000 years of modern human occupation and change at the Jwalapuram Locality 9 rockshelter. *Antiquity*, 2009, 83 (320): 326-348.

[2]　Clarkson C., Petraglia M., Korisettar R., et al. The oldest and longest enduring microlithic sequence in India: 35000 years of modern human occupation and change at the Jwalapuram Locality 9 rockshelter. *Antiquity*, 2009, 83 (320): 326-348.

[3]　Clarkson C., Petraglia M., Korisettar R., et al. The oldest and longest enduring microlithic sequence in India: 35000 years of modern human occupation and change at the Jwalapuram Locality 9 rockshelter. *Antiquity*, 2009, 83 (320): 326-348.

细石器等（图7-16）①，斯里兰卡Fa Hien遗址距今约3.8万年（校正后）开始出现细石叶生产技术策略②。

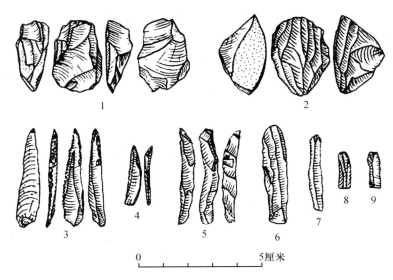

图7-16　印度Mehtakheri遗址石制品
1、2.细石核　3、4.修背细石器　5～9.细石叶
［图片引自Mishra S., Chauhan N., Singhvi A. K. Continuity of microblade technology in the Indian subcontinent since 45 ka: Implications for the dispersal of modern humans. *PLoS ONE*, 2013, 8 (7): e69280］

（四）南西伯利亚与蒙古国

西伯利亚南部阿尔泰地区早期细石叶技术以俄罗斯Ust-Karakol-1遗址和Anui-2遗址为代表，年代分别距今4.7万～3.3万年（校正后）和3.1万～2.8万年（校正后），这两处遗址早期细石叶石核呈锥形或棱柱形（图7-17）③，呈现出与欧亚大陆西部小石叶石核的相似性。蒙古国早期细石叶技术以Tolbor-15遗址第7～5层为代表，年代距今2.9万～2.8万年（未校正），石器工业中总体为小石叶工业，小石叶石核结构包括楔形、棱柱形和锥形等（图7-18，1～3、7），其中出现尺寸更小的细石叶石核（图7-18，4～6）④。

---

① Mishra S., Chauhan N., Singhvi A. K. Continuity of microblade technology in the Indian subcontinent since 45 ka: Implications for the dispersal of modern humans. *PLoS ONE*, 2013, 8 (7): e69280.

② Petraglia M., Clarkson C., Boivin N., et al. Population increase and environmental deterioration correspond with microlithic innovations in South Asia ca. 35, 000 years ago. *PNAS*, 2009, 106 (30): 12261-12266.

③ Coutouly Y. A. G. The emergence of pressure knapping microblade technology in Northeast Asia. *Radiocarbon*, 2018, 60 (3): 821-855.

④ Gladyshev S. A., Olsen J. W., Tabarev A. V., et al. The Upper Paleolithic of Mongolia: Recent finds and new perspectives. *Quaternary International*, 2012, 281: 36-46.

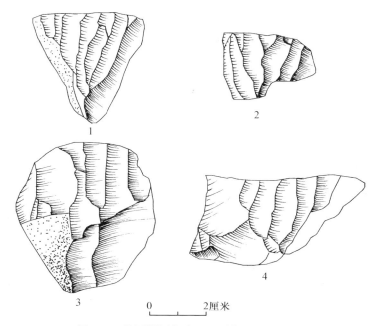

图7-17 俄罗斯阿尔泰地区早期细石叶石核

1、2. Ust-Karakol-1遗址 3、4. Anui-2遗址

［图片引自Coutouly Y. A. G. The emergence of pressure knapping microblade technology in Northeast Asia. *Radiocarbon*, 2018, 60 (3): 821-855］

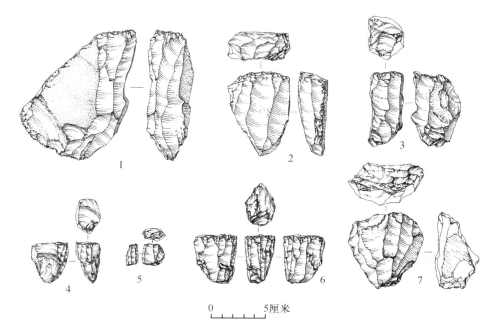

图7-18 蒙古国Tolbor-15遗址第7～5层小石叶石核与细石核

1～3、7. 小石叶石核 4～6. 细石叶石核（1～5出自第7～6层，6、7出自第5层）

（图片引自Gladyshev S. A., Olsen J. W., Tabarev A. V., et al. The Upper Paleolithic of Mongolia: Recent finds and new perspectives. *Quaternary International*, 2012, 281: 36-46）

四、比较与讨论

（一）中西早期细石器技术的比较

　　中西方早期细石器遗存比较研究显示，中国北方旧石器晚期细石叶工业与西方细石器技术之间存在密切的关联性。首先，中国早期细石叶工业中存在西方修背细石器。目前旧大陆晚更新世出土考古材料整体显示，典型修背细石器在距今7万年左右已经出现于南非，在距今四五万年开始出现于东非，随后旧石器时代晚期在西亚、西欧和南亚[①]等地区广泛出现，并相对快速波及至黑海北部[②]和东西伯利亚贝加尔湖地区[③]。我国北方旧石器时代晚期的琢背刀即修背细石器，最早出现于距今3万～2万年，与欧洲格拉维特文化大体相当。与此同时，西方存在与东亚相似的细石核及细石叶产品。东亚的柱形、锥形、楔形和雕刻器等细石核均可以在欧亚大陆西部时代更早的原奥瑞纳工业、奥瑞纳工业和格拉维特工业等的棱柱状小石叶石核中找到相似的几何组织结构。

　　中国早期细石器与西方早期细石器也存在一定的区别。第一，现有考古资料显示西方修背细石器的数量和比例均高于我国。我国早期细石叶工业中虽然存在一定数量的修背细石器，但是更多的细石叶未经修理，表明我国早期细石器的使用方式，特别是镶嵌装柄方式，与西方早期细石器可能存在不同。第二，西方小石叶石核（部分也可称为细石核）和相应小石叶（部分也可以称为细石叶）的整体尺寸略大于我国早期细石核和细石叶（虽然西方也存在宽5～10毫米的细石叶及相应的细石核）。第三，西方小石叶工业中小石叶生产少见压制剥片方式，多为硬锤或软锤剥片，而我国早期细石叶工业中存在较多的压制剥片方式，以近年新发掘的陕西龙王辿遗址和山西柿子滩S29地点等为代表[④]。

　　总体来看，我国北方地区旧石器时代晚期细石叶工业呈现与西方旧石器时代晚期小石叶工业较为一致的技术特征，体现在石核几何结构、毛坯小型化与复合工具的生

① Mellars P. Going east: New genetic and archaeological perspectives on the Modern Human colonization of Eurasia. *Science*, 2006, 313 (5788): 796-800.

② Leonova N. B. The Upper Paleolithic of the Russian Steppe Zone. *Journal of World Prehistory*, 1994, 8 (2): 169-210.

③ Kozyrev A., Shchetnikov A., Klement'ev A., et al. The early Upper Palaeolithic of the Tunka rift valley, Lake Baikal region, Siberia. *Quaternary International*, 2014, 348: 4-13.

④ Coutouly Y. A. G. The emergence of pressure knapping microblade technology in Northeast Asia. *Radiocarbon*, 2018, 60 (3): 821-855.

产使用以及工具组合（端刮器、雕刻器、小型两面器等）等多方面的相似性，并与我国旧石器时代早中期石核-石片工业形成鲜明对比。这些考古现象显示出旧石器时代晚期，我国北方地区与欧亚大陆西部狩猎-采集人群的密切关系。考古资料显示，在旧石器时代晚期，欧亚大陆狩猎采集人群成功开拓高纬度地带新的生活环境[①]，横贯欧亚大陆高纬度地带的欧亚草原带大型食草类动物资源丰富，并且地形平缓没有大山大河阻隔，很适合猎人高速流动追寻动物群，可能是当时东西方交流的重要通道。从年代上来看，我国北方含有细石叶技术与欧洲格拉维特工业以及同时期的西伯利亚诸细石叶工业应具有更为密切的关联。

我国西南地区邻近的南亚地区的印度和斯里兰卡等国家近年来也发现一系列旧石器时代晚期的、尺寸略大的细石叶技术组合和几何形（新月形、梯形和三角形等）细石器，其中的代表性遗址是印度西北部的Patne遗址和印度东南部Jurreru河谷的Jwalapuram第9地点，以及斯里兰卡的Fa Hien和Batadomba-lena遗址等[②]，出现时间大约为距今4.5万年。但是，南亚地区的琢背技术似乎没有进一步东传，与该地区相邻的东南亚及我国西南部并未发现旧石器时代晚期细石器技术。

（二）细石器技术与复合工具

我国学界多认同细石叶为制作复合工具的镶嵌刃缘，如时代稍晚距今约7000年北京平谷上宅遗址曾出土将长51、宽10.5、厚1.7毫米的细石叶（也可称为小石叶）的一侧两面压制修理后镶嵌入骨柄成为处理肉类的骨柄石刃刀的证据[③]。另外，有学者进行的以水洞沟白云岩为原料的细石叶微痕实验研究表明细石叶适于装柄使用，以刮、切、削等利用侧刃缘的运动方式效率为高[④]。东亚旧石器时代晚期细石叶的装柄和使用方式有待未来更明确的证据来证实。

我国史前琢背刀对刃缘的修钝显然不是作为切割刃缘使用，另外尺寸通常较小，发现的琢背刀的平均长度约19、平均宽度约14毫米，并且到了旧、新石器时代过渡阶段的河南新密李家沟遗址发现的琢背刀长21.4、宽6.6毫米，尺寸更小以至于几乎无法

① 赵潮：《旧石器时代欧亚大陆高纬度地区人群的扩散及其对中国旧石器文化格局的影响》，《南方文物》2014年第2期。

② Petraglia M., Clarkson C., Boivin N., et al. Population increase and environmental deterioration correspond with microlithic innovations in South Asia ca. 35, 000 years ago. *PNAS*, 2009, 106 (30): 12261-12266.

③ 崔天兴、杨琴、郁金城等：《北京平谷上宅遗址骨柄石刃刀的微痕分析：来自环境扫描电镜观察的证据》，《中国科学：地球科学》2010年第6期。

④ 余官玥、仪明洁、张晓凌等：《水洞沟地区白云岩细石叶的微痕实验研究》，《人类学学报》2020年第2期。

手持使用，因此琢背刀也应当镶嵌至骨柄或者木柄上作为复合工具使用。目前我国国内进行琢背刀的实验和微痕研究尚未广泛开展，但国外修背细石器相关发现和研究可以为我们提供借鉴。就出土复合工具而言，俄罗斯乌拉尔山区Talitsky旧石器晚期遗址发现了双刃骨柄尖状器，其侧边有镶嵌修背石器的证据（图7-19，1）；法国潘斯旺遗址也发现了骨柄尖状器，其侧边有镶嵌修背石器的证据；此外俄罗斯中石器时代早段的Oleny Ostrov遗址（图7-19，2）、波兰中石器时代早段的Tlokowo village遗址（图7-19，3）、俄罗斯的Nyzhnee Veretje I遗址（图7-19，4）等也有类似的发现。在骨柄尖状器的侧边镶嵌石器，不仅可以产生长而锋利的边缘，而且可以增加尖部的宽度，这些可以使尖状器对猎物造成更深的伤口和更多的血液流失，进而加大狩猎成功的概率。修背处理不但可以使石器的形态和尺寸更为规范，而且其修理出的陡背为一个粗糙的小面，更有利于使用黏合剂将其固定于骨柄之上[1]。

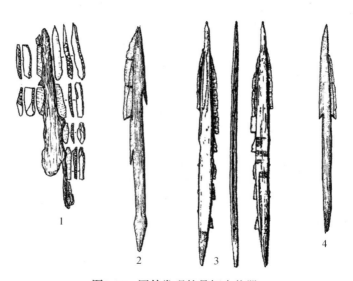

图7-19　国外发现的骨柄尖状器

1. 俄罗斯Talitsky遗址　　2. 俄罗斯Oleny Ostrov遗址　　3. 波兰Tlokowo village遗址　　4. 俄罗斯Nyzhnee Veretje I 遗址

［图片引自Yaroshevich A., Nadel D., Tsatskin A. Composite projectiles and hafting technologies at Ohal II (23 ka, Israel): Analyses of impact fractures, morphometric characteristics and adhesive remains on microlithic tools. *Journal of Archaeological Science*, 2013, 40 (11): 4009-4023］

南非Howiesons Poort工业的修背工具的实验和微痕研究显示其是装柄后作为复合投射工具使用[2]，同时一些修背工具上的撞击断裂方式显示其可能作为矛头的尖部使

① Lombard M., Philipson L. Indications of bow and stone-tipped arrow use 64, 000 years ago in KwaZulu-Natal, South Africa. *Antiquity*, 2010, 84 (325): 635-648.

② Lombard M., Pargeter J. Hunting with Howiesons Poort segments: Pilot experimental study and the functional interpretation of archaeological tools. *Journal of Archaeological Science*, 2008, 35 (9): 26-41.

用[1]。南非中期石器时代Sibudu遗址的小型石英修背工具可能与早期弓箭技术有关[2]。西亚距今2.3万年（未校正）的Ohalo Ⅱ遗址出土的修背石器上发现了呈黑色和白色的黏合剂，修背工具已经由多种方式被证明是复合工具的配件。细石器作为投射武器的侧边配件有两种主要的形式，一种是平行式（parallel），另一种是倾斜式（obliquely）或称倒钩式。通过对投射尖状器的损坏方式、黏合剂的分布位置以及细石器形态尺寸的分析，我们可以推测修背工具的装配方式[3]。另外有学者指出不同的修背工具应当有多种用途[4]，其中包括切割功能[5]。澳大利亚全新世时期修背工具微痕分析显示修背工具的加工对象包括多种动物和植物资源，而使用方式则包括刮削、切割和戳刺等，并不局限于投射尖状器[6]。

　　综上所述，无论是细石叶技术，还是修背细石器技术，旧大陆东西方细石器作为一种复合工具技术策略更利于工具刃缘的高效更新和维护，增强了工具的可靠性。旧大陆不同地区细石器的出现是石器技术复杂化和精细化的体现，同时是当时人群适应压力增大的体现。世界不同地区细石器的出现均显示出与现代人及现代人行为的密切关联[7]。我国早期细石叶技术很可能是欧亚大陆西部小石叶技术通过欧亚草原带渗透至我国北方地区的产物，位于欧亚草原带中部的阿尔泰山地区至贝加尔湖地区应当在旧石器时代晚期东西方交流过程中扮演了中转站的角色。

（三）华北细石核的类型问题

　　目前研究成果中细石核普遍存在楔形、船形、柱形、锥形和半锥形等类型术语。

[1]　Villa P., Soriano S., Teyssandier N., et al. The Howiesons Poort and MSA Ⅲ at Klasies River main site, Cave 1A. *Journal of Archaeological Science*, 2010, 37 (3): 630-655.

[2]　Lombard M., Philipson L. Indications of bow and stone-tipped arrow use 64, 000 years ago in KwaZulu-Natal South Afria. *Antiquity*, 2010, 84 (325): 635-648.

[3]　Yaroshevich A., Nadel D., Tsatskin A. Composite projectiles and hafting technologies at Ohal Ⅱ (23 ka, Israel): Analyses of impact fractures, morphometric characteristics and adhesive remains on microlithic tools. *Journal of Archaeological Science*, 2013, 40 (11): 4009-4023.

[4]　Igreja M., Porraz G. Functional insights into the innovative Early Howiesons Poort technology at Diepkloof Rock Shelter (Western Cape, South Africa). *Journal of Archaeological Science*, 2013, 40 (9): 3475-3491.

[5]　Wadley L., Mohapi M. A segment is not a monolith: Evidence from the Howiesons Poort of Sibudu, South Africa. *Journal of Archaeological Science*, 2008, 35 (9): 2594-2605.

[6]　Robertson G., Attenbrow V., Hiscock P. The Multiple uses for Australian backed artefacts. *Antiquity*, 2009, 83 (320): 296-308.

[7]　Mellars P. Going east: New genetic and archaeological perspectives on the Modern Human colonization of Eurasia. *Science*, 2006, 313 (5788): 796-800.

其中柱形细石核的几何结构特点是石核呈圆柱体，圆柱体的一端存在一个生产细石叶的主台面，通常成功剥取细石叶后留下的细石叶片疤会延伸至圆柱体的另一端，系与主台面相对的另一个相对面积较小的平面，该小平面也可能存在作为台面生产细石叶的证据，但开发利用强度不如主台面。开发利用强度高的柱形细石核沿台面一周均可以剥取细石叶。柱形细石核的体态修长，相应可以生产较长的细石叶。

锥形细石核的几何结构特点是石核呈圆锥体，圆锥体的一端存在一个生产细石叶的台面，这也通常是该类细石核唯一的台面，成功剥取细石叶后留下的细石叶片疤会延伸至圆锥体的另一端，系与台面相对的一点或一个很短小的面，形似铅笔头。开发利用强度高的锥形细石核沿台面一周均可以剥取细石叶。锥形细石核的体态修长，相应可以生产较长的细石叶。半锥形细石核几何结构特点是石核呈半锥体，台面往往呈"D"形，台面边缘呈半环状部分是可以有效利用剥取细石叶的部分，台面另外较直的边缘通常利用程度很低或不加利用。

与前两者情况不同的是，楔形细石核和船形细石核的划分标准和实际操作则更为复杂，长期以来学者们已提出相当多的观点。陈淳先生指出"船形石核台面宽且不修理，核身从台面向下修制，与楔形石核由楔状缘向工作面方向修制相反"[①]。谢飞先生等指出"船形石核核体矮小，台面宽平，工作面宽阔，细石叶疤细小，有的标本几乎周身均可以剥片"[②]。王建和王益人先生指出"船形石核底部为钝棱或小平面，宽型楔状石核的台面较窄，在剥片过程中不断进行修理，尤其是楔状缘由底部向台面方向打制修理"[③]。杜水生先生将楔形细石核划分为"下川类型"和"虎头梁类型"，前者预制时先定台面后修底缘，而后者预制时先修底缘后修台面并使用两面器技术[④]。梅惠杰先生将楔形石核划分为多种类型，毛坯并非一定两面预制，此外在马鞍山遗址、二道梁遗址等存在一种介于船形石核和楔形石核之间的"船-楔形石核"，这类石核核身低矮、片疤细碎，但存在楔状缘[⑤]。朱之勇等先生指出楔形细石核的基本特征包括"核体扁薄，台面狭长，剥片面多位于核身一端，楔状缘（连接台面前后两端的一条刃缘）"[⑥]。王幼平先生指出典型的楔形细石核以"两面加工技术制坯和窄台面为特征"，此外华北存在一类"宽楔形细石核"，与柱形、锥形与船形细石核等具有共同

① 陈淳：《中国细石核类型和工艺初探——兼谈与东北亚、西北美的文化联系》，《人类学学报》1983年第4期。

② 谢飞、成胜泉：《河北阳原油房细石器发掘报告》，《人类学学报》1989年第1期。

③ 王建、王益人：《下川细石核形制研究》，《人类学学报》1991年第1期。

④ 杜水生：《楔型石核的类型划分与细石器起源》，《人类学学报》2004年增刊。

⑤ 梅惠杰：《泥河湾盆地旧、新石器时代的过渡——阳原于家沟遗址的发现与研究》，北京大学博士学位论文，2007年。

⑥ 朱之勇、高星：《虎头梁遗址楔型细石核研究》，《人类学学报》2006年第2期。

的"宽台面"技术特点①。李占扬等先生指出"船形细石核类似楔形，但缺少预制两面调整的矛头或者箭头状毛坯，是和楔形石核的主要区别"②。靳英帅等先生认为楔形细石核利用片状毛坯的长或宽，船形细石核则利用毛坯的厚③。笔者和曲彤丽也曾撰文指出"楔形细石核相比于包括船形细石核在内的其他类型细石核的最重要区别在于剥片工作面与台面的特殊的位置关系，即剥片工作面仅位于与台面一端或两端相邻的'窄面'，并且这种剥片模式的连贯性是通过底缘（楔状缘）的消减来控制和实现的"④。

　　而在具体研究中，不同的界定方案在实际分类操作过程中都会对一部分石核的分类归属造成分歧或模糊不清的局面。例如，如果采用了狭义的"两面加工技术制坯"作为限定楔形细石核的指标，那么油房遗址、下川遗址、水洞沟遗址第12地点、石峡口遗址等一大批曾报道楔形细石核的遗址都将不存在楔形细石核。倘若采用广义的"核体扁薄，台面狭长，剥片面多位于核身一端"作为界定楔形细石核的指标，那么据笔者观察包括柿子滩遗址S5地点和李家沟遗址等不少遗址的部分船形细石核可以归入楔形细石核的范畴。另外，以往鉴定标准中的"窄台面"或是"窄剥片工作面"也都是相对的概念，在实际操作过程中往往难以执行。"船形细石核底缘"和"楔形细石核修理程度不高的楔状缘"也存在模棱两可的情况。基于此，已有学者采用了将楔形和船形细石核合并处理的表述方案。如安志敏先生曾将这两类合称为"扁体"石核⑤，再如梅惠杰先生所讲的"船-楔形石核"，加藤真二和李占扬先生也已指出"船形细石核是简化的楔形细石核"⑥及"楔形-船底形石核"⑦的说法。

　　总结梳理学界诸位先生的论述，一方面学者们大多都认同所谓"扁体石核"有别于柱形、锥形细石核，是有单独划分的必要的；另一方面"船-楔形细石核"的内涵较为丰富，是存在进一步分类的空间的，但是似乎学者们还没有找到彼此认同、放之四海而皆准的界定楔形与船形细石核的方案。本书认为，学界之所以长期认同"扁体石

① 王幼平：《泥河湾盆地细石器技术、年代及相关问题》，《古代文明（第8卷）》，北京：文物出版社，2010年。

② 李占扬、李雅楠、加藤真二：《灵井许昌人遗址第5层细石核工艺》，《人类学学报》2014年第3期。

③ 靳英帅、张晓凌、仪明洁：《楔形石核概念内涵与细石核分类初探》，《人类学学报》2021年第2期。

④ 陈宥成、曲彤丽：《旧大陆东西方比较视野下的细石器起源再讨论》，《华夏考古》2018年第5期。

⑤ 安志敏：《海拉尔的中石器遗存——兼论细石器的起源和传统》，《考古学报》1978年第3期。

⑥ 〔日〕加藤真二：《试论华北细石器工业的出现》，《华夏考古》2015年第2期。

⑦ 河南省文物考古研究院、日本奈良文化财研究所：《灵井许昌人遗址第5层细石器2008～2013年发掘报告》，《华夏考古》2018年第2期。

核"的独特性，是因为以楔形石核为代表的此类石核在华北旧石器时代石器技术的演化历程，是一种新型的石核结构，选用"窄面"作为剥片工作面，并且刻意排斥其他宽面作为剥片工作面以维护底缘的形态，故也可称为"窄面石核"。相比于之前的多面体石核、两面体石核、盘状石核等"宽面石核"，窄面石核的出现事实上是丰富了史前人类剥片技术体系的内涵，特别是对于石叶和细石叶产品的高效生产具有重要意义。因此，选用了"窄面"作为楔形细石核的鉴定标准，从现实意义上讲则更有利于认识和表述东亚乃至全球旧石器时代晚期人类石器技术的发展趋势。而此前学者提出的楔状缘的修理方式、两面加工技术制坯的有无等均可以纳入楔形细石核的内部类型探讨。

　　至于船形细石核，学界之所以对其认识存在分歧，是因为其内涵也是十分丰富的：底部可以是小平面或钝棱，也可以拥有自下而上预制的底缘；剥片工作面有时仅分布于台面一端固定的小窄面上并通过底缘控制剥取细石叶，但也可以周身剥片。上述无底缘或周身剥片的船形细石核自然当与楔形细石核明显分异，但是拥有底缘且剥片工作面系台面一端窄面者（即所谓"船-楔形细石核"）呈现出与楔形细石核相似的几何组织结构，暗示出与楔形细石核的亲缘关系。本书认为，结合华北旧石器晚期细石核的现有材料，华北最早出现的"扁体细石核"的核身较高，剥片工作面长度通常大于2厘米，且剥片工作面长度是宽度的2倍，这正是前文所强调的"窄面细石核"或"楔形细石核"。而随后"楔形细石核"在演化过程中出现了"低矮化"现象，出现了前文所提的"船-楔形细石核"或称"低矮的楔形细石核"（高度通常略大于1厘米小于2厘米，剥片工作面长度与宽度大致相当）。而与楔形细石核明显分异的无底缘或周身剥片的船形细石核则是在"船-楔形细石核"或"低矮的楔形细石核"的基础上演化而出的。

（四）华北细石核的分期问题

　　长期以来，华北细石器遗存由于材料所限、绝对年代缺乏以及分类表述分歧，学界鲜有对于华北细石器的系统分期研究。近年来，由于以山西柿子滩遗址群、陕西龙王辿遗址、河南西施遗址等新材料的不断涌现，2018年王幼平先生探讨"华北细石器技术的出现与发展"问题，从"宽台面细石器技术"和"窄台面细石器技术"的分类体系入手指出华北细石器的形成期与发展期[①]，开华北细石器分期研究之先河。本书在前人研究基础上，根据前文论述的细石核技术类型、组合关系、地层关系和测年数据共四个方面，初步将华北地区旧石器时代细石核组合初步分为三段。

　　目前来看，华北南部（河北、河南、山东、山西、陕西、甘肃、宁夏等N38°以南的广大地区）已经报道的细石器的材料更为丰富且文化面貌相对统一，本书拟以其为标尺论之。一段以山西柿子滩S29地点第7文化层、陕西龙王辿遗址第6～5层和河南西

---

① 王幼平：《华北细石器技术的出现与发展》，《人类学学报》2018年第4期。

施遗址为代表，年代为距今2.9万～2.4万年（¹⁴C年代校正后）。山西吉县柿子滩遗址S29地点第7文化层出土细石核23件，类型以"半锥状、半柱状和柱状石核"为主，与细石叶、端刮器、琢背刀和雕刻器等共存（图7-9）[①]，该层位¹⁴C年代校正后为距今2.6万～2.4万年[②]。陕西宜川龙王辿遗址出土细石核主要有"锥状、半锥状和柱状等"几种，"楔形石核"极少[③]。最近新的研究成果表明，龙王辿遗址第一地点细石器文化遗存分布于第6层上部和第5、4层（图7-20，4～6），¹⁴C和释光测年结果显示第6层和第5层的绝对年代为距今2.9万～2.5万年[④]。2010年河南登封西施遗址发现石叶组合与细石叶组合共存，细石核呈"柱状或锥状"（图7-20，2）[⑤]，¹⁴C数据集中在距今2.2万年前后，校正后为距今2.6万～2.5万年[⑥]。

依据本书分类方案，一段细石核组合以（半）锥形、（半）柱形和楔形细石核为主，各种类型细石核均形态古朴，体态高长（图7-20），在技术和形态上均显示出与石叶石核的密切关联。楔形细石核是典型的"窄面细石核"。值得关注的是，本阶段下川遗址2015年发掘第2层（距今2.7万～2.5万年）细石核在上述组合的基础上出现低矮的船形细石核，显示出从一段向二段过渡的特点。

二段以山西柿子滩S29地点第6～2文化层、柿子滩S14地点第4～2文化层和柿子滩S5地点第4～2文化层等单位为代表，年代为距今2.4万～1.8万年（¹⁴C年代校正后）。柿子滩遗址S29地点第6文化层出土细石核54件，分为"船形石核和半锥状石核"两类；第1～5文化层出土细石核数百件，均为"船形石核"；第6～2文化层的¹⁴C年代校正后介于距今2.4万～1.8万年[⑦]。柿子滩遗址S14地点发掘出土细石核27件，其中第4～2

① 山西大学历史文化学院、山西省考古研究所：《山西吉县柿子滩遗址S29地点发掘简报》，《考古》2017年第2期。

② Song Y. H., Cohen D. J., Shi J. M., et. al. Environmental reconstruction and dating of Shizitan 29, Shanxi Province: An early microblade site in north China. *Journal of Archaeological Science*, 2017, 79 (3): 19-35.

③ 中国社会科学院考古研究所、陕西省考古研究所：《陕西宜川县龙王辿旧石器时代遗址》，《考古》2007年第7期。

④ 王小庆、张家富：《龙王辿遗址第一地点细石器加工技术与年代——兼论华北地区细石器的起源》，《南方文物》2016年第4期。

⑤ 高霄旭：《西施旧石器遗址石制品研究》，北京大学硕士学位论文，2011年，第45—54页。

⑥ Zhao C., Wang Y. P., Gu W. F., et al. The emergence of early microblade technology in the hinterland of North China: A case study based on the Xishi and Dongshi site in Henan Province. *Archaeological and Anthropological Sciences*, 2021, 13 (6): 98.

⑦ Song, Y. H., Cohen, D. J., Shi, J. M. et. al., Environmental reconstruction and dating of Shizitan 29, Shanxi Province: An early microblade site in north China. *Journal of Archaeological Science*, 2017, 79 (3): 19-35.

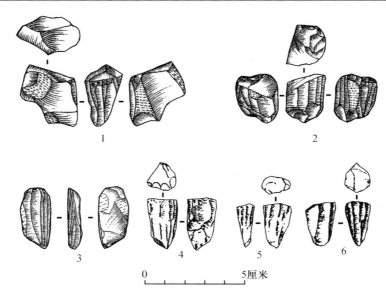

图7-20　华北南部旧石器时代晚期一段细石核

1. 西施遗址楔形细石核（10DX：1325）　2. 西施遗址柱形细石核（10DX：1600）　3. 柿子滩S29地点第7层半锥
形细石核（S29：12523）　4～6. 龙王辿遗址锥形细石核（06Ⅰ⑤：373、06Ⅰ⑤：352、08Ⅰ⑤：5118）
（图片引自陈宥成、曲彤丽：《试论华北旧石器时代晚期细石核的类型、组合与分期问题》，《考古》2022年第1期）

文化层共发现细石核27件，全部为"船形石核"（图7-21，1～3），¹⁴C年代校正后为
距今2.3万～1.79万年①。柿子滩遗址S5地点出土细石核10件，其中第1文化层出土1件
"漏斗状石核"，¹⁴C年代校正后为距今1万年左右；第2～4文化层中出土的细石核均为
"船形石核"（图7-21，4～6），¹⁴C年代校正后为距今2万年左右②。

　　依据本书分类方案，柿子滩S29：78-101-3、柿子滩S5：185（图7-21，4）和
S5：136（图7-21，6）等细石核正是前文所谓"船-楔形细石核"，应是由楔形细石核
"低矮化"演化而来。本期的重要特征是形态低矮的"船-楔形细石核"和"船形细石
核"的兴起并占据主体地位，后者应是在前者基础上衍生出的更具灵活性和多样性的
变体，几何组织结构更为灵活，不仅剥片不局限于窄面（可以在石核周缘的多个宽面
剥片），并且由于放弃对窄面的追求，底缘的维护也逐渐没有必要（图7-21，5）。本
阶段柿子滩S29地点第6层出土细石核54件，除14件半锥状细石核外，船形细石核有
40件，也具有过渡阶段特点。而在柿子滩S29地点第5～2层、S14地点第4～2层和S5地
点第4～2层船形细石核均占据主体地位。

　　三段以甘肃石峡口遗址、河南灵井遗址第5层、山西柿子滩S9地点和河南新密

---

① 柿子滩考古队：《山西吉县柿子滩旧石器时代遗址S14地点2002～2005年发掘简报》，《考古》
2013年第2期。

② 柿子滩考古队：《山西吉县柿子滩旧石器时代遗址第五地点发掘简报》，《考古》2016年第4期。

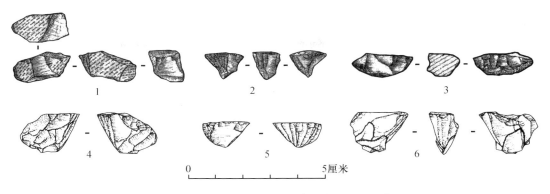

图7-21 华北南部旧石器时代晚期二段细石核

1~3. 柿子滩S14地点船形细石核（S14：37、S14：55、S14：1881） 4、6. 柿子滩S5地点船-楔形细石核
（S5：185、S5：136） 5. 柿子滩S5地点船形细石核（S5：181）
（图片引自陈宥成、曲彤丽：《试论华北旧石器时代晚期细石核的类型、组合与分期问题》，《考古》2022年第1期）

李家沟遗址南区第6层等为代表，年代为距今1.8万~1万年（^{14}C年代校正后）。柿子滩遗址S9地点出土细石核8件，包括柱形石核（图7-22，11）、锥形石核（图7-22，3）、楔形石核（图7-22，1、2）和块体石核，S9地点的^{14}C年代校正后为距今约1万年[1]。柿子滩遗址S12G地点出土细石核8件，均为"楔形石核"（图7-22，4、5），时代与S9地点大体相当[2]。河南许昌灵井遗址第5层出土细石核82件，细石核分为"楔形（图7-22，7）、船形（图7-22，6）、角锥形、扁平形、半圆柱/圆柱形、半圆锥形/圆锥形"，^{14}C年龄为距今1.3万年[3]。宁夏灵武水洞沟第12地点出土细石核95件，包括"楔形、柱形、锥形、船形"等多种类型细石核[4]，光释光年代为距今1.1万年前后[5]。河南新密李家沟遗址南区第6层出土了典型的细石器文化遗存，细石核以"船形细石核（图7-22，8、9）和柱形细石核（图7-22，10）"为主[6]，该层位木炭样品的^{14}C年代校正后为距今10500~10300年[7]。

① 柿子滩考古队：《山西吉县柿子滩遗址第九地点发掘简报》，《考古》2010年第10期。
② 柿子滩考古队：《山西吉县柿子滩遗址S12G地点发掘简报》，《考古与文物》2013年第3期。
③ 李占扬、李雅楠、加藤真二：《灵井许昌人遗址第5层细石核工艺》，《人类学学报》2014年第3期。
④ 仪明洁、高星、王惠民等：《水洞沟第12地点2007年出土石核研究》，《人类学学报》2015年第2期。
⑤ 刘德成、陈福友、张晓凌等：《水洞沟12号地点的古环境研究》，《人类学学报》2008年第4期。
⑥ 北京大学中国考古学研究中心、郑州市文物考古研究院：《河南新密李家沟遗址南区2009年发掘报告》，《古代文明（第9卷）》，北京：文物出版社，2013年。
⑦ 北京大学考古文博学院、郑州市文物考古研究院：《河南新密市李家沟遗址发掘简报》，《考古》2011年第4期。

　　依据本书分类方案，三段细石核呈现出显著的多样化特点，楔形、船-楔形、船形、柱形、锥形等细石核均占据一定比例（图7-22），石核组合中类型多样化并且构成比例各不相同，不见二段船形细石核"一统天下"的局面，不同类型细石核"百花齐放"。华北南部属于本段的遗存还有山西蒲县薛关遗址的楔形、船-楔形、船形、锥形等细石核组合①，河南舞阳大岗遗址的船-楔形（图7-22，12）、锥形细石核组合②，山东郯城黑龙潭遗址③和山东临沂县凤凰岭④遗址的相似的船形、船-楔形、锥形和柱形细石核组合。

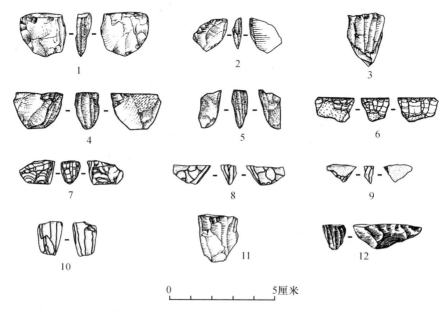

0 ————— 5厘米

图7-22　华北南部旧石器时代晚期三段细石核

1、2. 柿子滩S9地点楔形细石核（S9：1333、S9：2177）　3. 柿子滩S9地点锥形细石核（S9：264）　4、5. 柿子滩S12G地点楔形细石核（175、150）　6. 灵井遗址船形细石核（8L0388）　7. 灵井遗址船-楔形细石核（8L0212）

8、9. 李家沟遗址船-楔形细石核（09XLS·559、09XLS·561）　10. 李家沟遗址柱形细石核（09XLS·491）

11. 柿子滩S9地点柱形细石核（S9：629）　12. 大岗遗址船-楔形细石核（T5：4）

（图片引自陈宥成、曲彤丽：《试论华北旧石器时代晚期细石核的类型、组合与分期问题》，《考古》2022年第1期）

　　华北南部地区旧石器时代晚期细石核的类型、组合与分期研究对于理解华北乃至整个中国北方细石叶工业体系的演化具有重要意义。目前来看，华北南部细石核的分

①　王向前、丁建平、陶富海：《山西蒲县薛关细石器》，《人类学学报》1983年第2期。

②　张居中、李占扬：《河南舞阳大岗细石器地点发掘报告》，《人类学学报》1996年第2期。

③　临沂地区文物管理委员会、郯城县图书馆：《山东郯城黑龙潭细石器遗址》，《考古》1986年第8期。

④　临沂地区文物管理委员会：《山东临沂县凤凰岭发现细石器》，《考古》1983年第5期。

期方案也基本适用于华北北部。华北北部油房遗址①和西沙河遗址体态高长的楔形、锥形和柱形细石核组合当系一段典型遗存，¹⁴C年代校正后约为距今2.7万年或更早，与华北南部一段年代相当；华北北部二道梁遗址体态低矮的船形细石核组合当为二段，¹⁴C年代数据为距今1.8万年左右（未校正）②，校正后在2万年左右在华北南部二段年代范围之内；华北北部孟家泉③、淳泗涧④以及东灰山⑤等遗址虽无绝对测年数据，但是船形细石核组合应该对应于华北南部二段或稍晚；水洞沟第12地点更为多样化的楔形、柱形、锥形、船形等细石核组合⑥是三段特征，与绝对年代相符。此外，华北北部晚期虎头梁⑦和籍箕滩⑧遗址的楔形细石核存在采用两面器技术预制石核独具区域特色，并进一步显示出与东北亚细石器工业的关联⑨，显示此时华北北部人群关系的复杂性。

最后需要指出的是，（半）柱形、（半）锥形、楔形与船形细石核之间的区分并不是绝对的，从操作链角度讲它们彼此都可能存在一定的亲缘关系，如有学者提到的楔形细石核在操作链后期可转化为锥形细石核⑩或半锥形细石核⑪。同一件细石核从预制到剥片再维护再剥片的过程中，设计理念可能存在动态变化的过程。

①　谢飞、成胜泉：《河北阳原油房细石器发掘报告》，《人类学学报》1989年第1期。

②　李罡、任雪岩、李珺：《泥河湾盆地二道梁旧石器时代晚期遗址发掘简报》，《人类学学报》2016年第4期。

③　河北省文物研究所、唐山市文物管理所、玉田县文保所：《河北玉田县孟家泉旧石器遗址发掘简报》，《文物春秋》1991年第1期。

④　a. 河北省文物研究所、秦皇岛市文物管理处、昌黎县文物保管所：《河北昌黎淳泗涧细石器地点》，《文物春秋》1992年增刊。

　　b. 王恩霖：《河北昌黎淳泗涧细石器遗址的新材料》，《人类学学报》1997年第1期。

⑤　河北省文物研究所：《燕山南麓发现细石器遗址》，《考古》1989年第11期。

⑥　刘德成、陈福友、张晓凌等：《水洞沟12号地点的古环境研究》，《人类学学报》2008年第4期。

⑦　盖培、卫奇：《虎头梁旧石器时代晚期遗址的发现》，《古脊椎动物与古人类》1977年第4期。

⑧　河北省文物研究所：《籍箕滩旧石器时代晚期细石器遗址》，《文物春秋》1993年第2期。

⑨　王幼平：《华北旧石器晚期环境变化与人类迁徙扩散》，《人类学学报》2018年第3期。

⑩　陈淳、张萌：《细石叶工业研究的回顾与再思考》，《人类学学报》2018年第4期。

⑪　靳英帅、张晓凌、仪明洁：《楔形石核概念内涵与细石核分类初探》，《人类学学报》2021年第2期。

第八章　小型两面器技术

两面器手斧是人类史前时代发明的一项重要石器工具，不但拥有对称且具有美感的几何结构，而且凭借锋利的刃缘和尖部而具备多种功能，两面器自从距今170万年左右在东非出现之后，在旧大陆不同地区广为传播并延绵不绝①。在此过程中，随着人类及其文化和行为的演化，两面器技术也不断发展，总体呈现出小型化的变化趋势。到了旧石器时代中期和晚期，之前经久不衰的大型切割工具两面器手斧逐渐退出历史舞台，取而代之的是体态更为轻盈的小型两面尖状器。

在我国旧石器时代晚期偏晚阶段，石器组合中新出现了一类特殊的器形，这类石器无论是复杂程度还是精美程度都是本地区更早的石器工业所未曾达到的，拥有对称的美感和修长的身躯，形态小巧却修理繁缛，这类器物在以往的文献中通常被称为"尖状器"、"石镞"、"箭头"或"矛头"。同时由于这类器物通常系两面加工而成（部分也可以为单面加工，但也呈现出较好的对称性和两面体结构），近年来不少学者直接称其为"两面器"。这类引人关注的精致打制石器到了新石器时代在我国依然繁盛，大量作为石镞使用，并且形制更为精美和多样化。但是，学界以往似乎对这类器物的起源关注不够。本章将在全球视野下探讨早期小型两面器技术的演化。

一、中国早期小型两面器

（一）华北地区

从目前中国旧石器时代考古资料来看，小型两面器在秦岭—淮河以南区域尚无报道，几乎全部位于秦岭—淮河以北的广大区域，而其中层位清晰、年代明确的遗址主要集中于我国华北的河北、山西、陕西、河南、山东等省份。与此同时，早期小两面器绝大多数存在于华北旧石器时代晚期的细石叶工业之中，无论是以华北北部虎头梁遗址、籍箕滩遗址等为代表的涌别技法细石叶技术传统，还是以华北南部柿子滩遗址群为代表的非涌别技法细石叶技术传统之中都有发现，其中发现数量较多的是山西沁水下川遗址、山西吉县柿子滩遗址群和河北阳原泥河湾盆地的虎头梁遗址群等。

20世纪70年代山西沁水下川遗址发现两面加工的尖状器7件和石镞13件，原料除

---

① 陈宥成、曲彤丽：《"两面器技术"源流小考》，《华夏考古》2015年第1期。

了少数为脉石英外其他多为燧石，其中大部分系两面修理，两面加工的尖状器尺寸略为5～10厘米，石镞尺寸基本小于5厘米，研究者根据石镞底部的不同，将石镞分为圆底石镞和尖底石镞两类[1]。1976～1979年下川遗址富益河圪梁、小白桦圪梁、棠梨树圪梁和牛路圪梁四个地点出土矛头3件和石镞29件（图8-1）[2]。2015年下川遗址小白桦圪梁新发掘出土距今2.7万～2.5万年（校正后）细石叶工业，但未出土明确的小型两面器[3]。20世纪70年代下川遗址发现了相当数量的小型两面器，但这些小型两面器有相当部分采集于地表，它们的层位与年代有待进一步探究。

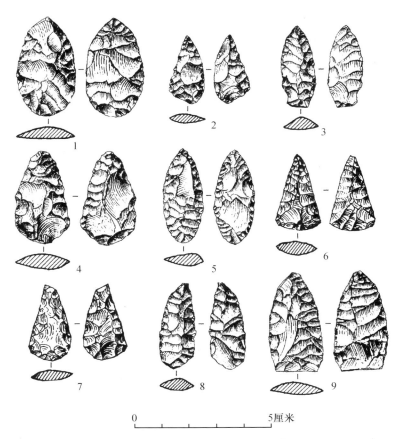

图8-1　山西下川遗址小型两面器

（图片引自中国社会科学院考古研究所、山西省考古研究所：《下川：旧石器时代晚期文化遗址发掘报告》，北京：科学出版社，2016年，第187～191页）

---

① 王建、王向前、陈哲英：《下川文化——山西下川遗址调查报告》，《考古学报》1978年第3期。

② 中国社会科学院考古研究所、山西省考古研究所：《下川：旧石器时代晚期文化遗址发掘报告》，北京：科学出版社，2016年，第187—191页。

③ 北京师范大学历史学院、山西省考古研究所：《山西沁水下川遗址小白桦圪梁地点2015年发掘报告》，《考古学报》2019年第3期。

　　20世纪70年代河北阳原泥河湾盆地的虎头梁遗址群发现尖状器42件，这批尖状器加工精致，有大有小，其中有相当一部分属于两面器，研究者根据底端的形态和加工方法，将其分为底端圆钝、底端尖和底端凹入等不同的类型[①]。20世纪80年代后期，泥河湾盆地内与虎头梁遗址并称为"姊妹文化"的籍箕滩遗址也出土8件"石矛头"，多两面加工，底端多经有目的地加工去薄，研究者根据其形状将其分为锐尖和圆尖两类，长5～10厘米（图8-2，1～3）[②]。20世纪70年代末山西蒲县薛关遗址发现7件两端尖状器，原料以石英岩为主，另有燧石，多呈梭形，主要为单面加工，器形规整，修疤浅平，长5～8厘米（图8-2，4），年代距今约1.3万年（未校正）[③]。

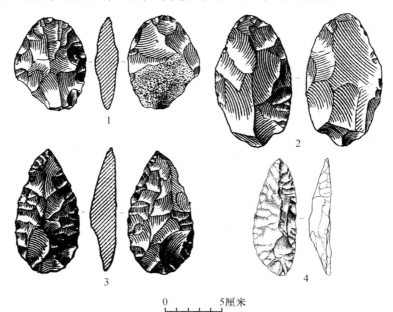

0　　　　　5厘米

图8-2　河北籍箕滩遗址与山西薛关遗址小型两面器
1～3. 河北籍箕滩遗址　4. 山西薛关遗址

（图片引自谢飞、李珺：《籍箕滩旧石器时代晚期细石器遗址》，《文物春秋》1993年第2期；王向前、丁建平、陶富海：《山西蒲县薛关细石器》，《人类学学报》1983年第2期）

　　20世纪80年代初山东临沂凤凰岭遗址发现4件两面修理的"镞状尖状器"[④]。20世纪80年代中叶山西榆社赵王村遗址出土3件石镞，原料为燧石，系两面压制修理，两面通体布满修疤，年代距今约1.2万年（未校正）[⑤]。20世纪80年代山西吉县柿子滩遗

---

①　盖培、卫奇：《虎头梁旧石器时代晚期遗址的发现》，《古脊椎动物与古人类》1977年第4期。

②　河北省文物研究所：《籍箕滩旧石器时代晚期细石器遗址》，《文物春秋》1993年第2期。

③　王向前、丁建平、陶富海：《山西蒲县薛关细石器》，《人类学学报》1983年第2期。

④　临沂地区文物管理委员会：《山东临沂县凤凰岭发现细石器》，《考古》1983年第5期。

⑤　刘景芝、王太明、贾文亮等：《山西榆社细石器遗存》，《人类学学报》1995年第3期。

址发现尖状器49件，主要以石英岩、燧石为原料，包括双尖尖状器8件、歪尖尖状器10件、正尖尖状器28件等，部分双尖尖状器和歪尖尖状器通体加工精细，压制而成，小石片疤排列规整，长5～10厘米，正尖尖状器多单面加工且部分底部纵向剥片产生便于装柄的凹槽，长6～7厘米；柿子滩遗址另外发现石镞12件，多由黑色燧石制成，包括有铤、扁尖、歪尖等不同的样式，有的底部修薄便于装柄，长度小于5厘米[1]。

　　21世纪初山西吉县柿子滩S9地点出土了2件尖状器，器身对称性高，修疤呈层叠的鱼鳞状，但修理偏重器身的一面，另一面修理程度较弱[2]，也应为小型两面器类器物。特别值得关注的是2009年柿子滩S29地点的第3文化层出土两面加工尖状器5件，与细石叶、边刮器、端刮器等共存（图8-3）[3]，年代距今2.1万～2万年（校正后）[4]，是年代较为明确的早期小型两面器。2009～2010年河南新密李家沟遗址也出土多件两面器石镞，原料大多为燧石，另有石英[5]，其中2010年南区第6层出土石镞4件，两面修理为主，底部为圆底，长3～4厘米（图8-4），^{14}C年代校正后为距今1万年左右[6]。2015年甘肃张家川石峡口遗址第1地点发掘出土两面尖状器6件，原料为石英或燧石，均为两面精致修理而成，底部为圆底，长2.7～3.5厘米，^{14}C年代校正后为距今1.8万～1.7万年[7]。

（二）东北地区

　　除上述我国华北地区，近年来我国东北地区旧石器时代晚期遗址调查和发掘中也发现一定数量小型两面器，原料多为不同类型的火成岩，以距今1.9万～1.6万年（校正后）黑龙江省伊春桃山遗址第4层圆底两面器毛坯[8]、距今约1.4万年（校正后）黑

① 山西省临汾行署文化局：《山西吉县柿子滩中石器文化遗址》，《考古学报》1989年第3期。

② 柿子滩考古队：《山西吉县柿子滩遗址第九地点发掘简报》，《考古》2010年第10期。

③ 山西大学历史文化学院、山西省考古研究所：《山西吉县柿子滩遗址S29地点发掘简报》，《考古》2017年第2期。

④ Song Y. H., Cohen D. J., Shi J. M., et al. Environmental reconstruction and dating of Shizitan 29, Shanxi Province: An early microblade site in north China. *Journal of Archaeological Science*, 2017, 79 (3): 19-35.

⑤ a. 北京大学考古文博学院、郑州市文物考古研究院：《河南新密市李家沟遗址发掘简报》，《考古》2011年第4期。

　　b. 王幼平、张松林、顾万发等：《李家沟遗址的石器工业》，《人类学学报》2013年第4期。

⑥ 北京大学考古文博学院、郑州市文物考古研究院：《河南新密李家沟遗址南区2010年发掘简报》，《中原文物》2018年第6期。

⑦ 任进成、周静、李锋等：《甘肃石峡口旧石器遗址第1地点发掘报告》，《人类学学报》2017年第1期。

⑧ 岳健平、侯亚梅、杨石霞等：《黑龙江省桃山遗址2014年度发掘报告》，《人类学学报》2017年第2期。

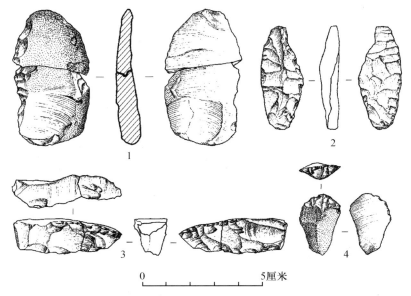

图8-3　山西柿子滩S29地点第3文化层石制品

1. 边刮器　2. 小型两面器　3. 细石核　4. 端刮器

（图片引自山西大学历史文化学院、山西省考古研究所：《山西吉县柿子滩S29地点发掘简报》，

《考古》2017年第2期）

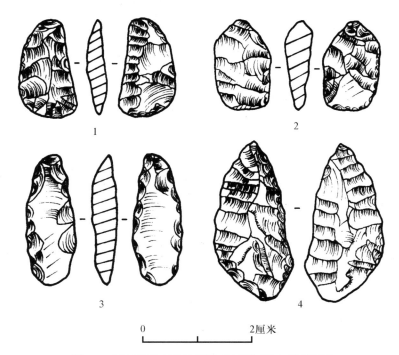

图8-4　河南新密李家沟遗址南区第6层小型两面器

（图片引自北京大学考古文博学院、郑州市文物考古研究院：《河南新密李家沟遗址南区2010年发掘简报》，

《中原文物》2018年第6期）

龙江伊春桦阳遗址两面尖状器[①]、距今1.4万～1.3万年（校正后）黑龙江海林小龙头山遗址双面器[②]、黑龙江海林杨林南山遗址圆底矛形器半成品（图8-5）[③]、黑龙江海林杨林西山遗址平底石镞[④]、黑龙江海林炮台山遗址矛形器[⑤]、吉林和龙大洞遗址石镞[⑥]、吉林和龙青头遗址石镞[⑦]、吉林珲春北山遗址石矛头[⑧]等为代表，均与细石叶技术共存。

（三）小结

我国旧石器时代晚期小型两面器全部与细石叶技术共存，小型两面器年代距今2万～1万年，毛坯包括石叶和石片等，长度通常小于10厘米，多采用压制或软锤修理技术，修疤浅平且延展度高，精致修理出薄锐的尖部、薄而对称的左右两侧刃和不同类型的底部。长度小于5厘米的小型两面器多采用压制修理，多被认为是作为石镞装柄后使用。长度5～10厘米的小型两面器多采用软锤或硬锤修理，多被认为是作为石矛头装柄后使用。大部分小型两面器为两面修理，另有一些

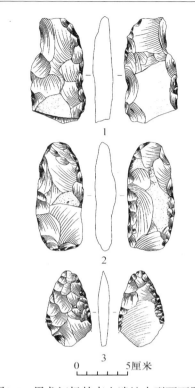

图8-5　黑龙江杨林南山遗址小型两面器
半成品

（图片引自田禾、陈全家、李有骞：《黑龙江省海林市杨林南山旧石器遗址石器研究》，《北方文物》2010年第3期）

① Yue J. P., Li Y. Q., Zhang Y. X., et al. Lithic raw material economy at the Huayang site in Northeast China: Localization and diversification as adaptive strategies in the Late Glacial. *Archaeological and Anthropological Sciences*, 2020, 12 (6): 107.

② 李有骞：《黑龙江海林小龙头山旧石器遗址发掘简报》，《人类学学报》2021年第1期。

③ 田禾、陈全家、李有骞：《黑龙江省海林市杨林南山旧石器遗址石器研究》，《北方文物》2010年第3期。

④ 陈全家、田禾、王欢等：《黑龙江省海林市杨林西山旧石器遗址（2008）石器研究》，《北方文物》2013年第2期。

⑤ 陈全家、田禾、陈晓颖等：《海林炮台山旧石器遗址发现的石器研究》，《边疆考古研究（第9辑）》，北京：科学出版社，2000年，第9—24页。

⑥ 万晨晨、陈全家、方启等：《吉林和龙大洞遗址的调查与研究》，《考古学报》2017年第1期。

⑦ 陈全家、方启、李霞等：《吉林和龙青头旧石器遗址的新发现及初步研究》，《考古与文物》2008年第2期。

⑧ 陈全家、张乐：《吉林延边珲春北山发现的旧石器》，《人类学学报》2004年第2期。

以单面修理为主的器物凭借精致单面修理也具备良好的对称性和两面体结构，也应被纳入小型两面器的探讨范围。

　　我国旧石器时代晚期小型两面器的底部类型多样，大体可以分为三型（图8-6）。A型，底部圆钝或近平，尖部与底部分化明显，尖部的窄锐与底部的宽钝形成鲜明对比。这种类型发现数量最多，并且时代跨度也比较大，从时代较早的山西下川遗址和山西柿子滩遗址S29地点，到时代稍晚的黑龙江桃山遗址、河北虎头梁遗址群、山东凤凰岭遗址、河南李家沟遗址、山西榆社赵王村遗址、黑龙江杨林南山遗址等均有发现。B型，底部带铤，器形特点鲜明，主要体现在与尖部相对的底部有意图修理出便于装柄的"铤"部。该类型的发现数量少于A型，在山西下川遗址、河北虎头梁遗址群和山西柿子滩遗址等地有发现。C型，底部尖锐，器形尖部与底部分化不明显，有时甚至不易区分尖部和底部，一般认为尖部更为修长。本类型在山西下川遗址、山西柿子滩遗址、河北虎头梁遗址和山西薛关遗址有所发现。

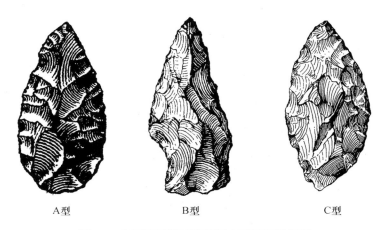

A型　　　　　　　　B型　　　　　　　　C型

图8-6　中国旧石器时代晚期小型两面器类型
（图片引自陈宥成、曲彤丽：《旧大陆视野下的中国旧石器晚期小型两面器溯源》，
《人类学学报》2020年第1期）

二、国外早期小型两面器

（一）南非

　　南非的中期石器时代Still Bay工业的标志则是两面叶状尖状器（bifacial foliate point）[①]，

---

① Henshilwood C. S., Dubreuil B. The Still Bay and Howiesons Poort, 77-59 Ka: Symbolic material culture and the evolution of the mind during the African Middle Stone Age. *Current Anthropology*, 2011, 52 (3): 361-400.

时代为距今7.5万～7.1万年[①]。Still Bay工业两面器长度从3厘米到12厘米不等[②]，尺寸显著小于早期手斧，以Blombos和Sibudu遗址等为代表。

Blombos遗址Still Bay工业两面器原料以硅质岩为主体，另有石英岩和石英等，是一种两面修理的横截面呈透镜状的尖状器[③]，有的是两端都呈锐尖状，有的是一端呈锐尖而另一端较平，总体呈现出相当高的对称性和规整性（图8-7）[④]，并被研究者认为存在压制修理技术[⑤]，但也由于修疤较宽且相互之间不够平行被一些学者质疑[⑥]。随后研究显示，Blombos遗址Still Bay工业两面器存在热处理[⑦]和压制修理的证据[⑧]。史前人类对于自然状态下的大多燧石和硅质岩等石料进行压制修理或剥片是比较困难的，但是通过热处理可以使石料实现压制技术的操作，留下光滑和有光泽的片疤面[⑨]。实验复制研究表明，Blombos遗址Still Bay文化层位硅质岩热处理并压制修理可以产生宽度大于1厘米的修疤，修疤之间并非总是近平行的，两面器修理过程为先用硬锤修理出大致轮廓，再用软锤修理边缘，最后压制修理尖部，使得尖部两侧边更直而规整[⑩]。

南非Sibudu遗址Still Bay工业小型两面器原料以辉绿岩为主体，另有石英岩、角页岩和石英等，毛坯主要为石片，底部可以分为尖底和圆底两种（图8-8），并且比较

① Henshilwood C. S. Late Pleistocene techno-traditions in Southern Africa: A review of the Still Bay and Howiesons Poort, c.75-59 ka. *Journal of World Prehistory*, 2012, 25 (3-4): 205-237.

② Wurz S. Technological Trends in the Middle Stone Age of South Africa between MIS7 and MIS3. *Current Anthropology*, 2013, 54 (8): 305-319.

③ Villa P., Soressi M., Henshilwood C. S., et al. The Still Bay points of Blombos Cave (South Africa). *Journal of Archaeological Science*, 2009, 36 (2): 441-460.

④ Henshilwood C. S., Sealy J. C., Yates R., et al. Blombos Cave, Southern Cape, South Africa: Preliminary Report on the 1992-1999 Excavations of the Middle Stone Age Levels. *Journal of Archaeological Science*, 2001, 28 (4): 421-448.

⑤ Henshilwood C., Sealy J. Bone artefacts from the Middle Stone Age at Blombos Cave, Southern Cape, South Africa. *Current Anthropology*, 1997, 38 (5): 890-895.

⑥ Villa P., Soressi M., Henshilwood C. S., et al. The Still Bay points of Blombos Cave (South Africa). *Journal of Archaeological Science*, 2009, 36 (2): 441-460.

⑦ Schmidt P., Porraz G., Slodczyk A., et al. Heat treatment in the South African Middle Stone Age: Temperature induced transformations of silcrete and their technological implications. *Journal of Archaeological Science*, 2013, 40 (9): 3519-3531.

⑧ Mourre V., Villa P., Henshilwood C. S. Early use of pressure flaking on lithic artifacts at Blombos Cave, South Africa. *Science*, 2010, 330: 659-662.

⑨ Webb J., Domanski M. Pale on tology. Fire and Stone. *Science*, 2009, 325 (5942): 820-821.

⑩ Mourre V., Villa P., Henshilwood C. S. Early use of pressure flaking on lithic artifacts at Blombos Cave, South Africa. *Science*, 2010, 330 (6004): 659-662.

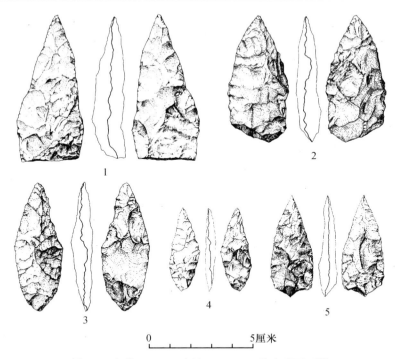

图8-7　南非Blombos遗址Still Bay工业小型两面器

（图片引自Henshilwood C. S., Sealy J. C., Yates R., et al. Blombos Cave, Southern Cape, South Africa: Preliminary report on the 1992-1999 excavations of the Middle Stone Age levels. *Journal of Archaeological Science*, 2001, 28: 421-448）

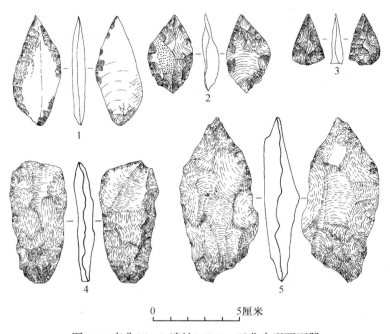

图8-8　南非Sibudu遗址Still Bay工业小型两面器

（图片引自Wadley L. Announcing a Still Bay industry at Sibudu Cave, South Africa. *Journal of Human Evolution*, 2007, 52: 681-689）

薄，厚度往往不超过1厘米①。Sibudu遗址Still Bay工业的两面器的功能可能是多样的，如可以作为石刀使用，但是大多两面器上的微痕和残留物分析表明其曾作为投射尖状器使用②。

（二）东非与北非

两面尖状器在东非的非洲角和尼罗河谷等地的中期石器时代也有所发现③，位于埃塞俄比亚阿法裂谷的南端Porc Epic Cave遗址，时代为距今7.1万～6.1万年，以勒瓦娄哇剥片技术为主，存在单面尖状器和两面尖状器（图8-9），两面尖状器毛坯多为石片④。位于埃塞俄比亚高原北部的Gorgora Rockshelter遗址"Middle Stillbay"层位存在两面尖状器，与勒瓦娄哇石核等共存⑤。

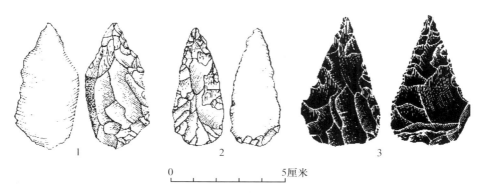

图8-9　埃塞俄比亚Porc Epic Cave遗址单面与两面尖状器
1. 单面尖状器　2、3. 两面尖状器
［图片引自Pleurdeau D. Human technical behavior in the African Middle Stone Age: The lithic assemblage of Porc-Epic Cave (Dire Dawa, Ethiopia). *African Archaeological Review*, 2005, 22 (4): 177-197］

北非Aterian工业大多遗址为地表采集，据摩洛哥等地层中的石器发现，年代大

①　Wadley L. Announcing a Still Bay Industry at Sibudu Cave, South Africa. *Journal of Human Evolution*, 2007, 52 (6): 681-689.

②　Lombard M. First impressions on the functions and hafting technology of Still Bay pointed artefacts from Sibudu Cave. *Southern African Humanities*, 2006, 18 (1): 27-41.

③　Beyin A. The Bab al Mandab vs the Nile-Levant: An appraisal of the two dispersal routes for Early Modern Humans Out of Africa. *The African Archaeological Review*, 2006, 23: 5-30.

④　Pleurdeau D. Human technical behavior in the African Middle Stone Age: The lithic assemblage of Porc-Epic Cave (Dire Dawa, Ethiopia). *The African Archaeological Review*, 2005, 22 (4): 177-197.

⑤　Clark J. D. The Middle Stone Age of East Africa and the beginnings of regional identity. *Journal of World Prehistory*, 1988, 2 (3): 235-305.

体为距今12万~5万年[①]，Aterian工业剥片技术以勒瓦娄哇技术为主体，工具组合中最为著名的是修铤尖状器（图8-10，1），另存在两面叶状器（图8-10，2），以摩洛哥Contrebandiers洞穴遗址Aterian工业地层中出土标本为代表[②]，光释光年代为距今10.7万~9.6万年[③]。Aterian工业修铤尖状器通常两面修理不甚规则并且往往局限于铤部，但存在通体精致两面修理的标本，以尼日尔Adrar Bous遗址的发现为代表（图8-10，3）[④]。

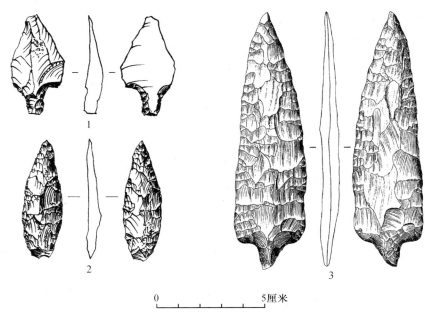

0 —————— 5厘米

图8-10 北非Aterian工业小型两面器
1. 摩洛哥Contrebandiers遗址修铤尖状器　2. 摩洛哥Contrebandiers遗址两面叶状器
3. 尼日尔Adrar Bous遗址修铤尖状器

［图片引自Dibble H. L., Aldeias V., Jacobs Z., et al. On the industrial attributions of the Aterian and Mousterian of the Maghreb. *Journal of Human Evolution*, 2013, 64: 194-210; Haour A. C. One hundred years of archaeology in Niger. *Journal of World Prehistory*, 2003, 17 (2): 182-234］

① Garcea E. A. A. Crossing Deserts and avoiding Seas: Aterian North African-European relations. *Journal of Anthropological Research*, 2004, 60 (1): 27-53.

② Dibble H. L., Aldeias V., Jacobs Z., et al. On the industrial attributions of the Aterian and Mousterian of the Maghreb. *Journal of Human Evolution*, 2013, 64 (3): 194-210.

③ Jacobs Z., Meyer M. C., Roberts R. G., et al. Single-grain OSL dating at La Grotte des Contrebandiers ('Smugglers' cave), Morocco: Improved age constraints for the Middle Paleolithic levels. *Journal of Archaeological Science*, 2011, 38 (12): 3631-3643.

④ Haour A. C. One hundred years of archaeology in Niger. *Journal of World Prehistory*, 2003, 17 (2): 182-234.

（三）西欧与北欧

西欧旧石器时代晚期小两面器造型和尺寸更加丰富多样，以索鲁特工业为代表。索鲁特工业是西欧末次冰期最盛期过程中著名的石器工业，主要分布于法国和西班牙。索鲁特工业的代表性石器是两面器，在法国以有肩尖状器（shouldered points）和叶状尖状器（leaf-shaped points）为代表（图8-11）[①]，在西班牙以有肩尖状器、叶状尖状器、底部凹缺尖状器（points with concave bases）和带铤投射尖状器（tanged projectile points）为代表[②]。索鲁特工业的两面器根据尺寸大小可以分为小型和大型两类，小型两面器的长度通常在8厘米以下，微痕研究和实验研究表明其应作为投射尖状器的尖头使用；大型两面器的长度通常在8~12厘米，其中一部分应当是作为长矛的矛头使用，另一些更重并带有锯齿刃缘的可能是作为屠宰时用的刀具，此外一些大型精美两面器可能同时具有象征意义[③]。索鲁特工业两面器通常被认为存在压制修理和热处理的技术因素[④]，但近年来的新研究显示热处理技术在索鲁特工业并非普遍使用[⑤]。

在北欧地区，距今约3.8万年（未校正）旧石器时代中期向晚期过渡之际，也出

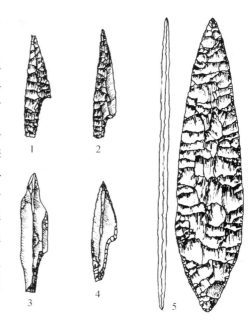

图8-11　法国索鲁特工业两面尖状器

1~4. 有肩尖状器　5. 叶状尖状器

［图片引自Sinclair A. The technique as a symbol in Late Glacial Europe. *World Archaeology*, 1995, 27 (1): 50-62］

---

① Sinclair A. The technique as a symbol in Late Glacial Europe. *World Archaeology*, 1995, 27 (1): 50-62.

② Sinclair A. The technique as a symbol in Late Glacial Europe. *World Archaeology*, 1995, 27 (1): 50-62.

③ Sinclair A. The technique as a symbol in Late Glacial Europe. *World Archaeology*, 1995, 27 (1): 50-62.

④ a. Straus L. G. Solutrean settlement of North America? A review of reality. *American Antiquity*, 2000, 65 (2): 219-226.

b. Schmidt I. Beyond Solutrean point types. *Journal of Anthropological Research*, 2015, 71 (4): 493-508.

⑤ Schmidt P., Bellot-Gurlet L., Floss H. The unique Solutrean laurel-leaf points of Volgu: heat-treated or not?. *Antiquity*, 2018, 92 (363): 587-602.

现了一类小型两面器，多以石叶为毛坯，器身部分两面修理（图8-12），长9～10厘米，宽约3厘米，厚约1厘米，也被称为Jerzmanowice尖状器，主要与棱柱状石叶技术共存[①]。这类两面尖状器主要发现于英国，以英国Kent's Cavern遗址、Robin Hood Cave遗址、Beedings遗址和Badger Hole遗址等为代表，同时在相邻的比利时、德国和波兰等国也有发现，被称为Lincombian-Ranisian-Jerzmanowician（LRJ）工业[②]。

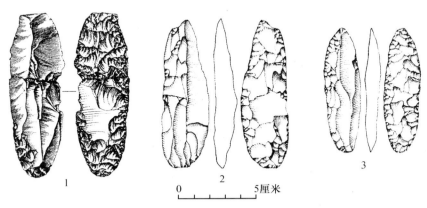

图8-12　英国LRJ工业两面尖状器

1. Beedings遗址　2. Kent's Cavern遗址　3. Robin Hood Cave遗址

［图片引自Flas D. The Middle to Upper Paleolithic transition in Northern Europe: The Lincombian-Ranisian-Jerzmanowician and the issue of acculturation of the last Neanderthals. *World Archaeology*, 2011, 43 (4): 605-627］

（四）东欧与中欧

东欧及中欧地区早期小型两面器存在于旧石器时代中期晚段到旧石器时代晚期早段的多种不同的石器工业之中，是旧石器时代中期向晚期过渡时段的代表性器物[③]，在不同遗址与勒瓦娄哇技术、棱柱状石叶技术等多种不同剥片技术共存[④]。中欧地区Bohunician工业分布于摩拉维亚和捷克等国，捷克Brno-Bohunice遗址Bohunician工业经

① Flas D. The Middle to Upper Paleolithic transition in Northern Europe: The Lincombian-Ranisian-Jerzmanowician and the issue of acculturation of the last Neanderthals. *World Archaeology*, 2011, 43 (4): 605-627.

② White M. J., Pettitt P. B. The British late Middle Palaeolithic: An interpretative synthesis of Neanderthal occupation at the north-western edge of the Pleistocene world. *Journal of World Prehistory*, 2011, 24 (1): 25-97.

③ Kot M. A. The earliest Palaeolithic bifacial leafpoints in Central and Southern Europe: Techno-functional approach. *Quaternary International*, 2014, 326-327: 381-397.

④ Cohen V. Y., Stepanchuk V. N. Late Middle and Early Upper Paleolithic evidence from the East European Plain and Caucasus: A new look at variability, interactions, and transitions. *Journal of World Prehistory*, 1999, 13 (3): 265-319.

过火烧燧石石器的热释光年代为距今约4.8万年，^{14}C年代为距今4.1万～3.3万年（未校正），石器工业中两面修理的叶状尖状器与勒瓦娄哇尖状器等共存，两面器底部为圆底或尖底（图8-13）[1]。

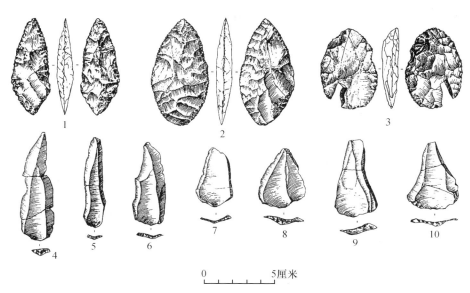

图8-13　捷克Brno-Bohunice遗址Bohunician工业尖状器

1～3. 小型两面器　4～10. 勒瓦娄哇尖状器

［图片引自Richter D., Tostevin G., Škrdla P. Bohunician technology and thermoluminescence dating of the type locality of Brno-Bohunice (Czech Republic). *Journal of Human Evolution*, 2008, 55: 871-885］

　　东欧地区，乌克兰南部克里米亚地区Buran Kaya Ⅲ遗址，时代为距今3.7万～3.2万年（未校正），特征是含有两面叶状尖状器（bifacial foliate points）和端刮器等[2]。乌克兰Molodova 5遗址第10～7层的年代为距今3万～2.3万年（未校正），第10层出土一件有特色的带铤两面器（图8-14，6）与棱柱状石叶石核共存[3]。在与乌克兰相邻的俄罗斯南部Kostenki-Borshchevo草原地区Kostenki遗址群中，Kostenki 12遗址第3层年代为距今约3.5万年（未校正），最有代表性的工具为两面尖状器，底部形态多样，包括底部凹缺、底部带铤和底部圆钝等多种类型（图8-14，1、2）[4]。Kostenki 1遗址第5层年

①　Richter D., Tostevin G., Škrdla P. Bohunician technology and thermoluminescence dating of the type locality of Brno-Bohunice (Czech Republic). *Journal of Human Evolution*, 2008, 55 (5): 871-885.

②　Hardy B. L., Kay M., Marks A. E., et al. Stone tool function at the Paleolithic Sites of Starosele and Buran Kaya Ⅲ, Crimea: Behavioral Implications. *PNAS*, 2001, 98 (19): 10972-10978.

③　Anikovich M. Early upper Paleolithic industries of Eastern Europe. *Journal of World Prehistory*, 1992, 6 (2): 205-245.

④　Anikovich M. Early upper Paleolithic industries of Eastern Europe. *Journal of World Prehistory*, 1992, 6 (2): 205-245.

代距今3.2万～2.5万年（未校正），底部凹缺两面尖状器比例增加，另存在底部为尖状和底部圆钝的两面尖状器（图8-14，3～5）[①]。俄罗斯平原Sungir遗址年代为距今2.7万～2.6万年（未校正）[②]，发现两面尖状器与棱柱状石叶石核等共存，两面尖状器包括平底略凹和圆底等类型（图8-14，7～9）[③]。

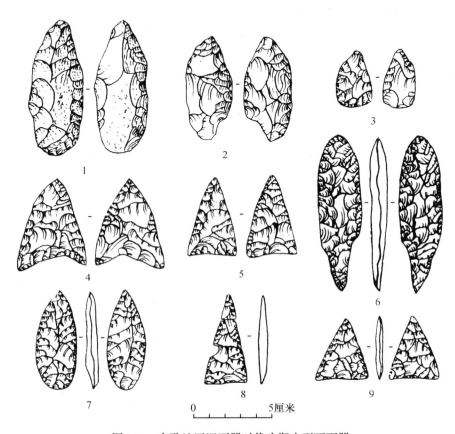

图8-14　东欧地区旧石器时代晚期小型两面器

1、2. Kostenki 12遗址　3～5. Kostenki 1遗址　6. Molodova 5遗址　7～9. Sungir遗址

［图片引自Anikovich M. Early upper paleolithic industries of Eastern Europe. *Journal of World Prehistory*, 1992, 6 (2): 205-245; Hardy B. L., Kay M., Marks A. E., et al. Stone tool function at the Paleolithic Sites of Starosele and Buran Kaya Ⅲ, Crimea: Behavioral Implications. *PNAS*, 2001, 98 (19): 10972-10978］

---

①　Anikovich M. Early upper paleolithic industries of Eastern Europe. *Journal of World Prehistory*, 1992, 6 (2): 205-245.

②　Kuzmin Y. V., Plicht J., Sulerzhitsky L. D. Puzzling radiocarbon dates for the upper Paleolithic site of Sungir (Central Russian Plain). *Radiocarbon*, 2014, 56 (2): 451-459.

③　Hardy B. L., Kay M., Marks A. E., et al. Stone tool function at the Paleolithic Sites of Starosele and Buran Kaya Ⅲ, Crimea: Behavioral Implications. *PNAS*, 2001, 98 (19): 10972-10978.

（五）西伯利亚

　　西伯利亚叶尼塞河流域的Ust'-Kova遗址发现了距今2.3万～1.8万年（未校正）的小型两面器（图8-15）与石叶、细石叶技术等共存[①]。位于贝加尔湖北部的Igetey Ravine Ⅰ遗址的时代为距今2.8万～2.5万年（未校正），该遗址发现了小型两面器与细石核和骨针共存的证据[②]。俄罗斯西伯利亚东部的小型两面器发现以Ust'-Ulma遗址为代表，该遗址位于我国黑龙江以北的俄罗斯远东地区，第2b层的时代为距今约1.9万年（未校正），该层位出土18件楔形细石核和69件小两面器[③]。与Ust'-Ulma遗址相似的小型两面器在谢列姆贾河流域仍有发现，年代大体始于距今约2.5万年（未校正）[④]。

（六）美　洲

　　美国阿拉斯加地区早期小型两面器显示出与东北亚地区更新世末期文化的相似性，以Nenana 工业和Denali工业等为代表。Nenana 工业年代距今1.2万～1.1万年（未校正），小型两面器多为圆底，另存在平底（图8-16，1～8），未发现细石叶技术产品。Denali工业年代距今10.6万～7.2万年（未校正），小型两面器底部微平底或尖底（图8-16，9～11），与楔形细石核、细石叶等共存[⑤]。

　　美洲阿拉斯加以外中纬度地区最早两面器出现于前克洛维斯工业，以距今约1.6万年（校正后）美洲爱达荷州Cooper's Ferry遗址出土带铤两面尖状器为代表，并显示出与东北亚旧石器时代晚期后段带铤两面尖状器的相似性[⑥]。时代稍晚的克洛维斯

[①]　Kuzmin Y. V. Siberia at the last Glacial Maximum: Environment and archaeology. *Journal of Archaeological Research*, 2008, 16 (2): 163-221.

[②]　Larichev V., Khol'ushkin U., Laricheva I. The upper paleolithic of Northern Asia: Achievements, problems, and perspectives. Ⅱ. Central and Eastern Siberia. *Journal of World Prehistory*, 1990, 4 (3): 347-385.

[③]　Kuzmin Y. V. Siberia at the last Glacial Maximum: Environment and archaeology. *Journal of Archaeological Research*, 2008, 16 (2): 163-221.

[④]　〔俄〕杰烈维扬科等著，李有骞译：《谢列姆贾旧石器时代晚期文化》，北京：科学出版社，2013年，第1—205页。

[⑤]　Hoffecker J. F., Powers W. R., Goebel T. The colonization of Beringia and the peopling of the new world. *Science*, 1993, 259 (5091): 46-53.

[⑥]　Davis L. G., Madsen D. B., Becerra-Valdivia L., et al. Late Upper Paleolithic occupation at Cooper's Ferry, Idaho, USA, ˜16, 000 years ago. *Science*, 2019, 365 (6456): 891-897.

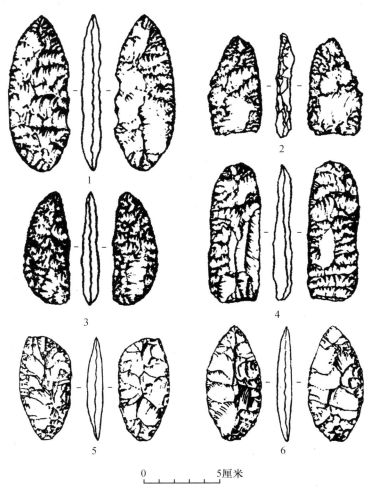

图8-15　西伯利亚旧石器时代晚期小型两面器

1~4. Ust'-Kova遗址　　5、6. Ust'-Ulma遗址

［图片引自Kuzmin Y. V. Siberia at the last Glacial Maximum: Environment and archaeology. *Journal of Archaeological Research*, 2008, 16 (2): 163-221］

工业，在美国西部年代为距今1.33万~1.28万年（校正后）[1]，美国东部年代为距今1.28万~1.25万年（校正后）[2]。克洛维斯尖状器两面修理，两边微凸近平行，底部单面或双面有长度为器身长三分之一左右的凹槽（图8-17）[3]，长度通常在10厘米左

---

① Faught M. K. Archaeological roots of human diversity in the New World: A complication of accurate and precise radiocarbon ages from earliest sites. *American Antiquity*, 2008, 73 (4): 670-698.

② Eren M. I., Buchanan B., O'Brien M. J. Social learning and technological evolution during the Clovis colonization of the New World. *Journal of Human Evolution*, 2015, 80: 159-170.

③ Haynes G. *The Early Settlement of North America*: *The Clovis Era*. Cambridge: Cambridge University Press, 2002: 1-2.

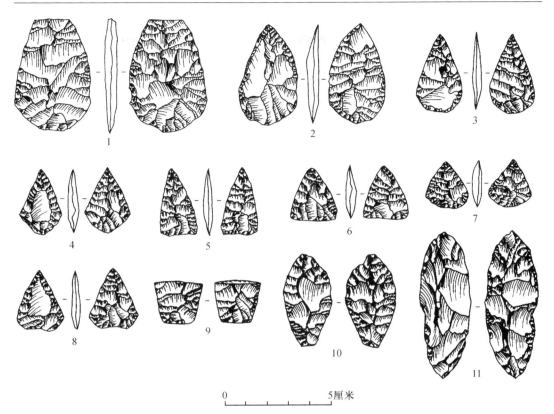

图8-16　美国阿拉斯加地区早期小型两面器

1～8. Nenana 工业　　9～11. Denali工业

［图片引自Hoffecker J. F., Powers W. R., Goebel T. The colonization of Beringia and the peopling of the new world. *Science*, 1993, 259 (5091): 46-53］

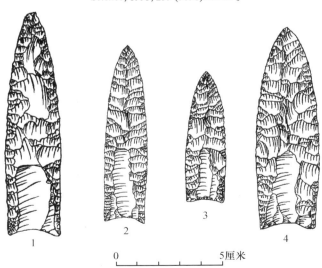

图8-17　美洲克洛维斯工业小型两面器

（图片引自Haynes G. *The Early Settlement of North America*: *The Clovis Era*. Cambridge: Cambridge University Press, 2002: 1-2）

右①，功能为装柄后作为投射工具，修理程度高，并且对称性强。克洛维斯尖状器常与石叶技术产品共存②，在美国中纬度地区、加拿大南部和墨西哥北部等地区有较为普遍的发现。

三、比较与讨论

旧大陆后阿舍利时代，虽然两面器手斧逐渐退出历史舞台，但是两面器技术没有完全消失，而是以一种新的形式存在于小型两面器之中。小型两面器保留了两面器的基本结构，同时在制作过程中融入了热处理和压制修理等新兴技术，两面修理更为精致，体形更为修长和扁薄，呈现出更高的对称性和规整性。小型两面器长度多小于10厘米，厚度在1厘米左右，功能与大型两面器有显著不同，多作为投射尖状器使用，其中尺寸略大的可能为矛头，尺寸较小的应为箭头。小型两面器最早出现于旧石器时代中期后段，在南非、东非和北非等均有所发现，以南非Still Bay工业和北非Aterian工业等为代表，早期小型两面器底部已经呈现出尖底、平底、圆底与带铤等多种类型，显示可能存在不同的装柄方式。距今约4万年（未校正），旧大陆不同地区纷纷进入旧石器时代晚期或旧石器时代中期向晚期的过渡，小型两面器技术逐渐在欧亚大陆西部的北欧、中欧和东欧等地区崭露头角，分别以北欧Lincombian-Ranisian-Jerzmanowician（LRJ）工业、中欧Bohunician工业和东欧Kostenki工业等为代表。同时，小型两面器形制更为多样化，新出现底部凹缺两面器。距今约2.5万年（未校正），西伯利亚地区出现小型两面器与细石叶工业共存。

旧石器时代晚期，我国北方地区人群迁徙与技术交互频繁，小型两面器技术的传入与细石叶技术、修背细石器技术等传入有密切关联。现有证据显示，中国北方最早细石器技术出现于距今2.9万～2.4万年（校正后），包括近年来精细发掘和测年的山西柿子滩S29地点第7文化层③、陕西宜川龙王辿遗址第6～5层④等遗存，这批遗存已经包含修背细石器，但未见小型两面器。此外年代早于2.5万年（校正后）的河北阳原西沙

① Jennings T. A. The Hogeye Clovis cache, Texas: Quantifying lithic reduction signatures. *Journal of Archaeological Science*, 2013, 40 (1): 649-658.

② 陈宥成、袁广阔：《美洲最早人类文化的技术构成及其与旧大陆的关系》，《南方文物》2017年第1期。

③ 山西大学历史文化学院、山西省考古研究所：《山西吉县柿子滩遗址S29地点发掘简报》，《考古》2017年第2期。

④ 王小庆、张家富：《龙王辿遗址第一地点细石器加工技术与年代——兼论华北地区细石器的起源》，《南方文物》2016年第4期。

河遗址[①]、河南登封西施[②]与东施遗址[③]、山西沁水下川遗址小白桦圪梁地点[④]等早期细石叶工业也未见明确小型两面器。中国北方已报道的具有明确层位的小型两面器，最早见于距今2.1万～2万年（校正后）[⑤]山西柿子滩S29地点第3层[⑥]、距今1.9万～1.6万年（校正后）黑龙江省伊春桃山遗址第4层[⑦]和距今1.85万～1.72万年（校正后）甘肃石峡口遗址第1地点[⑧]等。

上述证据似乎显示旧石器时代晚期欧亚大陆现代人群扩散与文化交流进程可能包含多次扩散事件。就我国而言，即细石叶技术和琢背技术最先传入（[14]C年代校正后早于距今2.4万年），而小型两面器技术可能传入稍晚（[14]C年代校正后晚于2.1万年），这些认识有待今后更多考古材料的验证。早期小型两面器技术总体呈现出与现代人全球范围扩散事件的密切关联，我国旧石器时代晚期后段小型两面器的出现应当也是小型两面器在全球兴起浪潮中的重要一环，是现代人及其行为方式在旧大陆扩散的重要体现，同时是一种应对较大生存压力的高流动性的体现。在旧石器时代晚期，横贯欧亚大陆高纬度地带的欧亚草原带大型食草类动物资源丰富，并且地形平缓没有大山大河阻隔，很适合狩猎采集者高速流动追寻动物群。欧亚草原带可能就是当时东西方交流的重要通道，位于欧亚大陆中部草原带上西伯利亚地区的考古材料显示其曾是衔接欧亚大陆东西方小型两面器的中间环节。与之对应，东北亚地区则是新大陆与旧大陆技术连接的重要地区。

旧大陆早期小型两面器技术并非均匀地存在于相同的石器工业体系或相同的狩猎采集人群之中，而是作为一种技术因素存在于不同的石器工业和广阔的人群之中。非

① Guan Y., Wang X. M., Wang F. G., et al. Microblade remains from the Xishahe site, North China and their implications for the origin of microblade technology in Northeast Asia. *Quaternary International*, 2020, 535 (1): 28-47.

② 王幼平、汪松枝：《MIS3阶段嵩山东麓旧石器发现与问题》，《人类学学报》2014年第3期。

③ 郑州市文物考古研究院、北京大学考古文博学院：《2013年河南登封东施旧石器晚期遗址发掘简报》，《中原文物》2018年第6期。

④ 北京师范大学历史学院、山西省考古研究所：《山西沁水下川遗址小白桦圪梁地点2015年发掘报告》，《考古学报》2019年第3期。

⑤ Song Y. H., Cohen D. J., Shi J. M., et al. Environmental reconstruction and dating of Shizitan 29, Shanxi Province: An early microblade site in north China. *Journal of Archaeological Science*, 2017, 79: 19-35.

⑥ 山西大学历史文化学院、山西省考古研究所：《山西吉县柿子滩遗址S29地点发掘简报》，《考古》2017年第2期。

⑦ 岳健平、侯亚梅、杨石霞等：《黑龙江省桃山遗址2014年度发掘报告》，《人类学学报》2017年第2期。

⑧ 任进成、周静、李锋等：《甘肃石峡口旧石器遗址第1地点发掘报告》，《人类学学报》2017年第1期。

洲早期小型两面器技术出现于中期石器时代晚段，与勒瓦娄哇技术、小石叶技术、修背细石器技术等共存；欧亚大陆西部早期小型两面器技术出现于旧石器时代中期晚段或向旧石器时代晚期过渡阶段，与勒瓦娄哇技术、石叶技术和小石叶技术等共存；我国北方地区早期小型两面器出现于旧石器时代晚期后段，与细石叶技术、修背细石器技术等共存；美洲阿拉斯加以外地区早期小型两面器出现于前克洛维斯工业及克洛维斯工业时期（相当于旧石器时代晚期后段），主要与石叶技术共存。小型两面器技术在宏大的空间范围和不同的人群之间内广为扩散，显示出较强的生态适应优势。小型两面器良好的对称性可以增强投射尖状器在空气中飞行的稳定性，并进一步确保投射尖状器的投射距离和投射精准度，是全球范围内打制石器技术巅峰期的集中体现。

第九章 早期磨制石器技术

　　磨制石器是世界范围内史前时期的重要技术-文化因素。虽然磨制石器的历史与超过300万年的打制石器相比显得较为短暂，但是磨制石器凭借规范精美的造型，以及与早期陶器的频繁共存，长期以来被视为人类史前技术与社会发展的重要标志[①]。不过纵观中国乃至世界史前考古研究史，早期磨制石器与早期陶器相比，很长一段时间里似乎没有得到学界的充分重视。20世纪90年代以来，一方面中国境内如江西万年仙人洞遗址[②]、北京门头沟东胡林[③]及河南新密李家沟[④]等遗址不断有超过万年的磨制石器的发现，另一方面已有学者开始关注磨制石器起源理论问题[⑤]。此外，国外日本列岛[⑥]与澳大利亚[⑦]等地区的早期磨制石器的年代也在不断刷新，打破学界传统认识。不断涌现的新的考古材料表明，早期磨制石器的出现年代远远早于传统新石器时代所能涵盖的时间框架。进而，对于磨制石器起源问题的理解必须放到旧石器时代中晚期的文化背

---

① a. 严文明：《中国史前文化的统一性与多样性》，《文物》1987年第3期。

　　b. 焦天龙：《试论新石器时代的特征与开始的标志》，《东南文化》1990年第3期。

　　c. 钱耀鹏：《略论磨制石器的起源及其基本类型》，《考古》2004年第12期。

　　d. Lubbock J. *Pre-Historic Times, as Illustrated by Ancient Remains and the Manners and Customs of Modern Savages*. London: Williams and Norgate, 1865.

② a. 北京大学考古文博学院、江西省文物考古研究所：《仙人洞与吊桶环》，北京：文物出版社，2014年，第53页。

　　b. 江西省文物管理委员会：《江西万年大源仙人洞洞穴遗址试掘》，《考古学报》1963年第1期。

③ 北京大学考古文博学院、北京大学考古学研究中心、北京市文物研究所：《北京市门头沟区东胡林史前遗址》，《考古》2006年第7期。

④ 北京大学考古文博学院、郑州市文物考古研究院：《河南新密市李家沟遗址发掘简报》，《考古》2011年第4期。

⑤ a. 钱耀鹏：《略论磨制石器的起源及其基本类型》，《考古》2004年第12期。

　　b. 向金辉：《中国磨制石器起源的南北差异》，《南方文物》2014年第2期。

⑥ Takashi T. MIS3 edge-ground axes and arrival of the first Homo sapiens in the Japanese archipelago. *Quaternary International*, 2012, 248: 70-78.

⑦ Geneste J. M., David B., Plisson H., et al. The origins of Ground-edge axes: New finding from Nawarla Gabarnmang, Arnhem Land (Australia) and global implications for the evolution of fully Modern Humans. *Cambridge Archaeological Journal*, 2012, 22 (1): 1-17.

景中去考虑，同时也必须放到晚更新世旧大陆整体社会文化格局中去理解。本章将在旧大陆东西方比较视野下探讨早期磨制石器技术的演化。

一、磨制石器的制作机理与分类

论及"磨制石器"，与"打制石器"的制作理念有明显不同。所谓"打制打制"，更多是利用岩石的"脆"性，凭借某种介质（石、骨、木等材料）用瞬间的爆发性力量（打击、压制）作用于岩石，剥下呈贝壳状断口的石片。而所谓"磨制石器"，则更多是利用岩石的"疏松"结构，凭借某种介质（通常为均质、细颗粒的岩石）用持续反复的作用摩擦岩石，被作用岩石外形改造过程中不会产生如贝壳状的破碎模式，而是形成较为规则、光滑的形态。从理论上讲，虽然磨制石器的制作过程可能经历打、琢、磨等多个程序[①]，但关键在于"磨"。因此，磨制石器与打制石器的制作机理是截然不同的。磨制石器相比于打制石器的优势在于工具精细化，在完成某些特定任务时更高效，并且磨制技术一旦被开发便于学习和掌握，但劣势在于磨制过程比较耗费时间[②]。需要特别说明的是，单就"磨制"技术而言，并非单一应用于石器，还广泛应用于骨（角、牙）器，后者出现于非洲的中期石器时代和欧洲的旧石器时代晚期[③]。但是鉴于磨制石器的材质、制作工艺、功能与意义均与磨制骨器有明显不同，磨制骨器与磨制石器之间的历史和技术关联还有待进一步的考古材料积累和论证。

就世界范围内的考古发现来看，磨制石器拥有丰富的内涵。综合旧大陆更新世晚期至全新世早期的考古材料，本章讨论的早期磨制石器的年代基本早于距今9000年（[14]C年代校正后数据），大体来说包括以下几类。第一类是磨刃石器（edge-ground tools），包括石斧、石锛、石凿等，这类磨制石器通常选取毛坯一端的单面或两个相交的面进行磨制，形成锋利的刃缘（图9-1，1），民族考古和实验考古等多方面证据

---

① 　a. 翟少冬：《华北地区磨制石器制作工艺考察》，《中原文物》2015年第1期。

　　b. Wright K. The origins and development of ground stone assemblages in Late Pleistocene southwest Asia. *Paléorient*, 1991, 17 (1): 19-45.

② 　a. 翟少冬：《陶寺遗址石制品复制实验与磨制工艺》，《人类学学报》2015年第2期。

　　b. Shea J. J. Lithic Modes A-I: A new framework for describing global-scale variation in stone tool technology illustrated with evidence from the East Mediterranean Levant. *Journal of Archaeological Method and Theory*, 2013, 20 (1): 151-186.

　　c. Hayden B. From chopper to Celt: The evolution of resharpening techniques. *Lithic Technology*, 1987, 16 (2-3): 33-43.

③ 　曲彤丽、陈宥成：《试论早期骨角器的起源与发展》，《考古》2018年第3期。

显示这类工具与建造房屋为核心的砍伐树木和木料加工行为密切相关[①]；第二类是研磨石器（grinding stone tools），包括石臼（mortar）、石杵（pestle）、石磨盘（grinding slab/quern）、石磨棒等，这类磨制石器通过打、琢、磨等生产程序及使用过程产生一个深浅不一的"U"形弧面（图9-1，2），结构及使用方式与磨刃石器有显著区别，多用于压碎、磨碎或盛放种子、颜料等较软的物体[②]，并且由于体态厚重，不易搬运，使

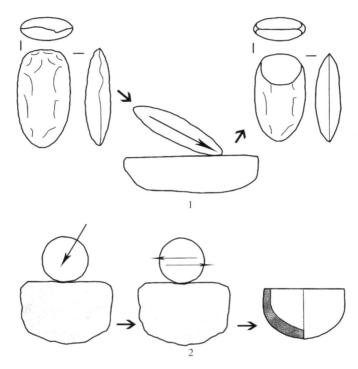

图9-1　磨制石器制作机理
1. 磨刃类石器　2. 研磨类石器

［图片引自Shea J. J. Lithic Modes A-I: A new framework for describing global-scale variation in stone tool technology illustrated with evidence from the East Mediterranean Levant. *Journal of Archaeological Method and Theory*, 2013, 20 (1): 151-186 ］

---

① 　a. 钱耀鹏：《关于新石器时代的三次"革命"》，《华夏考古》2010年第1期。

　　b. 钱耀鹏：《略论磨制石器的起源及其基本类型》，《考古》2004年第12期。

　　c. Yerkes R. W., Barkai R. Tree-Felling, woodworking, and changing perceptions of the Landscape during the Neolithic and Chalcolithic periods in the Southern Levant. *Current Anthropology*, 2013, 54 (2): 222-231.

② 　Shea J. J. Lithic Modes A-I: A new framework for describing global-scale variation in stone tool technology illustrated with evidence from the East Mediterranean Levant. *Journal of Archaeological Method and Theory*, 2013, 20 (1): 151-186.

用或者不使用时一般放在地上，也可以称为"落地工具"①。研磨类石器可以将植物种子研磨成更小的颗粒，更有利于食物的消化与养分吸收，使老人和孩子更容易进食，有利于维系和促进人口的稳定繁衍②。除了以上提到的两大类，早期磨制石器还包括石容器（该类器物的几何组织结构与石臼相似），以及穿孔石器、石权杖头和石手镯等，其中早期权杖头和石手镯应当具备相当的仪式性意义，本章重点探讨磨刃类石器和研磨类石器。

二、旧大陆东部早期磨制石器

从目前发现的考古材料来看，旧大陆东部的早期磨制石器在中国、朝鲜半岛、日本列岛以及东南亚等地区都有发现。此外澳大利亚虽然在现代地理区划中不属于旧大陆，但是邻近东南亚，在更新世晚期距今6.5万年左右现代人已经成功经东南亚登陆澳大利亚③，本章亦将其纳入旧大陆旧石器文化体系。

（一）中国北方

我国旧石器时代文化长期以来呈"南北二元结构"④，到了旧石器时代晚期南北方早期磨制石器也呈现出明显的区域特征。中国北方地区出土早期磨制石器的遗址包括山西沁水下川遗址⑤，陕西宜川龙王辿遗址⑥，山西吉县柿子滩遗址第1地点⑦、第14

---

① 陈宥成、曲彤丽：《试析华北地区距今1万年左右的社会复杂现象》，《中原文物》2012年第3期。

② Peterson N. The pestle and mortar: An ethnographic analogy for archaeology in Arnhem Land. *Mankind*, 1968, 6 (11): 567-570.

③ Clarkson C., Jacobs Z., Marwick B., et al. Human occupation of northern Australia by 65, 000 years ago. *Nature*, 2017, 547 (7663): 306-310.

④ 张森水：《管窥新中国旧石器考古学的重大发现》，《人类学学报》1999年第3期。

⑤ 王建、王向前、陈哲英：《下川文化——山西下川遗址调查报告》，《考古学报》1978年第3期。

⑥ a. 中国社会科学院考古研究所、陕西省考古研究院：《陕西宜川县龙王辿旧石器时代遗址》，《考古》2007年第7期。

b. Zhang J. F., Wang X. Q., Qiu W. L., et al. The paleolithic site of Longwangchan in the middle Yellow River, China: Chronology, paleoenvironment and implications. *Journal of Archaeological Science*, 2011, 38 (7): 1527-1550.

⑦ a. 山西省临汾行署文化局：《山西吉县柿子滩中石器文化遗址》，《考古学报》1989年第3期。

b. 原思训、赵朝洪、朱晓东等：《山西吉县柿子滩遗址的年代与文化研究》，《考古》1998年第6期。

地点[①]和第9地点（图9-2，1、2）[②]，河北阳原于家沟遗址[③]，北京怀柔转年遗址[④]，北京门头沟东胡林遗址[⑤]，河北徐水南庄头遗址（图9-2，3~5）[⑥]，河南新密李家沟遗址（图9-2，6）[⑦]等。这些遗址出土的早期磨制石器既包括前文提到的磨刃类石器，也包括研磨类石器。磨刃类石器以石斧和石锛为主，在于家沟遗址第4层上部、转年遗址第4层、东胡林遗址第7~9层、李家沟遗址2010年发掘南区第6层（图9-2，6）等有所发现。研磨类石器以石磨盘为主，在下川遗址，龙王辿遗址，柿子滩遗址第1地点、第14地点第3~4层和第9地点第4层（图9-2，1、2），于家沟遗址第3b层，转年遗址第4层，东胡林遗址第7~9层，南庄头遗址第5层下G3堆积（图9-2，3~5），李家沟遗址2010年发掘北区第5层等都有所出土。

　　整体来看，中国北方早期研磨类石器出现早于磨刃类石器，研磨类石器出现时间为距今2.5万~1.8万年（校正后），以龙王辿遗址（校正后距今2.5万年左右）和柿子滩遗址第14地点（校正后距今2.3万~1.8万年）为代表，与细石叶技术共存；研磨类石器随后在距今1.6万~9000年（校正后）之间在柿子滩遗址第1地点和第9地点、于家沟、转年、东胡林、南庄头、李家沟等多个遗址有所发现，多与早期陶器技术与细石叶技术共存，并且年代多集中在距今1.2万~9000年（校正后）。磨刃类石器出现时间大概处于距今1.2万~9000年（校正后），在于家沟、转年、东胡林、李家沟等多个遗址有所出土，多与早期陶器技术与细石叶技术共存。

---

① 　a. 柿子滩考古队：《山西吉县柿子滩旧石器时代遗址S14地点2002~2005年发掘简报》，《考古》2013年第2期。

　　b. Liu L., Bestel S., Shi J. M., et al. Paleolithic human exploitation of plant foods during the last glacial maximum in North China. *PNAS*, 2013, 110 (14): 5380-5385.

② 柿子滩考古队：《山西吉县柿子滩遗址第九地点发掘简报》，《考古》2010年第10期。

③ 梅惠杰：《泥河湾盆地旧、新石器时代的过渡——阳原于家沟遗址的发现与研究》，北京大学博士学位论文，2007年。

④ 郁金城：《从北京转年遗址的发现看我国华北地区新石器时代早期文化的特征》，《北京文物与考古（第五辑）》，北京：北京燕山出版社，2002年。

⑤ 北京大学考古文博学院、北京大学考古学研究中心、北京市文物研究所：《北京市门头沟区东胡林史前遗址》，《考古》2006年第7期。

⑥ 河北省文物研究所、保定市文物管理所、徐水县文物管理所等：《1997年河北徐水南庄头遗址发掘报告》，《考古学报》2010年第3期。

⑦ 北京大学考古文博学院、郑州市文物考古研究院：《河南新密市李家沟遗址发掘简报》，《考古》2011年第4期。

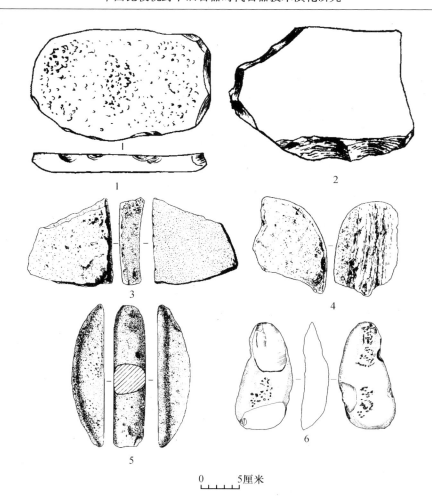

0 ⊢—⊢—⊣ 5厘米

图9-2　中国北方早期磨制石器

1、2.山西柿子滩第9地点石磨盘　3、4.河北南庄头遗址石磨盘

5.河北南庄头遗址石磨棒　6.河南李家沟遗址磨制石锛

（图片引自柿子滩考古队：《山西吉县柿子滩遗址第九地点发掘简报》，《考古》2010年第10期；河北省文物
研究所、保定市文物管理所、徐水县文物管理所等：《1997年河北徐水南庄头遗址发掘报告》，
《考古学报》2010年第3期；北京大学考古文博学院、郑州市文物考古研究院：
《河南新密李家沟遗址发掘简报》，《考古》2011年第4期）

（二）中国南方

中国南方地区出土早期磨制石器的遗址包括江西万年仙人洞遗址（图9-3，1）[①]、

---

① 　a. 北京大学考古文博学院、江西省文物考古研究所：《仙人洞与吊桶环》，北京：文物出版社，
　　2014年，第53、54页。

　　b. 江西省文物管理委员会：《江西万年大源仙人洞洞穴遗址试掘》，《考古学报》1963年第1期。

广东阳春独石仔遗址（图9-3，2、3）[①]、广东封开黄岩洞[②]、广东英德牛栏洞[③]、广东英德青塘遗址[④]、广西柳州白莲洞[⑤]、广西柳州大龙潭鲤鱼嘴遗址（图9-3，4~6）[⑥]等。仙人洞遗址1962年发掘第3层和第2层、20世纪90年代发掘东区②A、③层，发现了石锛（图9-3，1）和石凿。独石仔遗址经20世纪60、70年代多次发掘，洞穴内文化层分为上、中、下三部分，均出土有磨制石器（图9-3，2、3），但与打制石器相比比例较低。黄岩洞1989~1990年发掘第2层出土石斧和穿孔石器。牛栏洞第二、三期发现了石斧、切割器和穿孔石器。青塘遗址第四期出现零星的穿孔石器与局部磨光石器。白莲洞遗址经过多年发掘，最终的发掘报告中第三、四期出土零星的磨刃切割器。鲤鱼嘴1980年的发掘中第3层（下文化层）出土1件刃部磨光的石斧（图9-3，6），第二层（上文化层）出土了刃部磨光的石锛（图9-3，4）和石斧（图9-3，5）。整体来看，中国南方地区出土的早期磨制石器以局部磨刃类石器为主，另外还有穿孔石器，但几乎不见研磨类石器。中国华南不少洞穴遗址的地层与年代问题存在模糊或争议[⑦]，这在一定程度上影响了中国南方磨制石器起源研究的推进。不过结合最近学者的整合与研

① a. 宋方义、邱立诚、王令红：《广东阳春独石仔新石器时代洞穴遗址发掘》，《考古》1982年第5期。

b. 原思训、陈铁梅、高世君等：《阳春独石仔和柳州白莲洞遗址的年代测定——试探华南地区旧石器文化向新石器文化过渡的时间》，《纪念北京大学考古专业三十周年论文集（1952~1982）》，北京：文物出版社，1990年。

② a. 邱立诚、宋方义、王令红：《广东封开黄岩洞洞穴遗址》，《考古》1983年第1期。

b. 宋方义、张镇洪、邓增魁等：《广东封开黄岩洞1989年和1990年发掘简报》，《东南文化》1992年第1期。

③ a. 金志伟、张镇洪、区坚刚等：《英德云岭牛栏洞遗址试掘简报》，《江汉考古》1998年第1期。

b. 英德市博物馆、中山大学人类学系、广东省文物考古研究所：《英德云岭牛栏洞遗址》，《英德史前考古报告》，广州：广东人民出版社，1999年。

④ 广东省文物考古研究所、北京大学考古文博学院、英德市博物馆：《广东英德市青塘遗址》，《考古》2019年第7期。

⑤ a. 柳州白莲洞洞穴科学博物馆、北京自然博物馆、广西民族学院历史系：《广西柳州白莲洞石器时代洞穴遗址发掘报告》，《南方民族考古（第一辑）》，成都：四川大学出版社，1987年。

b. 广西柳州白莲洞洞穴科学博物馆：《柳州白莲洞》，北京：科学出版社，2009年。

⑥ a. 柳州市博物馆、广西壮族自治区文物工作队：《柳州市大龙潭鲤鱼嘴新石器时代贝丘遗址》，《考古》1983年第9期。

b. 傅宪国、蓝日勇、李珍等：《柳州鲤鱼嘴遗址再度发掘》，《中国文物报》2004年8月4日。

⑦ 陈伟驹：《岭南地区史前年代学及相关问题研究——以牛栏洞遗址为例》，《东南文化》2015年第6期。

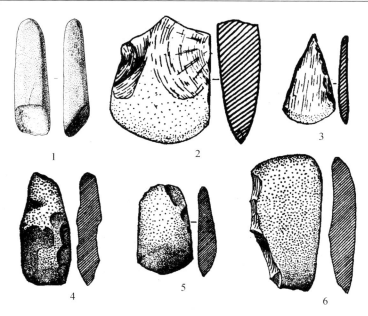

图9-3　中国南方早期磨制石器

1. 江西仙人洞磨制石锛　2、3. 广东独石仔遗址磨刃石器　4～6. 广西鲤鱼嘴遗址磨刃石器

（图片引自北京大学考古文博学院、江西省文物考古研究所：《仙人洞与吊桶环》，文物出版社，2014年，第54页；邱立诚、宋方义、王令红：《广东阳春独石仔新石器时代洞穴遗址发掘》，《考古》1982年第5期；柳州市博物馆、广西壮族自治区文物工作队：《柳州市大龙潭鲤鱼嘴新石器时代贝丘遗址》，《考古》1983年第5期）

究[①]，中国南方地区的早期磨制石器出现的时间为距今2万～1.2万年（校正后），多与早期陶器技术与石核-石片技术共存。

（三）旧大陆东部其他地区

日本列岛的早期磨制石器自20世纪70年代就引起学界的注意[②]，并被认为是日本旧石器时代晚期前段的特征之一[③]，但是年代问题也一直困扰着研究的进展。近年来日本的地层学和年代学研究表明，日本旧石器时代晚期早、晚两段的分界在地层上的表现是姶良Tn火山灰层（AT tephra），该层之下为旧石器时代晚期前段，该层之上为旧

---

① 　a．向金辉：《中国磨制石器起源的南北差异》，《南方文物》2014年第2期。

　　b．陈伟驹：《有陶与无陶：时间早晚还是空间差异？——简论岭南新石器时代早期文化》，《江汉考古》2016年第1期。

② 　Blundell V. M., Bleed P. Ground stone artifacts from Late Pleistocene and Early Holocene Japan. *Archaeology & Physical Anthropology in Oceania*, 1974, 9 (2): 120-133.

③ 　Oda S., Keally C. T. The origin and early development of axe-like and edge-ground stone tools in the Japanese Palaeolithic. *Bulletin of the Indo-Pacific Prehistory Association*, 1992, 12 (1): 23-31.

石器时代晚期后段[1]。长期以来日本发现的早期磨制石器有相当数量位于始良Tn火山灰层之下，这些磨制石器均为局部磨刃石斧（图9-4），与新石器时代（绳文时代）通体磨光的石斧明显不同，结合本州Hinatabayashi B遗址、九州Ishinomoto遗址等早期石斧出土层位的[14]C测年结果，年代为距今3.8万～3.2万年（校正后）[2]，多与石叶技术共存[3]。日本早期磨刃石斧的毛坯为砾石或者石片，先打制成为石斧的轮廓，后打磨刃部。未经磨刃的石斧也有发现，但通常不见使用痕迹，应当是磨刃石斧的毛坯。日本早期石斧在旧石器时代晚期前段出现后，经历空档期，在绳文时代之初再次出现[4]。

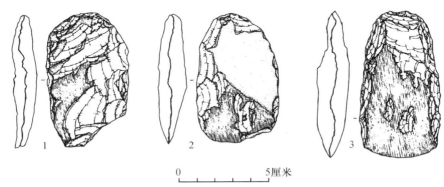

图9-4　日本本州日向林B（Hinatabayashi B）遗址出土早期磨刃石斧

（图片引自Takashi T. MIS3 edge-ground axes and arrival of the first Homo sapiens in the Japanese archipelago. *Quaternary International*, 2012, 248: 70-78）

与日本同处于西太平洋地区的韩国、东南亚等地区，也都发现处于晚更新世中晚期的早期磨制石器[5]。韩国Galsanri遗址曾报道发现深海氧同位素3阶段（MIS3）距今3万多年的磨制石器与石核-石片技术共存，但大多磨制石器（包括研磨类石器和磨刃类石器）出现于深海氧同位素2阶段（MIS2），距今2.5万～1.5万年（校正后），Sinbuk、Haga、Wolpyeong和Hopyeongdong等遗址出土有研磨类石器，Sinbuk、

[1] Sekiya A. Ground-stone axes in the upper Paleolithic of Japan, archaeology. *Ethnology and Anthropology of Eurasia*, 2006, 28 (1): 58-62.

[2] Takashi T. MIS3 edge-ground axes and arrival of the first Homo sapiens in the Japanese archipelago. *Quaternary International*, 2012, 248: 70-78.

[3] Yamaoka T. Transitions in the Early Upper Palaeolithic: An examination of lithic assemblages on the Musashino Upland, Tokyo, Japan. *Asian Perspective*, 2010, 49 (2): 251-278.

[4] Takashi T. MIS3 edge-ground axes and arrival of the first Homo sapiens in the Japanese archipelago. *Quaternary International*, 2012, 248: 70-78.

[5] Anderson A., Summerhayes G. Edge-ground and waisted axes in the Western Pacific islands: Implications for an example from the Yaeyama Islands, Southernmost Japan. *Asian Perspectives*, 2008, 47 (1): 45-58.

Jiphyeun、Sageunri和Suyanggae等遗址出土磨刃类石器，多与石叶和细石叶技术等共存[①]。东南亚印度尼西亚Niah Cave发现了距今2万～1.5万年（未校正）的磨刃石器，越南也发现了距今1.8万年（未校正）的磨刃石器，均与石核-石片技术共存[②]。

迄今为止，旧大陆东侧乃至全世界范围内最早的磨刃石器发现于澳大利亚北部地区，与石核-石片技术共存。其中的重要发现包括在Nawarla Gabarnmang遗址发现的距今约3.5万年（校正后）的局部磨刃石器[③]、在Carpenter Gap 3遗址发现的距今约3.3万年（校正后）的磨刃石器上剥落的石片[④]、在Carpenter Gap 1遗址发现的距今4.9～4.4万年（校正后）的磨刃石器上剥落的石片[⑤]。更为值得关注的是，近年澳大利亚北部Madjedbebe岩厦遗址最下层发现的磨刃石器及研磨石器的光释光年代达到距今6.5万年，与盘状石核等共存[⑥]。

三、旧大陆西部早期磨制石器

与旧大陆东部相比，旧大陆西部在旧石器时代长期以来是人类演化与石器技术革新的活跃地区。旧大陆西部不但打制石器出现时间早于旧大陆东部，而且其内部打制石器技术革新的频率也高于旧大陆东部[⑦]。因此，论及早期磨制石器出现的石器打制

① Lee H. W., Christopher J. B., Lee C. The Korean early Late Paleolithic revisited: A view from Galsanri. *Archaeological and Anthropological Sciences*, 2017, 9 (5): 843-863.

② Bellwood P. *Prehistory of the Indo-Malaysian Archipelago*. Honolulu: University of Hawaii Press, 1997.

③ a. Geneste J. M., David B., Plisson H., et al. Earliest evidence for ground-edge axes: 35, 400 ± 410 cal BP from Jawoyn Country, Arnhem Land. *Australian Archaeology*, 2010, 71 (1): 66-69.
   b. Geneste J. M., David B., Plisson H., et al. The origins of Ground-edge axes: New finding from Nawarla Gabarnmang, Arnhem Land (Australia) and global implications for the evolution of fully Modern Humans. *Cambridge Archaeological Journal*, 2012, 22 (1): 1-17.

④ O'Connor S., Maloney T., Vannieuwenhuyse D., et al. Occupation at Carpenters Gap 3, Windjana Gorge Kimberley, Western Australia. *Australian Archaeology*, 2014, 78 (1): 10-23.

⑤ Hiscock P., O'Connor S., Balme J., et al. World's earliest ground-edge axe production coincides with human colonization of Australia. *Australian Archaeology*, 2016, 82 (1): 2-11.

⑥ Clarkson C., Jacobs Z., Marwick B., et al. Human occupation of northern Australia by 65, 000 years ago. *Nature*, 2017, 547 (7663): 306-310.

⑦ a. 陈宥成、曲彤丽：《"勒瓦娄哇技术"源流管窥》，《考古》2015年第2期。
   b. 陈宥成、曲彤丽：《"石叶技术"相关问题的讨论》，《考古》2018年第10期。
   c. 陈宥成、曲彤丽：《旧大陆东西方比较视野下的细石器起源再讨论》，《华夏考古》2018年第5期。

技术背景，旧大陆东西格局是有明显不同的。具体到早期磨制石器发现的地理分布而言，旧大陆西部的早期磨制石器以非洲、西亚黎凡特地区和欧洲为核心。

（一）早期研磨类石器

西亚黎凡特南部地区不仅是旧大陆农业起源的关键地区，磨制石器也存在悠久的历史传统，该地区包括叙利亚南部、黎巴嫩、以色列、巴勒斯坦、约旦和埃及的西奈半岛[①]。西亚黎凡特新石器时代最传统的分期方案是Kathleen Kenyon基于Jericho遗址划分的前陶新石器时代A阶段（PPNA）、前陶新石器时代B阶段（PPNB）和有陶新石器时代（Ceramic Neolithic）三个阶段[②]。根据最新的年代框架，前陶新石器时代A阶段为距今12000～10700年（校正后），前陶新石器时代B阶段为距今10700～8800年（校正后）[③]，有陶新石器时代为距今8800～6500年（校正后）[④]。黎凡特南部地区相当系统和丰富的考古材料显示，当地的整个新石器时代都拥有发达的研磨类石器系统，包括石杵、石臼与石磨盘（图9-5，1、2）、石磨棒。石臼的平面形态多为圆形，剖面形态为深浅不一的"U"形，使用方式为垂直方向捣（pounding）和旋转式研磨（rotary hand-grinding），在石臼的内侧壁上往往能看到旋转式研磨留下的痕迹，而在底部有捣击的痕迹[⑤]。石磨盘可分为两种类型：一类工作面近长方形，研磨路径往往是线性的；另一类的工作面是椭圆形的，研磨路径往往是环状的（图9-5，1、2）[⑥]。

黎凡特南部地区前陶新石器时代发达的研磨类磨制石器可以进一步上溯至旧石器时代末期。黎凡特南部地区的旧石器时代末期可以分为前、后两段，前段以卡巴哈（Kebaran）文化和几何形卡巴哈（Geometric Kebaran）文化两个前后相继的文化为代表，后段以纳吐夫（Natufian）文化为代表。根据最新的年代框架，纳吐夫文化时代向前推进至距今14500～12000年（校正后），卡巴哈文化和几何形卡巴哈文化则相应

①　Kuijt I., Goring-Morris N. Foraging, farming, and social complexity in the Pre-Pottery Neolithic of the Southern Levant: A review and synthesis. *Journal of World Prehistory*, 2002, 16 (4): 361-440.

②　Asouti E. Beyond the Pre-Pottery Neolithic B interaction sphere. *Journal of World Prehistory*, 2006, 20 (2-4): 87-126.

③　Hodder I. Çatahöyük in the context of the Middle Eastern Neolithic. *Annual Review of Anthropology*, 2007, 36 (1): 105-120.

④　Goring-Morris A. N., Belfer-Cohen A. Neolithization processes in the Levant: The outer envelope. *Current Anthropology*, 2011, 52 (S4): S195-S208.

⑤　Wright K. The origins and development of ground stone assemblages in Late Pleistocene southwest Asia. *Paléorient*, 1991, 17 (1): 19-45.

⑥　Wright K. A classification system for ground stone tools from the prehistoric Levant. *Paléorient*, 1992, 18 (2): 53-81.

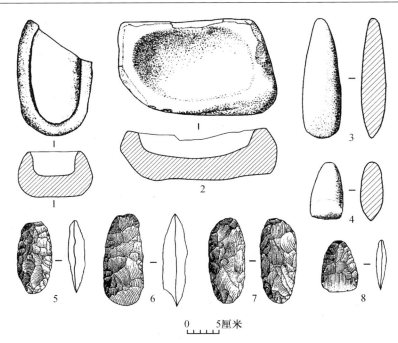

0　　　5厘米

图9-5　黎凡特地区前陶新石器B阶段的磨制石器及打制石斧
1、2. 石磨盘　3、4. 磨光石斧　5 ~ 7. 打制石斧　8. 磨刃石斧

［图片引自Wright K. A classification system for ground stone tools from the prehistoric Levant. *Paléorient*, 1992, 18 (2): 53-81; Moore A. M. T. A four-stage sequence for the Levantine Neolithic, ca. 8500-3750 B. C. *Bulletin of the American Schools of Oriental Research*, 1982, 246: 1-34 ］

为距今22000 ~ 14500年（校正后）[①]。卡巴哈文化时已经出现深腹石容器、石臼以及精致修长的石杵，出土石臼的代表性遗址是Ein Gev遗址第Ⅰ层、Kharaneh遗址第Ⅳ层和Umm Khalid遗址等；时代稍晚的几何形卡巴哈文化的石杵、石臼与卡巴哈文化较为相似，出土石臼和石容器的代表性遗址是Neve David遗址、Judayid遗址和OhaloⅠ遗址等[②]。纳吐夫文化时期的定居程度明显增强，体现在遗址规模、环形石结构、储藏坑和墓葬等方面，该时期石杵（图9-6，5）、石臼（图9-6，6、7）和石容器的数量明显增多，往往与几何形细石器（图9-6，1 ~ 4）共存[③]。石臼上往往有雕刻和彩绘，显示为贸易产品。在Mallaha遗址Ⅱ ~ Ⅳ层发现53件石容器和16件石臼，Wadi Hammeh遗址27层发现76件石容器和2件石臼，Hayonim 洞穴遗址B层发现17件石容器和2件石臼，到

① Scarre C. *The Human Past*: *World Prehistory & the Development of Human Societies* (*Third Edition*). Thames & Hudson, 2013.

② Wright K. The origins and development of ground stone assemblages in Late Pleistocene southwest Asia. *Paléorient*, 1991, 17 (1): 19-45.

③ Belfer-Cohen A. The Natufian in the Levant. *Annual Review of Anthropology*, 1991, 20 (1): 167-186.

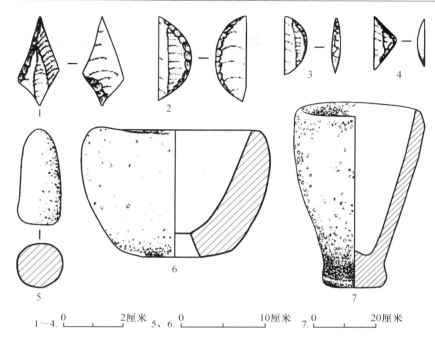

图9-6　纳吐夫文化的磨制石器及共出的几何形细石器

1、2. 半月形细石器　3. 三角形细石器　4. 石镞　5. 石杵　6. 石臼　7. 深腹石臼

（图片引自Belfer-Cohen A. The Natufian in the Levant. *Annual Review of Anthropology*, 1991, 20: 167-186）

了纳吐夫文化晚期，Mallaha遗址Ⅰa～c层发现40件石容器和14件石臼[①]。

如果把时间和空间视野范围进一步扩大，黎凡特地区以及与其史前文化密切关联的非洲、欧洲在旧石器时代晚期甚至中期就已经有相当数量的早期研磨类石器的发现。黎凡特地区Abu Noshra遗址第Ⅱ层、Yabrud遗址第Ⅱ层、Qafzeh遗址第9层、Ksar Akil遗址第8～7层等均发现了旧石器时代晚期的石磨盘。在欧洲，旧石器时代晚期大约距今3万年开始出现石杵和研磨石等研磨颜料的工具，以意大利距今约2.8万年（校正后）的BilancinoⅡ遗址、俄罗斯距今约3.1万年（校正后）的Kostenki 16遗址和捷克距今约2.9万年（校正后）的Pavlov Ⅵ遗址为代表[②]。相比之下，全球范围最早的研磨类石器应当出现于非洲中期石器时代的多个地点[③]，以近年来新发现的南非Blombos洞穴遗址发现的距今10万年左右的存在研磨痕迹的研磨石（grindstone）及被研磨的赭石颜

① Wright K. The origins and development of ground stone assemblages in Late Pleistocene Southwest Asia. *Paléorient*, 1991, 17 (1): 19-45.

② Revedin A., Aranguren B., Becattini R., et al. Thirty thousand-year-old evidence of plant food processing. *PNAS*, 2010, 107 (44): 18815-18819.

③ Mcbrearty S., Brooks A. S. The revolution that wasn't: A new interpretation of the origin of modern human behavior. *Journal of Human Evolution*, 2000, 39 (5): 453-563.

料为代表①，是非洲早期现代人类演化过程中认知行为能力发展的重要标志。

（二）早期磨刃类石器

以黎凡特地区和欧洲地区为代表的旧大陆西部虽然发现了相当数量的以石臼、石磨盘和石容器为代表的早期磨制石器，但是早期磨刃类石器的发现似乎存在空白。在西亚黎凡特地区，从卡巴哈文化到纳吐夫文化，该阶段对于理解定居的出现、聚落规模的扩大和食物储存等具有重要意义。其中纳吐夫文化是黎凡特地区在卡巴哈文化和几何形卡巴哈文化基础之上定居程度最高的狩猎采集者，甚至已经迈入早期农业社会的门槛②，其大型营地面积已超过1000平方米，房屋为半地穴式，房基为石构，房子上部建筑材料为木构，不见泥砖③。纳吐夫文化除了拥有发达的细石器之外，在大型营地中可以见到不同型式的石臼（图9-6，6、7）④，但该地区当时并没有发现石斧等磨刃类石器，房屋建筑材料中的木材原料获取及加工应当仍由打制石器完成。

就目前的考古材料而言，黎凡特地区最早的磨刃类石器出现于纳吐夫文化之后的前陶新石器A阶段。黎凡特地区到了前陶新石器A阶段开始食物生产⑤，以Jericho遗址、Netiv Hagdud遗址、Nahal Oren遗址和Mureybet遗址等为代表。前陶新石器A阶段房子平面为圆形，直径4～6米，建筑材料为泥砖（mudbrick）、石块和木料，出现定居村落⑥。前陶新石器A阶段的石器工业中，小石叶石核逐渐被大型石叶石核取代，细石器工具被大型的石叶工具取代，这一转变与定居的出现、植物资源利用的增加有所关联⑦。此外工具组合中出现了黎凡特地区最早的磨刃石器，以位于死海东岸的Dhra'遗址出土的磨刃石斧（图9-7，1）为代表，与不同类型的打制石镞（图9-7，2～4）共

①　Henshilwood C. S., d'Errico F., Niekerk K. L., et al. A 100, 000-year-old ochre-processing workshop at Blombos Cave, South Africa. *Science*, 2011, 334 (6053): 219-222.

②　Bar-Yosef O., Valla F. The Natufian Culture and the origin of the Neolithic in the Levant. *Current Anthropology*, 1990, 31 (4): 433-436.

③　Bar-Yosef O. The Natufian Culture in the Levant, threshold to the origins of agriculture. *Evolutionary Anthropology*, 1998, 6 (5): 159-177.

④　Belfer-Cohen A. The Natufian in the Levant. *Annual Review of Anthropology*, 1991, 20 (1): 167-186.

⑤　Finlayson B., Mithen S. J., Najjar M., et al. Architecture, sedentism, and social complexity at Pre-Pottery Neolithic A WF16, Southern Joudan. *PNAS*, 2011, 108 (20): 8183-8188.

⑥　Moore A. M. T. A four-stage sequence for the Levantine Neolithic, ca. 8500-3750 B. C. *Bulletin of the American Schools of Oriental Research*, 1982, 246: 1-34.

⑦　Quintero L. A., Wilke P. J. Evolution and economic significance of naviform core-and-blade technology in the Southern Levant. *Paléorient*, 1995, 21 (1): 17-33.

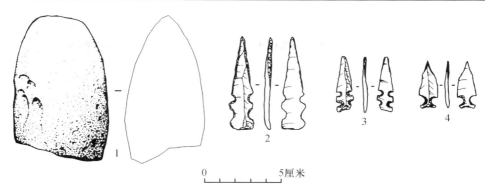

图9-7　黎凡特地区前陶新石器A阶段德哈（Dhra'）遗址出土石斧与石镞
1. 石斧　2～4. El-Khiam石镞

［图片引自Kuijt I., Mahasneh H. Dhra': An Early Neolithic village in the Southern Jordan Valley. *Journal of Field Archaeology*, 1998, 25 (2): 153-161］

存[1]。目前来看，黎凡特地区前陶新石器A阶段的磨刃石器数量很少，仅在个别遗址有所发现。

对于黎凡特地区而言，到了前陶新石器B（PPNB）阶段农业进一步发展，以Abu Hureyra遗址、Tell Ramad遗址、Labweh遗址、Munhatta遗址、Abu Ghosh遗址等为代表。前陶新石器B阶段房子为多间的长屋，房屋的建筑材料为泥砖、木材和泥土，聚落面积进一步增大，大型聚落如'Ain Ghazal遗址面积达12万平方米，是前陶新石器A时期Jericho聚落面积的3倍[2]。前陶新石器B阶段石器工业以石叶工具为主体，包括石叶镰刀（sickle blades）、投射尖状器、石刀、雕刻器等[3]，此时在前陶新石器A阶段基础上，磨刃石斧的数量有所增加。前陶新石器B阶段磨刃石斧的生产操作流程通常为先进行系统剥片整形（图9-5，5～7）、后磨制刃部（图9-5，8）或通体磨光（图9-5，3、4）。本阶段磨刃石斧多发现于地处森林地带的Tell Ramad遗址、Labweh遗址、Munhatta遗址、Abu Ghosh遗址等，而在处于草原带的Abu Hureyra遗址等少见[4]，暗示这些石斧的用途是加工木材，所以在草原区用途不大。

对于欧洲而言，虽然前文提到其在旧石器时代晚期开始出现零星的早期磨制石器，但是其在旧石器时代晚期自始至终没有出现磨刃类石器。欧洲大部分地区在距今1

① Kuijt I., Mahasneh H. Dhra': An Early Neolithic village in the Southern Jordan Valley. *Journal of Field Archaeology*, 1998, 25 (2): 153-161.

② Asouti E. Beyond the Pre-Pottery Neolithic B interaction sphere. *Journal of World Prehistory*, 2006, 20 (2-4): 87-126.

③ Quintero L. A., Wilke P. J. Evolution and economic significance of naviform core-and-blade technology in the Southern Levant. *Paléorient*, 1995, 21 (1): 17-33.

④ Moore A. M. T. A four-stage sequence for the Levantine Neolithic, ca. 8500-3750 B. C. *Bulletin of the American Schools of Oriental Research*, 1982, 246: 1-34.

万年前后旧石器时代结束之后并没有与西亚保持同步的节奏进入新石器时代开始食物生产，经历了漫长的中石器时代。欧洲的中石器时代是一个动态变化与创新的时代，而非如过去描述的文化倒退时代，中石器时代的聚落规模和定居程度均显著增强[①]。在斯堪的纳维亚半岛南部和德国北部，旧石器时代晚期和中石器时代早期的聚落多为季节性的营地，且多位于内陆湖畔与河谷，但到了中石器时代中期，聚落的定居程度更强且多位于海滨，常见贝丘遗址，是人群长期占据行为的结果[②]。不过，欧洲中石器时代石器工业仍以发达的细石器为核心，常见斜三角形和梯形等几何形细石器[③]。

　　在欧洲，最早的磨刃类石器可以追溯到中石器时代晚期至末期。欧洲中石器时代的末期出现了重大变革，包括定居聚落、家养动物、栽培植物等的出现，这涉及本地居民生计方式的重大转变。欧洲中石器时代晚期至末期的磨刃类石器的数量不多，如在斯堪的纳维亚南部Maglemose文化晚期出现磨光石斧（图9-8，9），不过此时石器工业仍以细石器工业为主体（图9-8，1~8）[④]。直到新石器时代早期，欧洲的磨刃类石器才进一步增多，如在乌克兰距今6500年前后新石器时代早期的Bug-Dniester文化、Körös文化、线纹陶（Linear Pottery）文化、Surskaia文化、彩陶（Painted Ware）文化等都可以见到一定数量的磨光石斧[⑤]，相似的情况在意大利[⑥]、西班牙[⑦]、波罗的海东部[⑧]、欧洲大西洋沿岸地区[⑨]等都可以见到。此外，在欧洲南部如希腊地区，紧跟西亚黎凡特地区的文化发展步伐，同样存在前陶新石器时代，并在前陶新石器时代出现磨光石斧[⑩]。

① Bailey G., Spikins P. *Mesolithic Europe*. Cambride: Cambridge University Press, 2008.

② Price T. D. The Mesolithic of Northern Europe. *Annual Review of Anthropology*, 1991, 20: 211-233.

③ Price T. D. The Mesolithic of Western Europe. *Journal of World Prehistory*, 1987, 1 (3): 225-305.

④ Larsson L. The Mesolithic of Southern Scandinavia. *Journal of World Prehistory*, 1990, 4 (3): 257-309.

⑤ Telegin D. J. Neolithic Cultures of the Ukraine and adjacent areas and their chronology. *Journal of World Prehistory*, 1987, 1 (3): 307-331.

⑥ Malone C. The Italian Neolithic: A synthesis of research. *Journal of World Prehistory*, 2003, 17 (3): 235-312.

⑦ Straus L. G. The Late Upper Paleolithic-Mesolithic-Neolithic transitions in Cantabrian Spain. *Journal of Anthropological Research*, 2009, 65 (2): 287-298.

⑧ Rimantiene R. The Neolithic of the Eastern Baltic. *Journal of World Prehistory*, 1992, 6 (1): 97-143.

⑨ Arias P. The origins of the Neolithic along the Atlantic coast of continental Europe: A survey. *Journal of World Prehistory*, 1999, 13 (4): 403-464.

⑩ Demoule J. P., Perlès C. The Greek Neolithic: A new review. *Journal of World Prehistory*, 1993, 7 (4): 355-416.

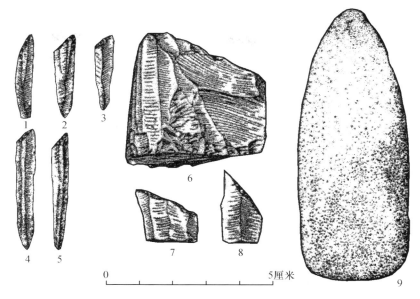

图9-8　北欧Maglemose文化晚期的磨制石斧与细石器
1~5.三角形细石器　6.小石叶石核　7、8.梯形细石器　9.磨光石斧
［图片引自Larsson L. The Mesolithic of Southern Scandinavia. *Journal of World Prehistory*, 1990, 4 (3): 257-309 ］

四、比较与讨论

旧大陆东西方在旧石器时代不但在打制石器技术方面呈现明显不同的技术格局，磨制石器也同样存在显著的分异态势。就磨刃类石器而言，旧大陆东部的出现时代明显早于西部。旧大陆东部的早期磨刃类石器分布于环西太平洋地区的中国、日本、韩国、东南亚、澳大利亚北部等多个地区。其中澳大利亚北部早期磨刃石器的年代达到距今6.5万年，处于旧石器时代中期，日本列岛的早期磨刃石器的年代均达到距今约3.5万年（校正后），处于旧石器时代晚期前段，中国南方和东南亚的早期磨刃石器的年代也达到距今约2万年（校正后），处于旧石器时代晚期后段，中国北方的早期磨刃石器的年代稍晚为距今约1.2万年（校正后），处于旧石器时代晚期末段。而在旧大陆西侧，黎凡特地区早期磨刃石器出现于前陶新石器A阶段，年代为距今1.2万~1万年（校正后）。欧洲的磨刃类石器出现则更晚，处于距今约6000多年（校正后）的中石器时代晚期。

就研磨类石器而言，情况正好相反，旧大陆西侧在非洲中期石器时代距今10万年左右就已经出现，当时研磨类石器与早期现代人加工赭石（赤铁矿）颜料行为密切相关。这类颜料研磨石器随后相继在西亚、欧洲零星出现，数量在旧石器时代晚期距今4万年左右开始进一步增多。西亚黎凡特地区的旧石器时代末期（校正后距今2.2万~1.2

万年）和前陶新石器时代（校正后距今1.2万～9000年）研磨类石器进一步发展，并开始显示出与加工植物性资源更为密切的联系。而在旧大陆东侧，仅中国北方地区在距今约2.5万年（校正后）出现了研磨类石器，其他地区如中国南方地区、日本列岛和东南亚等在旧石器时代晚期很少见到此类器物。

无论是打制石器与磨制石器，还是本章重点讨论的磨刃类石器与研磨类石器，其概念设计、制作机理与功能都是有显著差别的。也正是因为如此，旧大陆东西方的早期磨制石器游离于打制石器技术格局之外，呈现出复杂而多样化的技术模式。旧大陆西侧在旧石器时代曾长期引领打制石器技术的革新浪潮，到了旧石器时代中晚期，因研磨颜料和植物种子等社会-生计需求创新开发利用了石磨盘等研磨类工具，形成旧大陆西侧的区域传统。旧大陆东侧在旧石器时代曾长期呈稳定状态[①]，与旧大陆西侧有所分异[②]，但到了旧石器时代晚期在打制石器系统之外的领域不断开拓新的技术策略，开发利用了全球范围内最早的磨刃类石器，此外还发明了全球最早的陶容器[③]。磨刃类石器的加工虽然费时耗力，但在加工木材领域相比于打制石器凭借器物光滑的表面和规整的刃缘具有较高的耐用程度和砍伐效率[④]，充分适应了旧大陆东侧亚热带及热带丰富的林木资源。旧大陆东侧的磨刃石器策略出现后断续发展逐渐形成区域传统，并在全新世时期达到兴盛。

上述磨制石器区域传统可以理解为在更新世中晚期旧大陆东西两侧狩猎采集人群适应新的生态-社会环境开发出不同的技术策略，同时也是旧大陆现代人出现与扩散过程中认知能力与行为特征发展的重要标志。最后需要强调的是，中国北方地区磨刃类石器以及陶容器的出现显著晚于中国南方地区，同时北方石叶-细石叶技术体系与中国南方石核-石片石器工业迥然不同，这些现象共同显示出旧石器时代晚期后段中国南北方狩猎采集人群的交流是十分有限的，分别拥有相对独立的生态-社会交流网络。与之相对应的是，旧石器时代晚期中国北方地区的石叶-细石叶技术体系与研磨类石器的出现紧随旧大陆西侧步伐，显示旧石器时代晚期后段中国北方地区与欧亚大陆西部更为密切的社会-技术关联。

① 高星、裴树文：《中国古人类石器技术与生存模式的考古学阐释》，《第四纪研究》2006年第4期。

② a. 王幼平：《青藏高原隆起与东亚旧石器文化的发展》，《人类学学报》2003年第3期。
　　b. 陈宥成、曲彤丽：《旧石器时代旧大陆东西方的石器技术格局》，《中原文物》2017年第6期。

③ 陈宥成、曲彤丽：《中国早期陶器的起源及相关问题》，《考古》2017年第6期。

④ 陈虹、刘吉颖、汪俊：《从原料角度探讨中国磨制石器出现及发展的动因》，《考古》2017年第10期。

第十章 讨论与结语

旧石器时代旧大陆不同地区石器技术存在"多元一体"的演化格局。所谓"一体"，主要体现在旧大陆不同地区石器技术演化之间的关联性，不同地区之间存在多个相同的石器技术因素，并且这些石器技术因素的先后出现序列基本一致。所谓"多元"，主要体现在旧大陆不同地区石器技术演化之间的差异性，包括相同技术因素在不同地区出现时间早晚差异、相同技术因素在不同地区延续时间长短差异和相同技术因素在不同地区出现频率不同等。本章将总结中西比较视野下不同地区石器技术演化进程，并提出旧大陆旧石器时代多元一体石器技术演化格局的形成机制。

一、中西比较视野下旧石器时代石器技术演化进程

（一）旧石器时代旧大陆石器技术演化的基本脉络

旧大陆不同地区石器技术演化存在大体一致的基本脉络。人类早期石器剥片技术主要包括生产石片（剥片）和工具加工（包括修型和修刃）两个方面。现有人类最早期石器遗存（距今约330万年肯尼亚Lomekwi 3遗址[①]和距今260万～250万年埃塞俄比亚Gona遗址[②]）出现最简单的剥片技术，但不见二次修理工具的迹象。修理工具的目的是通过改变毛坯的整体形态和刃缘形态从而增进工具的使用效率，距今约234万年肯尼亚Lokalalei2C遗址已经见到明确的早期修理石片刃缘和石核刃缘的行为[③]。修理工具行为是在生产石片行为的基础上出现的。

本书探讨的人类早期石核-石片技术、勒瓦娄哇技术、发展的石核-石片技术、石叶技术、小石叶技术和细石叶技术等属于生产石片技术，本书探讨的阿舍利技术、修背细石器技术、小型两面器技术和磨制石器技术等属于工具加工技术。剥片技术与加

---

①　Harmand S., Lewis J. E., Feibel C. S., et al. 3.3-million-year-old stone tools from Lomekwi 3, West Turkana, Kenya. *Nature*, 2015, 521 (7552): 310-315.

②　Semaw S., Renne P., Harris J. W. K., et al. 2.5-million-year-old stone tools from Gona, Ethiopia. *Nature*, 1997, 385 (6614): 333-336.

③　Delagnes A., Roche H. Late Pliocene hominid knapping skills: The case of Lokalalei 2C, West Turkana, Kenya. *Journal of Human Evolution*, 2005, 48 (5), 435-472.

工工具技术虽然生产目的不同，但二者在技术操作层面有互通之处。修理工具行为客观上也是一种剥片行为，修理工具过程也伴随了大小不一的石片的产生，其中某些石片也可以被进一步加工作为工具使用。剥片技术与修理技术二者之间有时并不存在明确的边界，二者在人类石器技术演化过程中相互促进。

阿舍利技术是在人类早期石核-石片技术工业中产生的，阿舍利工业中两面器技术特征显示出与石核-石片工业中两面剥片石核的技术关联。勒瓦娄哇技术作为预制剥片技术最早出现于阿舍利工业之中，勒瓦娄哇技术可能与阿舍利工业中早期等级化两面体预制石核技术具有技术关系。早期石叶技术出现于阿舍利工业和其他旧石器时代早期石器工业之中，可以分为勒瓦娄哇石叶技术、棱柱状石叶技术两类，前者源自勒瓦娄哇技术，后者可能与阿舍利工业或其他旧石器时代早期工业中的早期预制石核技术有所关联。小石叶技术是在棱柱状石叶技术基础上演化而来，细石叶技术是在小石叶技术基础上发展出现的。修背细石器技术和小型两面器技术等修形技术均出现于石叶、小石叶和细石叶工业之中，特别是显示出与小石叶、细石叶工业中压制技术的技术关联，同时小型两面器的几何结构承袭自大型两面器。

由于这些不同的剥片技术和修形技术之间关系密切，它们往往相互不排斥并作为不同的技术因素共存于某种石器工业之中。阿舍利工业以新出现的阿舍利技术为特征，但阿舍利工业中广泛存在原有石核-石片技术。距今50.9万～28.4万年东非肯尼亚Kapthurin Formation早期勒瓦娄哇技术[1]和距今54.5万～50.9万年Kapthurin Formation早期石叶技术[2]均出现于阿舍利工业之中，与阿舍利技术共存。小石叶技术或细石叶技术占据主体的石器工业中，往往可以见到石叶技术或普通石核-石片技术产品。另一方面，旧石器时代新出现的石器技术的适应优势往往并非十分显著或者在所有地区都具有适应优势，不同地区均存在古老石器工业与新兴石器工业并存的局面，如西欧和东亚等地区阿舍利工业出现后，不含阿舍利技术的石核-石片工业依然存在。

旧大陆不同地区石器技术演化存在大体一致的演化趋势，不仅体现在不同石器技术之间相同或相似的更替序列，还体现在长时段视野下某种石器技术的大体演化方向。就石核-石片技术而言，旧大陆东西方都存在某种从简单到复杂的发展趋势，如双面或多面剥片石核比例增加、石核的转动和剥片强度增加以及工具的比例增加等。就阿舍利技术而言，旧大陆东西方手斧也都有某种从简单到复杂的发展趋势，体现在修理强度的增加、对称性的提高以及薄度的提升等。就勒瓦娄哇技术与石叶技术而言，这种趋势表现为产品尺寸小型化与剥片方法多样化。

---

① Tryon C. A., McBrearty S., Texier P. J. Levallois lithic technology from the Kapthurin formation, Kenya: Achelian origin and Middle Stone Age diversity. *African Archaeological Review*, 2005, 22, (4): 199-229.

② Johnson C. R., McBrearty, S. 500, 000 year old blades from the Kapthurin Formation, Kenya. *Journal of human evolution*, 2010, 58 (2): 193-200.

（二）旧石器时代旧大陆石器技术演化的区域多样性

第一，相同石器技术在不同地区出现时间存在差异。现有考古资料显示，大多重要石器技术在非洲的出现时间早于非洲以外的其他地区。据现有考古材料，石核-石片技术在非洲最早见于距今 330 万年肯尼亚 Lomekwi 3 遗址[1]，在东亚最早见于距今约212万年我国陕西上陈遗址黄土地层 L28[2]，在西亚最早见于距今 185 万～178 万年格鲁吉亚 Dmanisi 遗址最下部 A 层[3]，在欧洲最早见于距今 120 万～110 万年西班牙 Atapuerca 遗址 Sima del Elefante 地点 TE9 层[4]。据现有资料，阿舍利技术在非洲最早见于距今约176万年肯尼亚 Kokiselei 4 遗址[5]，在西亚最早见于距今约140万年以色列 Ubeidiya 遗址[6]，在南亚最早见于距今约107万年印度 Attirampakkam（ATM）遗址[7]，在欧洲最早见于距今 100万～90万年西班牙 La Boella 遗址[8]，在东亚最早见于距今约83万年中国广西百色枫树岛遗址[9]。据现有资料，勒瓦娄哇技术在非洲最早见于距今50.9万～28.4万年肯尼亚 Kapthurin Formation 的 Leakey Handaxe Area 遗址和 Factory 遗址[10]，在南亚最早见于距今

[1] Harmand S., Lewis J. E., Feibel C. S., et al. 3.3-million-year-old stone tools from Lomekwi 3, West Turkana, Kenya. *Nature*, 2015, 521 (7552): 310-315.

[2] Zhu Z. Z., Dennell R., Huang W. W., et al. Hominin occupation of the Chinese Loess Plateau since about 2.1 million years ago. *Nature*, 2018, 559 (7715): 608-612.

[3] Ferring R., Oms O., Agustí J., et al. Earliest human occupations at Dmanisi (Georgian Caucasus) dated to 1.85-1.78 Ma. *PNAS*, 2011, 108 (26): 10432-10436.

[4] Carbonell E., Bermúdez de Castro J. M., Parés J. M., et al. The first hominin of Europe. *Nature*, 2008, 452 (7186): 465-470.

[5] Lepre C. J., Roche H., Kent D. V., et al. An earlier origin for the Acheulian. *Nature*, 2011, 477 (7362): 82-85.

[6] Bar-Yosef O., Goren-Inbar N. *The Lithic Assemblages of Ubeidiya, a Lower Palaeolithic Site in the Jordan Valley*. The Hebrew University of Jerusalem, 1993.

[7] Pappu S., Gunnell Y., Akhilesh K., et al. Early Pleistocene presence of Acheulian hominins in South India. *Science*, 2011, 331 (6024): 1596-1598.

[8] Moncel M., Ashton N. From 800 to 500 ka in Western Europe. The oldest evidence of Acheuleans in their technological, chronological, and geographical framework// Gallotti R., Mussi M. *The Emergence of the Acheulean in East Africa and Beyond*. Cham: Springer International Publishing AG, 2018: 215-235.

[9] Wang W., Bae C. J., Huang S. M., et al. Middle Pleistocene bifaces from Fenshudao (Bose Basin, Guangxi, China). *Journal of Human Evolution*, 2014, 69 (1): 110-122.

[10] Tryon C. A., McBrearty S., Texier P. J. Levallois lithic technology from the Kapthurin formation, Kenya: Achelian origin and Middle Stone Age diversity. *African Archaeological Review*, 2005, 22, (4): 199-229.

约38万年印度Attirampakkam（ATM）遗址第5层①，在欧洲最早见于距今35万～30万年法国Orgnac 3遗址和意大利Cave dall'Olio遗址②，在西亚最早见于距今约30万年亚美尼亚的Nor Geghi 1（NG1）遗址③，在东亚最早见于距今4.7万～3.7万年中国内蒙古金斯太遗址④和距今约4.5万年中国新疆通天洞遗址⑤。据现有资料，棱柱状石叶技术在非洲最早见于距今54.5万～50.9万年肯尼亚Kapthurin Formation⑥，在西亚最早见于距今42万～32万年以色列Qesem遗址⑦，在东亚最早见于距今约4万年中国宁夏水洞沟遗址第1地点和第2地点⑧。磨刃石器技术在旧大陆东侧出现于晚更新世中晚期，在西方出现于全新世时期。研磨石器技术在西方出现于晚更新世早中期，在旧大陆东侧出现于晚更新世晚期。

　　第二，相同石器工业在不同地区的延续时段不同。以单纯石核-石片技术为特征的石核-石片工业在非洲大体从上新世晚期延续至更新世早期，在欧洲频繁出现于更新世中期，但在我国从更新世早期延续至更新世末期或更晚。阿舍利工业在非洲大体从早更新世之初延续至中更新世晚期，但在我国大体从早更新世之末延续至晚更新世，如我国洛南盆地阿舍利工业年代为距今25万～5万年⑨。勒瓦娄哇技术在旧大陆西部

① Akhilesh K., Pappu S., Rajapara H. M., et al. Early Middle Paleolithic culture in India around 385-172 ka reframes Out of Africa models. *Nature*, 2018, 554 (7690): 97-101.

② Fontana F., Moncel M. H., Nenzioni G., et al. Widespread diffusion of technical innovations around 300, 000 years ago in Europe as a reflection of anthropological and social transformations? New comparative data from the western Mediterranean sites of Orgnac (France) and Cave dall'Olio (Italy). *Journal of Anthropological Archaeology*, 2013, 32 (4): 478-498.

③ Adler D. S., Wilkinson K. N., Blockley S., et al. Early Levallois technology and the Lower to Middle Paleolithic transition in the Southern Caucasus. *Science*, 2014, 345 (6204): 1609-1613.

④ Li F., Kuhn S. L., Chen F. Y., et al. The easternmost Middle Paleolithic (Mousterian) from Jinsitai Cave, North China. *Journal of Human Evolution*, 2018, 114: 76-84.

⑤ 新疆文物考古研究所、北京大学考古文博学院：《新疆吉木乃县通天洞遗址》，《考古》2018年第7期。

⑥ Johnson C. R., McBrearty, S. 500, 000 year old blades from the Kapthurin Formation, Kenya. *Journal of human evolution*, 2010, 58 (2): 193-200.

⑦ Shimelmitz R., Barkai R., Gopher A. Systematic blade production at late Lower Paleolithic (400-200Kyr) Qesem Cave, Israel. *Journal of Human Evolution*, 2011, 61 (4): 458-479.

⑧ a. 宁夏文物考古研究所、中国科学院古脊椎动物与古人类研究所：《水洞沟：2003～2007年度考古发掘与研究报告》，北京：科学出版社，2013年，第52—57页。
b. Li F., Chen F. Y., Gao X. "Modern behaviors" of ancient populations at Shuidonggou Locality 2 and their implications. *Quaternary International*, 2014, 347: 66-73.

⑨ 王社江、鹿化煜：《秦岭地区更新世黄土地层中的旧石器埋藏与环境》，《中国科学：地球科学》2016年第7期。

从中更新世中晚期延续至晚更新世中期，但在我国主要集中在晚更新世中期。石叶技术在旧大陆西部从中更新世中晚期延续至晚更新世晚期，但在我国存在于晚更新世晚期。修背细石器技术和小型两面器技术在非洲频繁出现于中期石器时代，分别以距今7.5万~7.1万年南非Still Bay工业[①]和距今6.5万~5.9万年南非Howiesons Poort工业[②]为代表，但这些技术在欧亚大陆主要盛行于旧石器时代晚期，并且欧亚大陆东部出现时间晚于欧亚大陆西部。

第三，相同石器工业在不同地区的出现频率不同。中西比较视野下，石核-石片技术在我国的出现频率高于西方，我国西南和东南某些地区石核-石片技术繁盛于整个旧石器时代。阿舍利技术在我国广西百色盆地、秦岭地区、山西丁村遗址群和丹江口库区等虽然有所发现，但我国现有阿舍利技术出现频率依然低于西方，特别是不见于北京周口店遗址和陕西龙牙洞遗址等许多长时段跨度的洞穴文化遗址。勒瓦娄哇技术在旧石器时代中期或中期石器时代曾在西方盛极一时，但是在我国仅零星出现于旧石器时代中期之末至旧石器时代晚期之初的北方个别地区。棱柱状石叶技术在我国旧石器时代晚期宁夏水洞沟遗址、西藏尼阿底遗址、河南西施与东施遗址等有所发现，但出现频率依然与西方旧石器时代中期至旧石器时代晚期的频繁出现形成鲜明对比。我国北方及整个东北亚地区旧石器晚期后段盛行细石叶技术，但该技术在西方出现频率相对较低。与细石叶技术对应，我国修背细石器出现频率低于西方。已有学者指出我国旧石器时代石器工业的"南北二元结构"[③]和"区域多样化"[④]，以秦岭—淮河南北的区域差异最为显著。就阿舍利技术而言，主要分布于秦岭地区和秦岭以南地区，我国北方地区阿舍利技术工业远远少于南方地区。勒瓦娄哇技术和石叶技术曾在中国北方地区明确出现，但在我国南方地区几乎不见。中国南北方地区石器工业差异性的最显著时期出现于旧石器时代晚期后段，此时中国南北方之间形成了截然不同的技术格局。北方地区以细石叶技术、修背细石器技术和小型两面器技术等为特征，南方地区以石核-石片技术为特征。

第四，相同石器工业在不同地区的具体演化轨迹不同。虽然长时段视野下某种石器技术存在大体一致的演化趋势，但是具体到某地区某种石器技术演化的具体过程，

---

① Henshilwood C. S. Late Pleistocene techno-traditions in Southern Africa: A review of the Still Bay and Howiesons Poort, c.75-59 ka. *Journal of World Prehistory*, 2012, 25 (3-4): 205-237

② a. Jacobs Z., Roberts R. G., Galbraith R. F., et al. Ages for the Middle Stone Age of southern Africa: Implications for human behavior and dispersal. *Science*, 2008, 322 (5902): 733-735.
b. Henshilwood C. S., Dubreuil, B. The Still Bay and Howiesons Poort, 77-59 Ka: Symbolic material culture and the evolution of the mind during the African Middle Stone Age. *Current Anthropology*, 2011, 52 (3): 361-400.

③ 张森水：《管窥新中国旧石器考古学的重大发展》，《人类学学报》1999年第3期。

④ 李锋：《克拉克的"技术模式"与中国旧石器技术演化研究》，《考古》2017年第9期。

则具有显著的波动性和复杂性。与此对应，相同石器工业在不同地区的具体演化道路各不相同，这种多样性特点在时间跨度较大的旧石器时代早期尤为显著。东非地区上新世晚期至更新世早期的石核-石片工业的跨度超过150万年，在此期间距今约235万年东非肯尼亚Lokalalei 1遗址①和距今约218万年南非Swartkrans洞穴遗址②等，均显示出人类早期石器技术的原始性，包括石核上的敲砸痕迹、剥片强度和成功率不高、单面剥片石核的比例更高等。与此相对应的是，距今260万～250万年埃塞俄比亚Gona遗址③与距今约234万年肯尼亚Lokalalei 2C遗址④等显示出较为成熟和高效的剥片体系。在东亚地区，时代稍晚的早期石核-石片工业中也存在相对原始的剥片策略，如距今约107万年麻地沟遗址MDG-E7地点的剥片策略较为简单⑤，而距今约110万年东古坨遗址的剥片策略更为复杂⑥。准确地说，任何某种石器技术在某地区都存在独特的演化与适应历程，这种历程在某个具体时段内的变化是灵活多变的。相同石器工业在不同地区的具体演化轨迹不存在绝对的对应关系。

　　第五，世界不同地区均存在一些局部特化的石器技术。早至距今约100万年西维多利亚石核，多呈修长汇聚状，并从石核的长边横向剥取大石片，与典型勒瓦娄哇石核既有相似之处也有所区别⑦，主要见于南非地区。距今12万～5万年北非Aterian工业中修铤尖状器（tanged points）在全球范围内独具特色。晚更新世末期东北亚及北美阿拉斯加地区的细石叶工艺以压制技术为特征⑧，有别于旧大陆西部及南亚地区等的非压制

---

①　Kibunjia M. Pliocene archaeological occurrences in the Lake Turkana Basin. *Journal of Human Evolution*, 1994, 27 (1-3): 159-171.

②　Kuman K., Sutton M. B., Pickering T. R., et al. The Oldowan industry from Swartkrans cave, South Africa, and its relevance for the African Oldowan. *Journal of Human Evolution*, 2018, 123: 52-69.

③　Semaw S. The world's oldest stone artefacts from Gona, Ethiopia: Their implications for understanding stone technology and patterns of human evolution between 2.6-1.5 million years ago. *Journal of Archaeological Science*, 2000, 27 (12): 1197-1214.

④　Delagnes A, Roche H. Late Pliocene hominid knapping skills: The case of Lokalalei 2C, West Turkana, Kenya. *Journal of Human Evolution*, 2005, 48 (5): 435-472.

⑤　贾真秀、裴树文、马宁等：《泥河湾盆地麻地沟E6和E7旧石器地点发掘简报》，《人类学学报》2016年第3期。

⑥　Yang S. X., Petraglia M. D., Hou Y. M., et al. The lithic assemblage of Donggutuo, Nihewan basin: Knapping skills of Early Pleistocene hominins in North China. *PLoS ONE*, 2017, 12 (9): e0185101.

⑦　Li H., Kuman K., Lotter M. G., et al. The Victoria West: Earliest prepared core technology in the Acheulean at Canteen Kopje and implications for the cognitive evolution of early hominids. *Royal Society Open Science*, 2017, 4 (6): 170288.

⑧　陈宥成、袁广阔：《美洲最早人类文化的技术构成及其与旧大陆的关系》，《南方文物》2017年第1期。

的小石叶-细石叶技术。晚更新世末期，我国岭南地区出现较多特化的多级可控剥片的陡刃砾石石器[1]，我国云南[2]和东南亚的和平文化遗存中出现更为特化的单面加工的苏门答腊器[3]，也都属于局部特化的石器技术类型。晚更新世末期与全新世初期之交的克洛维斯尖状器两面修理，两边微凸近平行，底部单面或双面有长度为器身长三分之一左右凹槽[4]，长度通常在10厘米左右[5]，在美国中纬度地区、加拿大南部和墨西哥北部等地区有较为普遍的发现，亦不见或少见于世界其他地区。

二、中西比较视野下旧石器时代石器技术演化机制

（一）技术创新与禀赋基础

旧石器时代石器技术演化过程中的一个重要机制是石器技术创新。进化考古学理论认为，技术创新如同生物基因变异是一个随机现象[6]。现有考古资料显示人类最早的石核-石片技术出现于距今约330万年，最早的阿舍利技术出现于距今约176万年，最早的勒瓦娄哇技术和石叶技术出现于距今约50万年，这些认识都是近年来世界不同地区考古学者通过田野考古工作获得的新资料所证实的，已经大大更新了学者们20世纪的已有认识，并且这些认识在未来可能被进一步更新。旧石器时代旧大陆新兴石器技术的出现时间没有明确规律可循，我们目前无法计算并推测某种新兴石器技术的出现节点。

人类拥有多种适应环境变化的策略方式，考古学更关注作为人类的体外适应方式的文化行为，而生产和使用石器只是人类众多文化行为中的一种选择。人类早期石器技术创新往往是在应对某种环境状况下发挥主观能动性的实验性尝试，这种新的实验产品在当时究竟拥有多大的适应优势取决于这种新行为是否能够被群体内部更多成员采用并代代延续，或被更广泛的个体所接触和采用。考古资料显示，旧石器时代某种新兴技术的最初出现往往并非大范围的区域性现象，而是一些个别群体甚至可能是个

---

① 李昱龙：《岭南地区陡刃砾石石器的加工技术》，《考古》2018年第5期。

② Ji X. P., Kuman K., Clarke R. J., et al. The oldest Hoabinhian technocomplex in Asia (43.5 ka) at Xiaodong rockshelter, Yunnan Province, southwest China. *Quaternary International*, 2016, 400: 166-174.

③ 周玉端、李英华：《东南亚和平文化研究的新进展》，《考古》2017年第1期。

④ Haynes G. *The Early Settlement of North America*: *The Clovis Era*. Cambridge: Cambridge University Press, 2002: 1-2.

⑤ Jennings T. A. The Hogeye Clovis cache, Texas: Quantifying lithic reduction signatures. *Journal of Archaeological Science*, 2013, 40 (1): 649-658.

⑥ Dunnell R. C. Style and function: A fundamental dichotomy. *American Antiquity*, 1978, 43 (2): 192-202.

体的行为。这间接证明这些创新行为是偶然随机的，最初适应优势并非显而易见。最早期石核-石片技术、最早期阿舍利技术和最早期勒瓦娄哇技术等在考古记录中都若隐若现，显示这些技术最初被发明之后很可能没有直接被广泛采纳，而是可能存在一个漫长时期内被不同个体多次实验和创新的阶段，直到随后的某个情境下新技术的适应优势被放大和推广扩散。

　　现有资料显示旧大陆大多重要石器技术首先出现在非洲，这一方面表明早期人类在非洲拥有相对较大的适应压力，包括人口压力和资源环境压力等；另一方面表明非洲早期人类拥有更具优势的技术禀赋基础。石器技术创新虽然是偶然随机的，但这种技术变异并非漫无方向而拥有任意可能性，而是在已有技术禀赋基础上向有限的可能方向发展。阿舍利技术的禀赋基础是石核-石片技术，早期预制石核技术的禀赋基础也是石核-石片技术，勒瓦娄哇技术和棱柱状石叶技术的禀赋基础是早期预制石核技术，小石叶技术禀赋基础是棱柱状石叶技术，细石叶技术的禀赋基础是小石叶技术。这些石器技术的每一次革新都离不开之前技术禀赋的积累，而石器技术的每一次革新又为下一次技术革新奠定基础。

（二）文化传播与适应策略

　　旧石器时代石器技术演化过程中的另一个重要机制是石器技术的传播。法国技术学派认为技术由实践知识组成，这些实践知识是通过观察、重复实践或在频繁互动的社会区域内进行教授-学习而获得的概念知识（knowledge）和实践技能（know-how）[①]。旧石器时代狩猎采集人群人口密度低，不同群体的接触频率相对较低，石器技术知识的传播首先是在不同的狩猎采集人群内部传递的。旧石器时代考古资料显示，早期人类大部分时期内的石器技术是稳定不变的，并且在距今260万年以来石器技术在不同人群中保持很好的延续性，这表明石器技术在不同地区的早期人类群体中具有较良好的传播过程，同时也显示了石器技术对于早期人类具有显著适应优势。石器技术虽然不能确保在所有人群中都稳定地代代相传，但石器技术作为一个整体知识体系在史前不同地区狩猎采集人群中得到延续。

　　由于石器技术的创新需要情境压力和禀赋基础，因此并非所有地区狩猎采集人群都具备技术创新的需求和禀赋。旧石器时代旧大陆不同地区人群的石器技术发展进程中的变化往往并非来自内部的创新，而是伴随着人群的迁徙和互动。旧石器时代相同石器技术在不同地区出现时间存在显著差异，早期石核-石片技术、阿舍利技术、勒瓦娄哇技术、棱柱状石叶技术、修背细石器技术和小型两面器技术等在非洲的出现时间均远远早于欧亚大陆，在欧亚大陆西部出现的时间往往早于欧亚大陆东部，大体可以

---

① 李英华、侯亚梅、Boëda E：《观音洞遗址古人类剥坯模式与认知特征》，《科学通报》2009年第19期。

显示这些石器技术伴随人类迁徙多次走出非洲向欧亚大陆扩散的历史过程。

　　行为生态学理论认为史前人群具有在行为上解决问题的能力或者说应对不同环境的能力，人类的行为策略基于理性的成本-收益评估基础之上[1]。史前人群在接触到新的石器技术情境下，应当存在一个理性评估不同石器技术适应优势的主观能动过程。当某个狩猎采集人群有条件接触和学习到某种外来技术，同时认为外来技术具有明显适应优势时，为了增强适合度会积极学习新的石器技术。法国Châtelperronian小石叶工业很可能是尼安德特人应对外来现代人积极向现代人学习新兴技术的证据[2]。因此旧石器时代石器技术不存在与某种人群之间的逐一对应关系，同一狩猎采集人群可能采纳不同的石器技术，不同狩猎采集人群也可能采纳相同的石器技术，这取决于不同人群之间的接触与互动程度、学者是否具有相应的技术禀赋基础以及某种石器技术是否具有显而易见的适应优势。

（三）社会边界与技术风格

　　早期石核-石片技术、阿舍利技术、勒瓦娄哇技术、棱柱状石叶技术、修背细石器技术和小型两面器技术等在旧大陆多个不同地区的广泛扩散均证明这些技术具有较为显著的适应优势。新兴石器技术往往可以生产更为精致和更为专业化的石器工具，可以应对更多样化的生态环境和更紧迫的时间压力。这些新兴技术既是人类认知能力和行为方式发展的重要表现，同时也促进了人类认知能力和行为方式的进一步发展。旧石器时代旧大陆不同地区之间石器技术的分布频率呈现显著差异。考古资料显示阿舍利技术、勒瓦娄哇技术和棱柱状石叶技术等外来石器技术伴随人群扩散从不同线路到达东亚地区，但这些技术并未全部被东亚更广泛人群采纳。特别是旧石器时代晚期后段，中国北方地区细石叶技术盛极一时，但与之相邻的中国南方地区并未采纳细石叶技术而是坚持原有石核-石片技术。这些石器技术分异现象并不能完全用自然地理屏障阻碍人群交流来解释，而是涉及更为多样化的石器技术演化机制。

　　东亚地区某些具有显著适应优势的新技术没有被更广泛的人群采纳，可能与人群之间的接触与互动程度较低有关，如勒瓦娄哇技术仅在我国北方零星地区有所发现，表明持有该技术的外来人群的数量是有限的，可能未曾与当地已有人群有充分密切接触。阿舍利技术在我国南方地区和朝鲜半岛有一定数量的发现，显示该技术相关的外来人口并非少数，并且该技术很可能已被部分本土人群接触和采纳。但该技术在东亚与非阿舍利技术犬牙交错的分布局面，可能表明该技术并非在东亚所有地区都具备适

①　O'Connell J. F. Ethnoarchaeology needs a general theory of behavior. *Journal of Archaeological Research*, 1995, 3 (3): 205-255.

②　Roussel M., Hublin J. J. The Châtelperronian conundrum: Blade and bladelet lithic technologies from Quinçay, France. *Journal of Human Evolution*, 2016, 95: 13-32.

应优势，如某些地区大型原料的缺乏或功能需求的缺乏。同时这种小空间尺度内相邻的不同石器风格特点也可能与所谓人群象征风格相关，显示更具深度的社会文化意义。虽然非阿舍利人群接触到了阿舍利人群也意识到了彼此工具的差异性，但这种差异不足以改变他们对自己器物风格的坚持，不同人群在一定时段内的适度社会-生态压力下都坚守了自身的社会边界。

旧石器时代晚期后段我国北方细石叶工业与南方石核-石片工业的显著分异局面并非犬牙交错而是泾渭分明，这种相对大尺度的区域性石器技术显著分异在东亚旧石器时代是第一次出现。这种局面的出现首先是不同地区狩猎采集人群适应本地生态环境的产物。北方人群采用细石叶技术适应当时更为多样化的森林-草原环境，人群流动性更高、狩猎经济比重更大。南方人群用石核-石片技术适应当时的以森林为主体的环境，人群流动性较低、采集经济比重更大。但是该现象似乎不能单单从生态适应角度来解释，因为中国南北方地区的生态环境差异并非突变而是逐渐过渡的，并且中国南北方地区都具有相对多样化的生态条件。结合石器证据之外的早期陶器证据，旧石器时代晚期后段中国南北方陶器技术也显示出各自区域内部大范围的统一性，即中国北方地区早期陶器为平底器，中国南方地区早期陶器为圜底器，且南北方地区早期陶器出现年代存在差异[1]。这些差异共同显示本阶段南北方狩猎采集人群各自社会网络的扩大和彼此间的社会交流的相对阻断。南北方地区社会网络的扩大进一步显示出末次冰期最盛期结束之后伴随气候条件好转和现代人技术复杂化的出现，东亚地区狩猎采集人群数量的增加和社会复杂程度的增加[2]。南北方社会文化交流的阻断，则显示本阶段南北方人群各自拥有相对独立的社会交流网络，不同的人群用不同技术风格的器物来标记不同的社会网络以通过共同承担危机策略获取更大适应优势，同时暗示本阶段东亚地区社会-生态压力的增大。

三、结　语

旧石器时代人类利用石器技术和其他文化行为策略积极适应生态环境和社会环境的变化，同时这些体外适应方式也进一步促进了人类自身体质结构、行为方式与社会关系的演化。现有考古证据显示，世界不同地区史前狩猎采集者开发利用了多种不同的石器技术，这些石器技术就工艺设计层面而言有简单与复杂之分，但对于史前人类演化适应而言需要针对具体的情境具体分析究竟何种石器技术可以最佳地提高适合度。世界不同地区成功延续的史前狩猎采集者所采用的石器技术往往都是成功的技术

---

[1]　陈宥成、曲彤丽：《中国早期陶器的起源及相关问题》，《考古》2017年第6期。

[2]　陈宥成、曲彤丽：《试析华北地区距今1万年左右的社会复杂现象》，《中原文物》2012年第3期。

策略。

中西比较视野下，旧石器时代以非洲为核心的旧大陆西部地区在石器技术演化领域始终保持了强劲的态势，体现在石器技术创新速率高并趋向工艺复杂，相对而言旧大陆东部地区石器技术创新速率慢进并长期保持简单和稳定，这很可能表明旧石器时代以非洲为核心的旧大陆西部的狩猎采集人群生态适应压力高于旧大陆东部，这很可能也是早期人类源源不断走出非洲向欧亚大陆扩散的重要驱动力。与此同时，早期人类在多次走出非洲的过程中持续地将新兴石器技术扩散至欧洲大陆，携带新兴石器技术的外来人群一方面不断平衡旧大陆不同地区的适应压力，另一方面也促使旧大陆不同地区石器技术的交流与发展。这些人群与技术的交流与融合过程事实上也保持了旧大陆东西方人群在演化中的必要的基因交流，进而保持了彼此物种的统一性[①]。

现有考古证据显示，自早期石核-石片技术伴随早期人类迁徙进入东亚之后，东亚地区长期延续石核-石片技术传统，表明石核-石片技术在相当长时段内很好地适应了东亚地区社会-生态环境。阿舍利技术、勒瓦娄哇技术、棱柱状石叶技术、琢背细石器技术、小型两面器技术和研磨类磨制石器技术等虽然在不同情境下不同程度地扩散至东亚地区，但始终未能完全取代东亚史前狩猎采集人群的石核-石片技术传统。旧石器时代晚期，在持有细石叶和小型两面器等技术的外来人群的强势冲击之下，中国南方地区始终延续着石核-石片技术，并在应对不断增加的适应压力情境下发明了全球范围内最早的陶器技术。这些历史过程证明了东亚人群演化的相对连续性以及人类适应策略的多样性。

近年来，旧大陆不同地区旧石器时代考古材料都在不断更新着考古学者们的认知，本书只是基于现有材料对旧石器时代石器技术演化历程进行了粗略的梳理，并对史前石器技术演化机制进行了尝试性探索。对于我国而言，旧石器时代考古刚刚进入快速发展轨道。我们相信在即将到来的岁月里，中国旧石器时代考古会对世界史前石器技术演化格局提供更广阔和多样化的图景。

---

① 高星：《更新世东亚人群连续演化的考古证据及相关问题论述》，《人类学学报》2014年第3期。

参 考 书 目

一、中文

安志敏：《海拉尔的中石器遗存——兼论细石器的起源和传统》，《考古学报》1978年第3期。

安志敏：《中国细石器研究的开拓和成果——纪念裴文中教授逝世20周年》，《第四纪研究》2002年第1期。

奥法·巴尔-约瑟夫、斯蒂夫·库恩著，陈淳译：《石叶的要义：薄片技术与人类进化》，《江汉考古》2012年第2期。

北京大学考古文博学院：《考古学研究（七）》，北京：科学出版社，2008年。

北京大学考古文博学院、北京大学考古学研究中心、北京市文物研究所：《北京市门头沟区东胡林史前遗址》，《考古》2006年第7期。

北京大学考古文博学院、郑州市文物考古研究院：《河南新密市李家沟遗址发掘简报》《考古》2011年第4期。

北京大学考古文博学院、郑州市文物考古研究院：《河南新密李家沟遗址南区2010年发掘简报》，《中原文物》2018年第6期。

北京大学考古文博学院、江西省文物考古研究所：《仙人洞与吊桶环》，文物出版社，2014年。

北京大学中国考古学研究中心、北京大学震旦古代文明研究中心：《古代文明》（第9卷），北京：文物出版社，2013年。

北京师范大学历史学院、洛阳市文物考古研究院、栾川县文物管理所：《河南栾川龙泉洞遗址2011年发掘报告》，《考古学报》2017年第2期。

北京师范大学历史学院、山西省考古研究所：《山西沁水下川遗址小白桦圪梁地点2015年发掘报告》，《考古学报》2019年第3期。

布鲁斯·G.特里格著，陈淳译：《考古学思想史》（第2版），中国人民大学出版社，2010年。

陈淳：《中国细石核类型和工艺初探——兼谈与东北亚、西北美的文化联系》，《人类学学报》1983年第4期。

陈淳、沈辰、陈万勇等：《小长梁石工业研究》，《人类学学报》2002年第1期。

陈淳、张萌：《细石叶工业研究的回顾与再思考》，《人类学学报》2018年第4期。

陈福友、高星、裴树文等：《冉家路口旧石器遗址初步研究》，《人类学学报》2004年第4期。

陈虹：《华北细石叶工艺的文化适应研究——晋冀地区部分旧石器时代晚期遗址的考古学分析》，浙江大学出版社，2011年。

陈虹、沈辰：《石器研究中"操作链"的概念、内涵及应用》，《人类学学报》2009年第2期。

陈虹、刘吉颖、汪俊：《从原料角度探讨中国磨制石器出现及发展的动因》，《考古》2017年第10期。

陈胜前：《细石叶工艺的起源：一个理论与生态的视角》，《考古学研究（七）》，北京：科学出版社，2008年。

陈全家、张乐：《吉林延边珲春北山发现的旧石器》，《人类学学报》2004年第2期。

陈全家、赵海龙、霍东峰：《和龙市柳洞旧石器地点发现的石制品研究》，《华夏考古》2005年第3期。

陈全家、李有骞、赵海龙等：《吉林辉南邵家店发现的旧石器》，《北方文物》2006年第1期。

陈全家、王春雪、方启等：《延边地区和龙石人沟发现的旧石器》，《人类学学报》2006年第2期。

陈全家、王春雪、方启等：《吉林和龙柳洞2004年发现的旧石器》，《人类学学报》2006年第3期。

陈全家、方启、李霞等：《吉林和龙青头旧石器遗址的新发现及初步研究》，《考古与文物》2008年第2期。

陈全家、赵海龙、方启等：《延边和龙石人沟旧石器遗址2005年试掘报告》，《人类学学报》2010年第2期。

陈全家、田禾、王欢等：《黑龙江省海林市杨林西山旧石器遗址（2008）石器研究》，《北方文物》2013年第2期。

陈全家、田禾、陈晓颖等：《秦家东山旧石器地点发现的石器研究》，《北方文物》2014年第2期。

陈伟驹：《岭南地区史前年代学及相关问题研究——以牛栏洞遗址为例》，《东南文化》2015年第6期。

陈伟驹：《有陶与无陶：时间早晚还是空间差异？——简论岭南新石器时代早期文化》，《江汉考古》2016年第1期。

陈宥成、曲彤丽：《试析华北地区距今1万年左右的社会复杂现象》，《中原文物》2012年第3期。

陈宥成、曲彤丽：《"两面器技术"源流小考》，《华夏考古》2015年第1期。

陈宥成、曲彤丽：《"勒瓦娄哇技术"源流管窥》，《考古》2015年第2期。

陈宥成、曲彤丽：《盘状石核相关问题探讨》，《考古》2016年第2期。

陈宥成、曲彤丽：《中国早期陶器的起源及相关问题》，《考古》2017年第6期。

陈宥成、曲彤丽：《旧石器时代旧大陆东西方的石器技术格局》，《中原文物》2017年第6期。

陈宥成、曲彤丽：《旧大陆东西方比较视野下的细石器起源再讨论》，《华夏考古》2018年第5期。

陈宥成、曲彤丽：《"石叶技术"相关问题的讨论》，《考古》2018年第10期。

陈宥成、曲彤丽：《旧大陆视野下的中国旧石器晚期小型两面器溯源》，《人类学学报》2020年第1期。

陈宥成、曲彤丽：《旧大陆东西方比较视野下磨制石器起源探讨》，《考古》2020年第10期。

陈宥成、曲彤丽、张松林等：《郑州老奶奶庙遗址石核类型学初步研究》，《人类学学报》2019年第2期。

陈宥成、曲彤丽：《试论旧大陆旧石器时代琢背刀》，《北方文物》2021年第4期。

陈宥成、袁广阔：《美洲最早人类文化的技术构成及其与旧大陆的关系》，《南方文物》2017年第1期。

崔天兴、杨琴、郁金城等：《北京平谷上宅遗址骨柄石刃刀的微痕分析：来自环境扫描电镜观察的证据》，《中国科学：地球科学》2010年第6期。

杜水生：《楔型石核的类型划分与细石器起源》，《人类学学报》2004年增刊。

傅宪国、蓝日勇、李珍等：《柳州鲤鱼嘴遗址再度发掘》，《中国文物报》2004年8月4日。

盖培、黄万波：《陕西长武发现的旧石器时代中期文化遗物》，《人类学学报》1982年第1期。

盖培、卫奇：《虎头梁旧石器时代晚期遗址的发现》，《古脊椎动物与古人类》1977年第4期。

盖培、尤玉柱：《陕西蓝田地区旧石器的若干特征》，《古脊椎动物与古人类》1976年第3期。

高霄旭：《西施旧石器遗址石制品研究》，北京大学硕士学位论文，2011年。

高星：《关于"中国旧石器时代中期"的探讨》，《人类学学报》1999年第1期。

高星：《周口店第15地点剥片技术研究》，《人类学学报》2000年第3期。

高星：《关于周口店第15地点石器类型和加工技术的研究》，《人类学学报》2001年第1期。

高星：《周口店第15地点石器原料开发方略与经济形态研究》，《人类学学报》2001年第3期。

高星：《中国旧石器时代手斧的特点与意义》，《人类学学报》2012年第2期。

高星：《更新世东亚人群连续演化的考古证据及相关问题论述》，《人类学学报》2014年第3期。

高星、裴树文：《中国古人类石器技术与生存模式的考古学阐释》，《第四纪研究》2006年第4期。

格林·丹尼尔著，黄其煦译：《考古学一百五十年》，文物出版社，1987年。

鸽子洞发掘队（辽宁省博物馆、中国科学院古脊椎动物与古人类研究所）：《辽宁鸽子洞旧石器遗址发掘报告》，《古脊椎动物与古人类》1975年第2期。

广东省文物考古研究所、北京大学考古文博学院、英德市博物馆：《广东英德市青塘遗址》，《考古》2019年第7期。

广西柳州白莲洞洞穴科学博物馆：《柳州白莲洞》，北京：科学出版社，2009年。

广西壮族自治区自然博物馆：《广西百色盆地枫树岛旧石器遗址》，北京：科学出版社，2014年。

河北省文物研究所：《燕山南麓发现细石器遗址》，《考古》1989年第11期。

河北省文物研究所：《籍箕滩旧石器时代晚期细石器遗址》，《文物春秋》1993年第2期。

河北省文物研究所、保定市文物管理所、徐水县文物管理所等：《1997年河北徐水南庄头遗址发掘报告》，《考古学报》2010年第3期。

河北省文物研究所、唐山市文物管理所、玉田县文保所：《河北玉田县孟家泉旧石器遗址发掘简报》，《文物春秋》1991年第1期。

河北省文物研究所、秦皇岛市文物管理处、昌黎县文物保管所：《河北昌黎渟泗涧细石器地点》，《文物春秋》1992年增刊。

河南省文物考古研究所：《许昌灵井旧石器时代遗址2006年发掘报告》，《考古学报》2010年第1期。

河南省文物考古研究院、日本奈良文化财研究所：《灵井许昌人遗址第5层细石器2008～2013年发掘报告》，《华夏考古》2018年第2期。

黄慰文：《小长梁石器再观察》，《人类学学报》1985年第4期。

黄慰文：《中国的手斧》，《人类学学报》1987年第1期。

黄慰文、侯亚梅、高立红：《中国旧石器文化的"西方元素"与早期人类文化进化格局》，《人类学学报》2009年第1期。

黄蔚文、张镇洪、缪振棣等：《黑龙江昂昂溪的旧石器》，《人类学学报》1984年第3期。

侯亚梅：《"东古坨石核"类型的命名与初步研究》，《人类学学报》2003年第4期。

侯亚梅、卫奇、冯兴无等：《泥河湾盆地东谷坨遗址再发掘》，《第四纪研究》1999年第2期。

黄万波、徐晓风、李天元：《湖北房县樟脑洞旧石器时代遗址发掘报告》，《人类学学报》1987年第4期。

吉林大学考古学院、黑龙江省文物考古研究所、中国科学院古脊椎动物与古人类研究所：《黑龙江龙江县西山头旧石器时代遗址试掘简报》，《考古》2019年第11期。

吉学平、刘成武、谭惠忠等：《大河洞穴之魅——富源大河旧石器遗址揭秘》，《中国文化遗产》2008年第6期。

贾兰坡：《在中国发现的手斧》，《科学通报》1956年第12期。

贾兰坡：《中国细石器的特征和它的传统、起源与分布》，《古脊椎动物与古人类》1978年第2期。

贾兰坡、盖培、尤玉柱：《山西峙峪旧石器时代遗址发掘报告》，《考古学报》1972年第1期。

贾真秀、裴树文、马宁等：《泥河湾盆地麻地沟E6和E7旧石器地点发掘简报》，《人类学学报》2016年第3期。

贾兰坡、卫奇：《阳高许家窑旧石器时代文化遗址》，《考古学报》1976年第2期。

加藤真二：《中国的石叶技术》，《人类学学报》2006年第4期。

加藤真二：《试论华北细石器工业的出现》，《华夏考古》2015年第2期。

江西省文物管理委员会：《江西万年大源仙人洞洞穴遗址试掘》，《考古学报》1963年第1期。

教育部人文社会科学重点研究基地吉林大学边疆考古研究中心：《边疆考古研究（第9辑）》，北京：科学出版社，2000年。

焦天龙：《试论新石器时代的特征与开始的标志》，《东南文化》1990年第3期。

杰烈维扬科等著，李有骞译：《谢列姆贾旧石器时代晚期文化》，北京：科学出版社，2013年。

靳英帅、张晓凌、仪明洁：《楔形石核概念内涵与细石核分类初探》，《人类学学报》2021年第2期。

金志伟、张镇洪、区坚刚等：《英德云岭牛栏洞遗址试掘简报》，《江汉考古》1998年第1期。

雷蕾、李大伟、麻晓荣等：《阿舍利大石片生产方式与策略研究》，《人类学学报》2020年第2期。

李锋：《石叶概念探讨》，《人类学学报》2012年第1期。

李锋：《克拉克的"技术模式"与中国旧石器技术演化研究》，《考古》2017年第9期。

李锋、陈福友、汪英华等：《晚更新世晚期中国北方石叶技术所反映的技术扩散与人群迁移》，《中国科学：地球科学》2016年第7期。

李锋、高星：《东亚现代人来源的考古学思考：证据与解释》，《人类学学报》2018年第2期。

李锋、李英华、高星：《贵州观音洞遗址石制品剥片技术辨析》，《人类学学报》2020年第1期。

李罡、任雪岩、李珺：《泥河湾盆地二道梁旧石器时代晚期遗址发掘简报》，《人类学学报》2016年第4期。

李炎贤：《关于小长梁石制品的进步性》，《人类学学报》1999年第4期。

李炎贤、文本亨：《观音洞——贵州黔西旧石器时代初期文化遗址》，北京：文物出版社，1986年。

李浩：《中国旧石器时代早、中期石器技术多样性研究的新进展》，《人类学学报》2018年第4期。

李浩、李超荣、Kathleen Kuman：《丹江口库区的薄刃斧》，《人类学学报》2014年第2期。

李意愿：《石器工业与适应行为：澧水流域晚更新世古人类文化研究》，上海：上海古籍出版社，2020年。

李英华：《旧石器技术：理论与实践》，北京：社会科学文献出版社，2017年。

李英华、侯亚梅、Boëda E：《观音洞遗址古人类剥坯模式与认知特征》，《科学通报》2009年第19期。

李有骞：《日本海西北岸旧石器时代的细石叶技术及其与相邻地区的关系》，《北方文物》2011年第2期。

李有骞：《黑龙江富裕县老虎屯遗址发现的旧石器》，《北方文物》2015年第1期。

李有骞：《黑龙江海林小龙头山旧石器遗址发掘简报》，《人类学学报》2021年第1期。

李昱龙：《岭南地区陡刃砾石石器的加工技术》，《考古》2018年第5期。

李占扬、李雅楠、加藤真二：《灵井许昌人遗址第5层细石核工艺》，《人类学学报》2014年第3期。

辽宁省文物考古研究所：《小孤山：辽宁海城史前洞穴遗址综合研究》，北京：科学出版社，2009年。

林圣龙：《对九件手斧标本的再研究和关于莫维斯理论之拙见》，《人类学学报》1994年第3期。

林圣龙：《中西方旧石器文化中的技术模式的比较》，《人类学学报》1996年第1期。

临沂地区文物管理委员会：《山东临沂县凤凰岭发现细石器》，《考古》1983年第5期。

临沂地区文物管理委员会、郯城县图书馆：《山东郯城黑龙潭细石器遗址》，《考古》1986年第8期。

刘德成、陈福友、张晓凌等：《水洞沟12号地点的古环境研究》，《人类学学报》2008年第4期。

刘富良、杜水生：《洛阳北窑黄土旧石器遗址1998年发掘报告》，《人类学学报》2011年第1期。

刘景芝、王太明、贾文亮等：《山西榆社细石器遗存》，《人类学学报》1995年第3期。

刘扬、侯亚梅、杨泽蒙：《鄂尔多斯市乌兰木伦遗址石核剥片技术的阶段类型学研究》，《考古》
　　2015年第6期。

刘扬、侯亚梅、杨泽蒙等：《鄂尔多斯乌兰木伦遗址石制品原料产地及其可获性》，《人类学学报》
　　2017年第2期。

刘扬、侯亚梅、杨泽蒙等：《鄂尔多斯乌兰木伦遗址第1地点剥片技术研究》，《北方文物》2019年
　　第3期。

柳州市博物馆、广西壮族自治区文物工作队：《柳州市大龙潭鲤鱼嘴新石器时代贝丘遗址》，《考
　　古》1983年第9期。

柳州白莲洞洞穴科学博物馆、北京自然博物馆、广西民族学院历史系：《广西柳州白莲洞石器时代洞
　　穴遗址发掘报告》，《南方民族考古（第一辑）》，成都：四川大学出版社，1987年。

梅惠杰：《泥河湾盆地旧、新石器时代的过渡——阳原于家沟遗址的发现与研究》，北京大学博士学
　　位论文，2007年。

宁夏文物考古研究所：《水洞沟——1980年发掘报告》，北京：科学出版社，2003年。

宁夏文物考古研究所、中国科学院古脊椎动物与古人类研究所：《水洞沟：2003～2007年度考古发掘
　　与研究报告》，北京：科学出版社，2013年。

裴树文、陈福友、冯兴无等：《三峡地区枣子坪旧石器遗址》，《人类学学报》2004年第3期。

裴树文、高星、冯兴无等：《井水湾旧石器遗址初步研究》，《人类学学报》2003年第4期。

裴树文、贾真秀、马东东等：《泥河湾盆地麻地沟E5旧石器地点的遗址成因与石器技术》，《人类
　　学学报》2016年第4期。

裴文中：《中国史前石器之研究》，北京：商务印书馆，1948年。

裴文中、袁振新、林一朴等：《贵州黔西观音洞试掘报告》，《古脊椎动物与古人类》1965年第
　　3期。

裴文中、张森水：《中国猿人石器研究》，北京：科学出版社，1985年。

彭菲：《再议操作链》，《人类学学报》2015年第1期。

钱耀鹏：《略论磨制石器的起源及其基本类型》，《考古》2004年第12期。

钱耀鹏：《关于新石器时代的三次“革命”》，《华夏考古》2010年第1期。

邱立诚、宋方义、王令红：《广东阳春独仔新石器时代洞穴遗址发掘》，《考古》1982年第5期。

曲彤丽、陈宥成：《试论早期骨角器的起源与发展》，《考古》2018年第3期。

曲彤丽、陈宥成：《欧亚大陆视野下的史前早期雕塑》，《考古》2019年第10期。

任进成、周静、李锋等：《甘肃石峡口旧石器遗址第1地点发掘报告》，《人类学学报》2017年第1期。

阮齐军、刘建辉、胡越等：《云南鹤庆天华洞旧石器遗址石制品研究》，《人类学学报》2019年第
　　2期。

陕西省考古研究院、商洛地区文管会、洛南县博物馆：《花石浪（Ⅰ）——洛南盆地旷野类型旧石器
　　地点群研究》，北京：科学出版社，2007年。

陕西省考古研究院、洛南县博物馆：《花石浪（Ⅱ）——洛南花石浪龙牙洞遗址发掘报告》，北京：

科学出版社，2008年。

山西大学历史文化学院、山西省考古研究所：《山西吉县柿子滩遗址S29地点发掘简报》，《考古》2017年第2期。

山西省考古研究所：《丁村旧石器时代遗址群：丁村遗址群1976～1980年发掘报告》，北京：科学出版社，2014。

山西省临汾行署文化局：《山西吉县柿子滩中石器文化遗址》，《考古学报》1989年第3期。

柿子滩考古队：《山西吉县柿子滩遗址第九地点发掘简报》，《考古》2010年第10期。

柿子滩考古队：《山西吉县柿子滩旧石器时代遗址S14地点2002～2005年发掘简报》，《考古》2013年第2期。

柿子滩考古队：《山西吉县柿子滩遗址S12G地点发掘简报》，《考古与文物》2013年第3期。

柿子滩考古队：《山西吉县柿子滩旧石器时代遗址第五地点发掘简报》，《考古》2016年第4期。

申佐军、陈全家、杨枢通等：《牡丹江流域中上游新发现的三处旧石器地点》，《北方文物》2019年第3期。

宋方义、邱立诚、王令红：《广东封开黄岩洞洞穴遗址》，《考古》1983年第1期。

宋方义、张镇洪、邓增魁等：《广东封开黄岩洞1989年和1990年发掘简报》，《东南文化》1992年第1期。

田禾、陈全家、李有骞：《黑龙江省海林市杨林南山旧石器遗址石器研究》，《北方文物》2010年第3期。

万晨晨、陈全家、方启等：《吉林和龙大洞遗址的调查与研究》，《考古学报》2017年第1期。

王恩霖：《河北昌黎渟泗涧细石器遗址的新材料》，《人类学学报》1997年第1期。

王建、王益人：《下川细石核形制研究》，《人类学学报》1991年第1期。

王建、王向前、陈哲英：《下川文化——山西下川遗址调查报告》，《考古学报》1978年第3期。

王社江、鹿化煜：《秦岭地区更新世黄土地层中的旧石器埋藏与环境》，《中国科学：地球科学》2016年第7期。

王向前、丁建平、陶富海：《山西蒲县薛关细石器》，《人类学学报》1983年第2期。

王晓琨、魏坚、陈全家等：《内蒙古金斯太洞穴遗址发掘简报》，《人类学学报》2010年第1期。

王小庆、张家富：《龙王辿遗址第一地点细石器加工技术与年代——兼论华北地区细石器的起源》，《南方文物》2016年第4期。

王幼平：《青藏高原隆起与东亚旧石器文化的发展》，《人类学学报》2003年第3期。

王幼平：《中国远古人类文化的源流》，科学出版社，2005年。

王幼平：《石器研究——旧石器时代考古方法初探》，北京：北京大学出版社，2006年。

王幼平：《泥河湾盆地细石器技术、年代及相关问题》，《古代文明（第8卷）》，北京：文物出版社，2010年。

王幼平：《华北旧石器晚期环境变化与人类迁徙扩散》，《人类学学报》2018年第3期。

王幼平：《华北细石器技术的出现与发展》，《人类学学报》2018年第4期。

王幼平：《华北晚更新世的石片石器》，《人类学学报》2019年第4期。

王幼平、汪松枝：《MIS3阶段嵩山东麓旧石器发现与问题》，《人类学学报》2014年第3期。

王幼平、张松林、顾万发等：《李家沟遗址的石器工业》，《人类学学报》2013年第4期。

卫奇：《东谷坨旧石器初步观察》，《人类学学报》1985年第4期。

向金辉：《中国磨制石器起源的南北差异》，《南方文物》2014年第2期。

小空山联合发掘队:《1987年河南南召小空山旧石器遗址发掘报告》,《华夏考古》1988年第4期。

谢飞:《河北旧石器时代晚期细石器遗存的分布及在华北马蹄形分布带中的位置》,《文物春秋》2000年第2期。

谢飞、成胜泉:《河北阳原油房细石器发掘报告》,《人类学学报》1989年第1期。

谢飞、李珺、刘连强:《泥河湾旧石器文化》,石家庄:花山文艺出版社,2006年。

解希恭、阎金铸、陶富海:《山西吉县柿子滩中石器文化遗址》,《考古学报》1989年第3期。

新疆文物考古研究所、北京大学考古文博学院:《新疆吉木乃县通天洞遗址》,《考古》2018年第7期。

徐淑彬:《山东临沂县凤凰岭发现细石器》,《考古》1983年第5期。

严文明:《中国史前文化的统一性与多样性》,《文物》1987年第3期。

仪明洁:《细石器研究中几个关键概念的厘定》,《考古与文物》2014年第5期。

仪明洁、高星、王惠民等:《水洞沟第12地点2007年出土石核研究》,《人类学学报》2015年第2期。

英德市博物馆、中山大学人类学系、广东省文物考古研究所:《英德云岭牛栏洞遗址》,《英德史前考古报告》,广东人民出版社,1999年。

尤玉柱:《河北小长梁旧石器遗址的新材料及其时代问题》,《史前研究》1983年第1期。

尤玉柱、汤英俊、李毅:《泥河湾组旧石器的发现》,《第四纪研究》1980年第1期。

余官玥、仪明洁、张晓凌等:《水洞沟地区白云岩细石叶的微痕实验研究》,《人类学学报》2020年第2期。

郁金城:《从北京转年遗址的发现看我国华北地区新石器时代早期文化的特征》,《北京文物与考古(第五辑)》,北京:科学出版社,2002年。

原思训、赵朝洪、朱晓东等:《山西吉县柿子滩遗址的年代与文化研究》,《考古》1998年第6期。

岳健平、侯亚梅、杨石霞等:《黑龙江省桃山遗址2014年度发掘报告》,《人类学学报》2017年第2期。

翟少冬:《华北地区磨制石器制作工艺考察》,《中原文物》2015年第1期。

翟少冬:《陶寺遗址石制品复制实验与磨制工艺》,《人类学学报》2015年第2期。

张居中、李占扬:《河南舞阳大岗细石器地点发掘报告》,《人类学学报》1996年第2期。

张森水:《中国北方旧石器工业的区域渐进与文化交流》,《人类学学报》1990年第4期。

张森水:《管窥新中国旧石器考古学的重大发展》,《人类学学报》1999年第3期。

张晓凌、于汇历、高星:《黑龙江十八站遗址的新材料与年代》,《人类学学报》2006年第2期。

赵潮:《旧石器时代亚欧大陆高纬度地区人群的扩散及其对中国旧石器文化格局的影响》,《南方文物》2014年第2期。

赵海龙:《细石叶剥制实验研究》,《人类学学报》2011年第1期。

郑州市文物考古研究院、北京大学考古文博学院:《2013年河南登封东施旧石器晚期遗址发掘简报》,《中原文物》2018年第6期。

中国科学院古脊椎动物与古人类研究所、贵州省六盘水市文体广电局、六盘水市文物局等:《盘县大洞:贵州旧石器初期遗址综合研究》,北京:科学出版社,2012年。

中国科学院古脊椎动物与古人类研究所、河北省文物研究所:《四方洞——河北第一处旧石器时代洞穴遗址》,《文物春秋》1992年第S1期。

中国科学院古脊椎动物与古人类研究所、中国科学院大学、河北省文物研究所:《河北阳原县板井子旧石器时代遗址2015年发掘简报》,《考古》2018年第11期。

中国社会科学院考古研究所、陕西省考古研究所：《陕西宜川县龙王辿旧石器时代遗址》，《考古》
　　2007年第7期。
中国社会科学院考古研究所、山西省考古研究所：《下川：旧石器时代晚期文化遗址发掘报告》，北
　　京：科学出版社，2016年。
周玉端、李英华：《东南亚和平文化研究的新进展》，《考古》2017年第1期。
周玉端、李英华：《旧石器类型学与技术学的回顾与反思》，《考古》2021年第2期。

二、英文

Adler D. S., Wilkinson K. N., Blockley S. et al. Early Levallois technology and the Lower to Middle
　　Paleolithic transition in the Southern Caucasus. *Science*, 2014, 345 (6204): 1609-1613.

Akhilesh K., Pappu S., Rajapara H. M., et al. Early Middle Paleolithic culture in India around 385-172 ka
　　reframes Out of Africa models. *Nature*, 2018, 554 (7690): 97-101.

Alvarez-Alonso D. First Neanderthal settlements in northern Iberia: The Acheulean and the emergence of
　　Mousterian technology in the Cantabrian region. *Quaternary International*, 2014, 326-327: 288-306.

Anderson A., Summerhayes G. Edge-ground and waisted axes in the Western Pacific islands: Implications for
　　an example from the Yaeyama Islands, Southernmost Japan. *Asian Perspectives*, 2008, 47 (1): 45-58.

Andrefsky W. Raw-Material availability and the organization of technology. *American Antiquity*, 1994, 59 (1):
　　21-34.

Anikovich M. Early upper paleolithic Industries of Eastern Europe. *Journal of World Prehistory*, 1992, 6 (2):
　　205-245.

Arias P. The origins of the Neolithic along the Atlantic coast of continental Europe: A survey. *Journal of
　　World Prehistory*, 1999, 13 (4): 403-464.

Armitage S. J., Jasim S. A., Marks A. E., et al. The southern route "Out of Africa": Evidence for an early
　　expansion of Modern Humans into Arabia. *Science*, 2011, 331 (6016): 453-456.

Ashton N., Lewis S. G., Parfitt S. A., et al. Handaxe and non-handaxe assemblages during Marine Isotope
　　Stage 11 in northern Europe: Recent investigations at Barnham, Suffolk, UK. *Journal of Quaternary
　　Science*, 2016, 31 (8): 837-843.

Asouti E. Beyond the Pre-Pottery Neolithic B interaction sphere. *Journal of World Prehistory*, 2006, 20 (2/4):
　　87-126.

Bailey G. *Hunter-Gatherer Economy in Prehistory*: *A European Persepctive*. Cambridge: Cambridge
　　University Press, 1983.

Bailey G., Spikins P. *Mesolithic Europe*. Cambridge: Cambridge University Press, 2008.

Bar-Yosef O., Killebrew A. Wadi Sayakh- A Geometric Kebaran site in Southern Sinai. *Paléorient*, 1984, 10
　　(2): 95-102.

Bar-Yosef O., Valla F. The Natufian Culture and the Origin of the Neolithic in the Levant. *Current
　　Anthropology*, 1990, 31 (4): 433-436.

Bar-Yosef O., Vandermeersch B., Arensburg B., et al. The excavations in Kebara Cave, Mt. Carmel. *Current
　　Anthropology*, 1992, 33 (5): 497-534.

Bar-Yosef O., Goren-Inbar N. *The Lithic Assemblages of Ubeidiya, a Lower Palaeolithic Site in the Jordan
　　Valley*. The Hebrew University of Jerusalem, 1993.

Bar-Yosef O. The Lower Paleolithic of the Near East. *Journal of World Prehistory*, 1994, 8 (3): 211-265.

Bar-Yosef O. The Natufian Culture in the Levant, threshold to the origins of agriculture. *Evolutionary Anthropology*, 1998, 6 (5): 159-177.

Bar-Yosef O. The Upper Paleolithic Revolution. *Annual Review of Anthropology*, 2002, 31: 363-393.

Bar-Yosef O., Belfer-Cohen A., Adler D. S. The implications of the Middle-Upper Paleolithic chronological boundary in the Caucasus to Eurasian Prehistory. Anthropology, 2006, 44 (1): 49-60.

Bar-Yosef O. Chinese Paleolithic challenges for interpretations of Paleolithic archaeology. *Anthropologie* (Brno), 2015, 53 (1/2): 77-92.

Bar-Yosef O., Bordes J. Who were the makers of the Châtelperronian culture?. *Journal of Human Evolution*, 2010, 59: 586-593.

Bar-Yosef O., Belmaker, M. Early and Middle Pleistocene faunal and hominins dispersals through Southwestern Asia. *Quaternary Science Reviews*, 2011, 30 (11): 1318-1337.

Bar-Yosef O., Peer, P. V. The *Chaîne Opératoire* Approach in Middle Paleolithic archaeology. *Current Anthropology*, 2009, 50 (1): 103-131.

Bar-Yosef O., Kuhn S. The big deal about blades: Laminar technologies and Human evolution. *American Anthropologist*, 1999, 101 (2): 322-338.

Bar-Yosef O., Wang Y. P. Paleolithic archaeology in China. *Annual Review of Anthropology*, 2012, 41: 319-335.

Bamforth D. B., Finlay N. Introduction: Archaeological approaches to lithic production skill and craft learning. *Journal of Archaeological Method and Theory*, 2008, 15: 1-27.

Bataille G., Conard N. J. Blade and bladelet production at Hohle Fels Cave, AH IV in the Swabian Jura and its importance for characterizing the technological variability of the Aurignacian in Central Europe. *PLoS ONE*, 2018, 13 (4): e0194097.

Belfer-Cohen A. The Natufian in the Levant. *Annual Review of Anthropology*, 1991, 20 (1): 167-186.

Bellwood P. *Prehistory of the Indo-Malaysian Archipelago*. Honolulu: University of Hawaii Press, 1997.

Belousova N. E., Rybin E. P., Fedorchenko A. Y., et al. Kara-Bom: New investigations of a Palaeolithic site in the Gorny Altai, Russia. *Antiquity*, 2018, 92 (361): 1-7.

Beyene Y., Katoh S., WoldeGabriel G., et al. The characteristics and chronology of the earliest Acheulean at Konso, Ethiopia. *PNAS*, 2013, 110 (5): 1584-1591.

Beyin A. The Bab al Mandab vs the Nile-Levant: An appraisal of the two dispersal routes for Early Modern Humans Out of Africa. *The African Archaeological Review*, 2006, 23: 5-30.

Binford L. R. Archaeological systematics and the study of culture process. *American Antiquity*, 1965, 31 (2): 203-210.

Binford L. R. Organization and formation processes: Looking at curated technologies. *Journal of Anthropological Research*, 1979, 35 (3): 255-273.

Binford L. R. Willow smoke and dog's tails: Hunter-Gatherer settlement systems and archaeological site formation. *American Antiquity*, 1980, 45 (1): 4-20.

Blinkhorn J., Achyuthan H., Petraglia M., et al. Middle Paleolithic occupation in the Thar Desert during the Upper Pleistocene; the signature of a modern human exit out of Africa?. *Quaternary Science Review*, 2013, 77: 233-238.

Blundell V. M., Bleed P. Ground stone artifacts from Late Pleistocene and Early Holocene Japan. *Archaeology & Physical Anthropology in Oceania*, 1974, 9 (2): 120-133.

Boone J. L., Smith E. A. Is it evolution yet? A critique of evolutionary archaeology. *Current Anthropology*, 1998, 39 (1): S141-S173.

Bordes F. *The Old Stone Age*. New York: McGraw-Hill Book Company, 1968.

Bordes F, Sonneville-Bordes D. The significance of variability in palaeolithic assemblages. *World Archaeology*, 1970, 2 (1): 61-73.

Bordes J., Teyssandier N. The Upper Paleolithic nature of the Châtelperronian in South-West France: Archeostratigraphic and lithic evidence. *Quaternary International*, 2011, 246: 382-388.

Boyd R, Richerson P. J. *Culture and the Evolutionary Process*. Chicago: University of Chicago Press, 1985.

Brandt S. A., Fisher E. C., Hildebrand E. A., et al. Early MIS3 occupation of Mochena Borago Rockshelter, Southwest Ethiopian Highlands: Implications for Late Pleistocene archaeology, paleoenvironments and modern human dispersals. *Quaternary International*, 2012, 274: 38-54.

Brantingham J., Kuhn S. Constraints on Levallois core technology: A mathematical model. *Journal of Archaeological Science*, 2001, 28 (7): 747-761.

Brown K. S., Marean C. W., Jacobs Z., et al. An early and enduring advanced technology originating 71, 000 years ago in South Africa. *Nature*, 2012, 491 (7245): 590-594.

Carbonell E., Bermúdez de Castro J. M., Arsuaga J. L., et al. Lower pleistocene hominids and artifacts from Atapuerca-TD6 (Spain). *Science*, 1995, 269 (5225): 826-830.

Carbonell E., Bermúdez de Castro J. M., Parés J. M., et al. The first hominin of Europe. *Nature*, 2008, 452 (7186): 465-470.

Carbonell E., García-Antòn M. D., Mallol C., et al. The TD6 level lithic industry from Gran Dolina, Atapuerca (Burgos, Spain): Production and use. *Journal of Human Evolution*, 1999, 37 (3-4): 653-693.

Carr C., Neitzel J. *Style, Society, and Person: Archaeological and Ethnological Perspectives*. New York: Plenum Press, 1995.

Chauhan P. R. Soanian cores and core-tools from Toka, Northern India: Towards a new typo-technological organization. *Journal of Anthropological Archaeology*, 2007, 26 (3): 412-441.

Chazan M. Redefining Levallois. *Journal of Human Evolution*, 1997, 33 (6): 719-735.

Chazan M. Flake production at the Lower Palaeolithic site of Holon (Israel): Implications for the origin of the Levallois method. *Antiquity*, 2000, 74 (285): 495-499.

Chazan M. "The language hypothesis for the Middle-to-Upper Paleolithic transition: An examination based on a multiregional lithic analysis [and Comments and Reply]". *Current anthropology*, 1995, 36 (5): 749-768.

Chiotti L. Lamelles Dufour et grattoirs aurignaciens (carénés et à museau) de la couche 8 de l'abri Pataud, Les Eyzies-de-Tayac, Dordogne. *Anthropologie* (Paris), 2000, 104 (2): 239-263.

Clark G. *World Prehistory: A New Outline*. Cambridge: Cambridge University Press, 1969.

Clark J. D. The Middle Stone Age of East Africa and the beginnings of regional identity. *Journal of World Prehistory*, 1988, 2 (3): 235-305.

Clarkson C., Petraglia M., Korisettar R., et al. The oldest and longest enduring microlithic sequence in India: 35000 years of modern human occupation and change at the Jwalapuram Locality 9 rockshelter. *Antiquity*,

2009, 83 (320): 326-348.

Clarkson C., Jacobs Z., Marwick B., et al. Human occupation of northern Australia by 65, 000 years ago. *Nature*, 2017, 547 (7663): 306-310.

Cohen V. Y., Stepanchuk V. N. Late Middle and Early Upper Paleolithic evidence from the East European Plain and Caucasus: A new look at variability, interactions, and transitions. *Journal of World Prehistory*, 1999, 13 (3): 265-319.

Collins D. Culture traditions and environment of early man. *Current Anthropology*, 1969, 10 (4): 267-316.

Cochrane G. W. G. A comparison of Middle Stone Age and Later Stone Age blades from South Africa. *Journal of Field Archaeology*, 2008, 33 (4): 429-448.

Conard N. Laminar lithic assemblages from the Last Interglacial complex in northwestern Europe. *Journal of Anthropological Research*, 1990, 46 (3): 243-262.

Conard N. J., Serangeli J., Böhner U., et al. Excavations at Schöningen and paradigm in human evolution. *Journal of Human Evolution*, 2015, 89: 1-17.

Coutouly Y. A. G. The emergence of pressure knapping microblade technology in Northeast Asia. *Radiocarbon*, 2018, 60 (3): 821-855.

Daura J., Sanz M., Deschamps M., et al. A 400, 000-year-old Acheulean assemblage associated with the Aroeira-3 human cranium (Gruta da Aroeira, Almonda karst system, Portugal). *Competes Rendus Palevol*, 2018, 17 (8): 594-615.

Davis L. G., Madsen D. B., Becerra-Valdivia L., et al. Late Upper Paleolithic occupation at Cooper's Ferry, Idaho, USA, ~ 16, 000 years ago. *Science*, 2019, 365 (6456): 891-897.

Debenath A., Dibble H. L. *Handbook of Paleolithic Typology, Volume 1: Lower and Middle Paleolithic of Europe*. Philadelphia (PA): University Museum, University of Pennsylvania, 1994.

Delagnes A, Roche H. Late Pliocene hominid knapping skills: The case of Lokalalei 2C, West Turkana, Kenya. *Journal of Human Evolution*, 2005, 48 (5): 435-472.

De la Torre I., Mora R., Domínguez-Rodrigo M., et al. The Oldowan industry of Peninj and its bearing on the reconstruction of the technological skills of Lower Pleistocene hominids. *Journal of Human Evolution*, 2003, 44 (2): 203-224.

De la Torre I. Omo revisited: Evaluating the technological skills of Pliocene Hominids. *Current Anthropology*, 2004, 45 (4): 439-465.

De la Torre I., Mora R., Martínez-Moreno J. The early Acheulean in Peninj (Lake Natron, Tanzania). *Journal of Anthropological Archaeology*, 2008, 27 (2): 244-264.

De la Torre I., Mora R. Oldowan technological behavior at HWK EE (Olduvai Gorge, Tanzania). *Journal of Human Evolution*, 2018, 120: 236-273.

Demoule J. P., Perlès C. The Greek Neolithic: A new review. *Journal of World Prehistory*, 1993, 7 (4): 355-416.

Derevianko A. P., Shunkov M. V., Markin, S. V. *The Dynamics of the Paleolithic Industries in Africa and Eurasia in the Late Pleistocene and the Issue of the Homo Sapien Origin*. Institute of Archaeology and Ethnography SB RAS Press, 2014.

Dibble H. L., Bar-Yosef O. *The Definition and Interpretation of Levallois Technology*. Wisconsin: Prehistory Press, 1995.

Dibble H. L., Aldeias V., Jacobs Z., et al. On the industrial attributions of the Aterian and Mousterian of the Maghreb. *Journal of Human Evolution*, 2013, 64 (3): 194-210.

Diez-Martín F., Yustos P. S., González J. A. G., et al. Reassessment of the Early Acheulean at EN1-Noolchalai (Ancient RHS-Mugulud) in Peninj (Lake Natron, Tanzania). *Quaternary International*, 2014, 322-323: 237-263.

Diez-Martín F., Yustos P. S., Uribelarrea D., et al. The origin of the Acheulean: The 1.7 million-year-old site of FLK West, Olduvai Gorge (Tanzania). *Scientific Reports*, 2015, 5 (1): 17839.

Dunnell R. C. Style and function: A fundamental dichotomy. *American Antiquity*, 1978, 43 (2): 192-202.

Elston R. G., Kuhn S. L. *Thinking Small: Global Perspectives on Microlithization*. American Anthropological Association, 2002.

Eren M. I., Buchanan B., O'Brien M. J. Social learning and technological evolution during the Clovis colonization of the New World. *Journal of Human Evolution*, 2015, 80: 159-170.

Falcucci A., Peresani M. Protoaurignacian core reduction procedures: Blade and bladelet technologies at Fumane Cave. *Lithic Technology*, 2018, 43 (2): 125-140.

Faught M. K. Archaeological roots of human diversity in the New World: A complication of accurate and precise radiocarbon ages from earliest sites. *American Antiquity*, 2008, 73 (4): 670-698.

Flas D., The Middle to Upper Paleolithic transition in Northern Europe: The Lincombian-Ranisian-Jerzmanowician and the issue of acculturation of the last Neanderthals. *World Archaeology*, 2011, 43 (4): 605-627.

Ferring R., Oms O., Agustí J., et al. Earliest human occupations at Dmanisi (Georgian Caucasus) dated to 1.85-1.78 Ma. *PNAS*, 2011, 108 (26): 10432-10436.

Finlayson B., Mithen S. J., Najjar M., et al. Architecture, sedentism, and social complexity at Pre-Pottery Neolithic A WF16, Southern Joudan. *PNAS*, 2011, 108 (20): 8183-8188.

Fisher L. E. Blades and microliths: Changing contexts of tool production from Magdalenian to Early Mesolithic in southern Germany. *Journal of Anthropological Archaeology*, 2006, 25 (2): 226-238.

Foley R., Lahr M. M., Mode 3 technologies and the evolution of modern humans. *Cambridge Archaeological Journal*, 1997, 7 (1): 3-36.

Foley R. A., Maíllo-Fernández J. M., Lahr M. M. The Middle Stone Age of the Central Sahara: Biogeographical opportunities and technological strategies in later human evolution. *Quaternary International*, 2013, 300: 153-170.

Fontana F., Moncel M. H., Nenzioni G., et al. Widespread diffusion of technical innovations around 300, 000 years ago in Europe as a reflection of anthropological and social transformations? New comparative data from the western Mediterranean sites of Orgnac (France) and Cave dall'Olio (Italy). *Journal of Anthropological Archaeology*, 2013, 32 (4): 478-498.

Gallotti R., Mussi M. Two Acheuleans, two humankinds: From 1.5 to 0.85 Ma at Melka Kunture (Upper Awash, Ethiopian highlands). *Journal of Anthropological Sciences*, 2017, 95: 137-181.

Gallotti R., Mussi M. *The Emergence of the Acheulean in East Africa and Beyond*. Cham: Springer International Publishing AG, 2018.

Garcea E. A. A. Crossing Deserts and avoiding Seas: Aterian North African-European relations. *Journal of Anthropological Research*, 2004, 60 (1): 27-53.

García-Medrano P., Ollé A., Ashton N., et al. The mental template in handaxe manufacture: New insights into Acheulean lithic technological behavior at Boxgrove, Sussex, UK. *Journal of Archaeological Method and Theory*, 2018, 26 (1): 396-422.

Geneste J. M., David B., Plisson H., et al. Earliest Evidence for Ground-Edge Axes: 35, 400 ± 410 cal BP from Jawoyn Country, Arnhem Land. *Australian Archaeology*, 2010, 71 (1): 66-69.

Geneste J. M., David B., Plisson H., et al. The origins of Ground-edge axes: New finding from Nawarla Gabarnmang, Arnhem Land (Australia) and global implications for the evolution of fully Modern Humans. *Cambridge Archaeological Journal*, 2012, 22 (1): 1-17.

Gibbon R. J., Granger D. E., Kuman K, et al. Early Acheulean technology in the Rietputs Formation, South Africa, dated with cosmogenic nuclides. *Journal of Human Evolution*, 2009, 56 (2): 152-160.

Gladyshev S. A., Olsen J. W., Tabarev A. V., et al. The Upper Paleolithic of Mongolia: Recent finds and new perspectives. *Quaternary International*, 2012, 281: 36-46.

Gleland C. E. *Papers for the Director: Research Essays in Honor of James B. Griffin*. Ann Arbor: Museum of Anthropology. University of Michigan, 1977.

Gliganic L. A., Jacobs Z., Roberts R. G., et al. New ages for Middle and Later Stone Age deposits at Mumba rockshelter, Tanzania: Optically stimulated luminescence dating of quartz and feldspar grains. *Journal of Human Evolution*, 2012, 62 (4): 533-547.

Goodwin A. J. H. Some developments in technique during the earlier Stone Age. *Transactions of the Royal Society of South Africa*, 1933, 21 (2): 109-123.

Goren-Inbar N., Saragusti I. An Acheulian Biface Assemblage from Gesher Benot Ya'aqov, Israel: Indications of African Affinities. *Journal of Field Archaeology*, 1996, 23 (1): 15-30.

Goren-Inbar N., Feibel C. S., Verosub K. L., et al. Pleistocene Milestones on the Out-of-Africa Corridor at Gesher Benot Ya'aqov, Israel. *Science*, 2000, 289 (5481): 944-947.

Goring-Morris A. N., Belfer-Cohen A. Neolithization processes in the Levant: The outer envelope. *Current Anthropology*, 2011, 52 (S4): S195-S208.

Gowlett J. A. J. A case of Developed Oldowan in the Acheulean?. *World Archaeology*, 1988, 20 (1): 13-26.

Guan Y., Wang X. M., Wang F. G., et al. Microblade remains from the Xishahe site, North China and their implications for the origin of microblade technology in Northeast Asia. *Quaternary International*, 2020, 535: 38-47.

Haour A. C. One hundred years of archaeology in Niger. *Journal of World Prehistory*, 2003, 17 (2): 182-234.

Hayden B. From chopper to Celt: The evolution of resharpening techniques. *Lithic Technology*, 1987, 16 (2/3): 33-43.

Hardy B. L., Kay M., Marks A. E., et al. Stone tool function at the Paleolithic Sites of Starosele and Buran Kaya Ⅲ. Crimea: Behavioral Implications. *PNAS*, 2001, 98 (19): 10972-10978.

Harmand S., Lewis J. E., Feibel C. S., et al. 3.3-million-year-old stone tools from Lomekwi 3, West Turkana, Kenya. *Nature*, 2015, 521 (7552): 310-315.

Haynes G. *The Early Settlement of North America: The Clovis Era*. Cambridge: Cambridge University Press, 2002.

Hegmon M. Setting theoretical egos aside: Issues and theory in North American archaeology. *American Antiquity*, 2003, 68 (2): 213-243.

Henshilwood C., Sealy J. Bone artefacts from the Middle Stone Age at Blombos Cave, Southern Cape, South Africa. *Current Anthropology*, 1997, 38 (5): 890-895.

Henshilwood C. S., Dubreuil B. The Still Bay and Howiesons Poort, 77-59 Ka: Symbolic material culture and the evolution of the mind during the African Middle Stone Age. *Current Anthropology*, 2011, 52 (3): 361-400.

Henshilwood C. S., d'Errico F., Niekerk K. L., et al. A 100, 000-year-old ochre-processing workshop at Blombos Cave, South Africa. *Science*, 2011, 334 (6053): 219-222.

Henshilwood C. S. Late Pleistocene techno-traditions in Southern Africa: A review of the Still Bay and Howiesons Poort, c.75-59 ka. *Journal of World Prehistory*, 2012, 25 (3-4): 205-237.

Hiscock P., O'Connor S., Balme J., et al. World's earliest ground-edge axe production coincides with human colonization of Australia. *Australian Archaeology*, 2016, 82 (1): 2-11.

Hodder I. Economic and social stress and material culture patterning. *American Antiquity*, 1979, 44 (3): 446-454.

Hodder I. Interpretive Archaeology and its role. *American Antiquity*, 1991, 56 (1): 7-18.

Hodder I. Çatahöyük in the context of the Middle Eastern Neolithic. *Annual Review of Anthropology*, 2007, 36 (1): 105-120.

Hoffecker J. F., Powers W. R., Goebel T. The colonization of Beringia and the peopling of the new world. *Science*, 1993, 259 (5091): 46-53.

Hou Y. M., Potts R., Yuan B. Y., et al. Mid-Pleistocene Acheulean-like stone technology of the Bose Basin, South China. *Science*, 2000, 287 (5458): 1622-1626.

Hovers E., Kuhn S. L. *Transition Before the Transition: Evolution and Stability in the Middle Paleolithic and Middle Stone Age*. New York: Springer, 2005.

Hu Y., Marwick B., Zhang J. F., et al. Late Middle Pleistocene Levallois stone-tool technology in southwest China. *Nature*, 2019, 564 (7737): 82-85.

Igreja M., Porraz G. Functional insights into the innovative Early Howiesons Poort technology at Diepkloof Rock Shelter (Western Cape, South Africa). *Journal of Archaeological Science*, 2013, 40 (9): 3475-3491.

Iovita R., Tuvi-Arad I., Moncel M. H., et al. High handaxe symmetry at the beginning of the European Acheulian: the data from la Noira (France) in context. *PLos ONE*, 2017, 12 (5): e0177063.

Isaac G. L. Studies of early culture in East Africa. *World Archaeology*, 1969, 1 (1): 1-28.

Jacobs Z., Roberts R. G., Galbraith R. F., et al. Ages for the Middle Stone Age of southern Africa: Implications for human behavior and dispersal. *Science*, 2008, 322 (5902): 733-735.

Jacobs Z., Meyer M. C., Roberts R. G., et al. Single-grain OSL dating at La Grotte des Contrebandiers ('Smugglers' cave), Morocco: Improved age constraints for the Middle Paleolithic levels. *Journal of Archaeological Science*, 2011, 38 (12): 3631-3643.

James H. V. A., Petraglia M. D. Modern human origins and the evolution of behavior in the Later Pleistocene record of South Asia. *Current Anthropology*, 2005, 46 (5): S3-S27.

Jennings T. A. The Hogeye Clovis cache, Texas: Quantifying lithic reduction signatures. *Journal of Archaeological Science*, 2013, 40: 649-658.

Ji X., Kuman K., Clarke R. J., et al. The oldest Hoabinhian technocomplex in Asia (43.5 ka) at Xiaodong rockshelter, Yunnan Province, southwest China. *Quaternary International*, 2016, 400: 166-174.

Johnson C. R., McBrearty, S. 500, 000 years old blades from the Kapthurin Formation, Kenya. *Journal of human evolution*, 2010, 58 (2): 193-200.

Kato S. Human dispersal and interaction during the spread of microblade industries in East Asia. *Quaternary International*, 2014, 347: 105-112.

Klein R. G. Archaeology and the evolution of human behavior. *Evolutionary Anthropology*, 2000, 9 (1): 17-36.

Klein R. G. *The Human Career: Human Biological and Cultural Origins*. Chicago: The University of Chicago Press, 2009.

Kibunjia M. Pliocene archaeological occurrences in the Lake Turkana Basin. *Journal of Human Evolution*, 1994, 27 (1-3): 159-171.

Kimura Y. Examining time trends in the Oldowan technology at Beds I and II, Olduvai Gorge. *Journal of Human Evolution*, 2002, 43 (3): 291-321.

Kolobova K., Krivoshapkin A., Shnaider S. Early geometric microlithic technology in Central Asia. *Archaeological and Anthropological Sciences*, 2019, 11: 1407-1419.

Kot M. A. The earliest Palaeolithic bifacial leafpoints in Central and Southern Europe: Techno-functional Approach. *Quaternary International*, 2014, 326-327: 381-397.

Kozlowski J. K. The origin of the Gravettian. *Quaternary International*, 2015, 359-360: 3-18.

Kozyrev A., Shchetnikov A., Klement'ev A., et al. The early Upper Palaeolithic of the Tunka rift valley, Lake Baikal region, Siberia. *Quaternary International*, 2014, 348: 4-13.

Kuhn S. L. Roots of the Middle Paleolithic in Eurasia. *Current Anthropology*, 2013, 54 (S8): S255-S268.

Kuhn S. L., Zwyns N. Rethinking the initial Upper Paleolithic. *Quaternary International*, 2014, 347: 29-38.

Kuijt I., Mahasneh H. Dhra': An Early Neolithic Village in the Southern Jordan Valley. *Journal of Field Archaeology*, 1998, 25 (2): 153-161.

Kuijt I., Goring-Morris N. Foraging, farming, and social complexity in the Pre-Pottery Neolithic of the Southern Levant: A review and synthesis. *Journal of World Prehistory*, 2002, 16 (4): 361-440.

Kuman K., Li C. R., Li H. Large cutting tools in the Danjiangkou Reservoir Region, central China. *Journal of Human Evolution*, 2014, 76: 129-153.

Kuman K., Sutton M. B., Pickering T. R., et al. The Oldowan industry from Swartkrans cave, South Africa, and its relevance for the African Oldowan. *Journal of Human Evolution*, 2018, 123: 52-69.

Kuzmin Y. V. Siberia at the last Glacial Maximum: Environment and archaeology. *Journal of Archaeological Research*, 2008, 16 (2): 163-221.

Kuzmin Y. V., Plicht J., Sulerzhitsky L. D. Puzzling radiocarbon dates for the Upper Paleolithic site of Sungir (Central Russian Plain). *Radiocarbon*, 2014, 56 (2): 451-459.

Kwazulu-Natal. South Africa. *The South African Archaeological Bulletin*, 2012, 67 (195): 5-15.

Larichev V., Khol'ushkin U., Laricheva I. The upper paleolithic of Northern Asia: Achievements, problems, and perspectives. II. Central and Eastern Siberia. *Journal of World Prehistory*, 1990, 4 (3): 347-385.

Leader G. M., Kuman K., Gibbon R. J., et al. Early Acheulean organized core knapping strategies ca. 1.3 Ma at Rietputs 15, Northern Cape Province, South Africa. *Quaternary International*, 2018, 480: 16-28.

Leakey M. D. Cultural patterns in the Olduvai sequence// Butzer K. W. Isaac G. L. *After the Australopithecines*. Mouton Publishers, 1975: 477-493.

Lechtman H, Merrill R. S. *Material Culture: Styles, Organization, and Dynamics of Technology*. New York: West Publisher, 1977.

Leeuw S. E., Torrence R. *What's New: A Closer Look at the Process of Innovation*. London: Unwin Hyman, 1989.

Lee H. W., Christopher J. B., Lee C. The Korean early Late Paleolithic revisited: A view from Galsanri. *Archaeological and Anthropological Sciences*, 2017, 9 (5): 843-863.

Leonard, R. D., Jones, G. T. *Quantifying Diversity in Archaeology*. Cambridge: Cambridge University Press, 1989.

Leonova N. B. The Upper Paleolithic of the Russian Steppe Zone. *Journal of World Prehistory*, 1994, 8 (2): 169-210.

Leplongeon A. Microliths in the Middle and Later Stone Age of eastern Africa: New data from Porc-Epic and Goda Buticha cave sites, Ethiopia. *Quaternary International*, 2014, 343: 100-116.

Lepre C. J., Roche H., Kent D. V., et al. An earlier origin for the Acheulian. *Nature*, 2011, 477 (7362): 82-85.

Larsson L. The Mesolithic of Southern Scandinavia. *Journal of World Prehistory*, 1990, 4 (3): 257-309.

Li F., Chen F. Y., Gao X. "Modern behaviors" of ancient populations at Shuidonggou Locality 2 and their implications. *Quaternary International*, 2014, 347: 66-73.

Li F. An experimental study of bipolar reduction at Zhoukoudian locality 1, north China. *Quaternary International*, 2016, 400: 23-29.

Li F., Kuhn S. L., Chen F. Y., et al. The easternmost Middle Paleolithic (Mousterian) from Jinsitai Cave, North China. *Journal of Human Evolution*, 2018, 114: 76-84.

Li F., Kuhn S. L., Bar-Yosef O., et al. History, chronology and techno-typology of the upper Paleolithic sequence in the Shuidonggou area, Northen China. *Journal of World Prehistory*, 2019, 32 (2): 111-141.

Li H., Li C. R., Kuman K. Rethinking the "Acheulean" in East Asia: Evidence from recent investigations in the Danjiangkou Reservoir Region, central China. *Quaternary International*, 2014, 347: 163-175.

Li H., Kuman K., Lotter M. G., et al. The Victoria West: Earliest prepared core technology in the Acheulean at Canteen Kopje and implications for the cognitive evolution of early hominids. *Royal Society Open Science*, 2017, 4 (6): 170288.

Li H., Kuman K., Li C. R., et al. What is currently (un) known about the Chinese Acheulean, with implications for hypotheses on the earlier dispersal of hominids. *Comptes Rendus Palevol*, 2018, 17: 120-130.

Li H., LI Z. Y., Gao X., et al. Technological behavior of the early Late Pleistocene archaic humans at Lingjing (Xuchang, China). *Archaeological and Anthropological Science*, 2019, 11: 3477-3490.

Li H., Lotter M. G. Lithic production strategies during the late Middle Pleistocene at Dali, Shaanxi Province, China: Implications for understanding late archaic humans. *Archaeological and Anthropological Sciences*, 2018, 11 (5): 1701-1712.

Li Y. H., Boëda E., Forestier H., et al. Lithic technology, typology and cross-regional comparison of Pleistocene lithic industries: Comment on the earliest evidence of Levallois in East Asia. *Anthropologie*, 2019, 123 (4-5): 769-781.

Li Z. Y., Wu X. J., Zhou L. P., et al. Late Pleistocene archaic human crania from Xuchang, China. *Science*, 2017, 355 (6328): 969-972.

Liu L., Bestel S., Shi J. M., et al. Paleolithic human exploitation of plant foods during the last glacial maximum in North China. *PNAS*, 2013, 110 (14): 5380-5385.

Locht J. L., Hérisson D., Goval E., et al. Timescales, space and culture during the Middle Paleolithic in northwestern France. *Quaternary International*, 2016, 411: 129-148.

Lombard M. First impressions on the functions and hafting technology of Still Bay pointed artefacts from Sibudu Cave. *Southern African Humanities*, 2006, 18 (1): 27-41.

Lombard M., Pargeter J. Hunting with Howiesons Poort segments: Pilot experimental study and the functional interpretation of archaeological tools. *Journal of Archaeological Science*, 2008, 35 (9): 26-41.

Lombard M., Philipson L. Indications of bow and stone-tipped arrow use 64, 000 years ago in KwaZulu-Natal, South Afria. *Antiquity*, 2010, 84 (325): 635-648.

Lombera-Hermida A., Bargalló A., Terradillos-Bernal M., et al. The lithic industry of Sima del Elefante (Atapuerca, Burgos, Spain) in the context of Early and Middle Pleistocene technology in Europe. *Journal of Human Evolution*, 2015, 82: 95-106.

Lubbock J. *Pre-Historic Times, as Illustrated by Ancient Remains and the Manners and Customs of Modern Savages*. London: Williams and Norgate, 1865.

Lycett S. J. Are Victoria West cores 'proto-Levallois'? A phylogenetic assessment. *Journal of human Evolution*, 2009, 56 (2): 175-191.

Lycett S. J., Eren M. I. Levallois economics: An examination of 'waste' production in experimentally produced Levallois reduction sequences. *Journal of Archaeological Science*, 2013, 40 (5): 2384-2392.

Lyman R. L., O'Brien M. J. The goals of evolutionary archaeology: History and explanation. *Current Anthropology*, 1998, 39 (5): 615-652.

Madsen B., Goren-Inbar N. Acheulian giant core technology and beyond: An archaeological and experimental case study. *Eurasian Prehistory*, 2004, 2: 3-52.

Maher L. A., Richter T., Stock J. T. The Pre-Natufian Epipaleolithic: Long-term behavioral trends in the Levant. *Evolutionary Anthropology*, 2012, 21: 69-81.

Malone C. The Italian Neolithic: A synthesis of research. *Journal of World Prehistory*, 2003, 17 (3): 235-312.

Marks A. E., Bieho N., Zilhão J., et al. Upper Pleistocene prehistory in Portuguese Estremadura: Results of preliminary research. *Journal of Field Archaeology*, 1994, 21 (1): 53-68.

McBrearty S., Brooks A. The revolution that wasn't: A new interpretation of the origin of modern human behavior. *Journal of Human Evolution*, 2000, 39 (5): 453-563.

Mellars P. Major issues in the emergence of modern humans. *Current Anthropology*, 1989, 30 (37): 349-385.

Mellars P. Going east: New genetic and archaeological perspectives on the Modern Human colonization of Eurasia. *Science*, 2006, 313 (5788): 796-800.

Mishra S., Chauhan N., Singhvi A. K. Continuity of microblade technology in the Indian subcontinent since 45 ka: Implications for the dispersal of modern humans. *PLoS ONE*, 2013, 8 (7): e69280.

Mithen S. Evolutionary theory and post-processual archaeology. *Antiquity*, 1989, 63 (240): 483-494.

Mohapi M. Point morphology and the Middle Stone Age cultural sequence of Sibudu Cave, Kwazulu-Natal, South Africa. *The South African Archaeological Bulletin*, 2012, 67 (195): 5-15.

Moncel M. H., Ashton N., Lamotte A., et al. The Early Acheulian of north-western Europe. *Journal of Anthropological Archaeology*, 2015, 40: 302-331.

Moncel M. H., Santagata C., Pereira A., et al. A biface production older than 600 ka ago at Notarchirico (Southern Italy) contribution to understanding early Acheulean cognition and skills in Europe. *PLos ONE*, 2019, 14 (9): e0218591.

Moncel M. H., Santagata C., Pereira A., et al. The origin of early Acheulean expansion in Europe 700 ka ago: New findings at Notarchirico (Italy). *Scientific Reports*, 2020, 10: 13802.

Moore A. M. T. A four-stage sequence for the Levantine Neolithic, ca. 8500-3750 B. C. *Bulletin of the American Schools of Oriental Research*, 1982, 246: 1-34.

Mora R., De la Torre I., Percussion tools in Olduvai Beds I and II (Tanzania): Implications for early human activities. *Journal of Anthropological Archaeology*, 2005, 24 (2): 179-192.

Mosquera M., Ollé A., Rodríguez X. P. From Atapuerca to Europe: Tracing the earliest peopling of Europe. *Quaternary International*, 2013, 295: 130-137.

Mosquera M., Saladié P., Ollé A., et al. Barranc de la Boella (Canonja, Spain): An Acheulean elephant butchering site from the European late Early Pleistocene. *Journal of Quaternary Science*, 2015, 30 (7): 651-666.

Mourre V., Villa P., Henshilwood C. S. Early use of pressure flaking on lithic artifacts at Blombos Cave, South Africa. *Science*, 2010, 330: 659-662.

Movius H. Lower Paleolithic culture of Southern and Eastern Asia. *Transactions of the American Philosophical Society*, 1948, 38 (4): 329-420.

Moyano I. T., Barsky D., Cauche D., et al. The archaic stone tool industry from Barranco León and Fuente Nueva 3, (Orce, Spain): Evidence of the earliest hominin presence in southern Europe. *Quaternary International*, 2011, 243: 80-91.

Nian X. M., Gao X., Xie F., et. al. Chronology of The Youfang site and its implication for the emergence of microblade technology in North China. *Quaternary International*, 2014, 347 (1): 113-121.

Norton C. J., Bae K., Harris J. W. K., et al. Middle Pleistocene handaxes from the Korean peninsula. *Journal of Human Evolution*, 2006, 51 (5): 527-536.

O'Connell J. F. Ethnoarchaeology needs a general theory of behavior. *Journal of Archaeological Research*, 1995, 3 (3): 205-255.

O'Connor S., Maloney T., Vannieuwenhuyse D., et al. Occupation at Carpenters Gap 3, Windjana Gorge Kimberley, Western Australia. *Australian Archaeology*, 2014, 78 (1): 10-23.

Oda S., Keally C. T. The origin and early development of axe-like and edge-ground stone tools in the Japanese Palaeolithic. *Bulletin of the Indo-Pacific Prehistory Association*, 1992, 12 (1): 23-31.

Ohel M. Y. The Clactonian: An independent complex or an integral part of the Acheulean? [and Comments and Reply]. *Current Anthropology*. 1979, 20 (4): 685-726.

Ollé A., Mosquera M., Rodríguez-Alvarez X. P., et al. The Acheulean from Atapuerca: Three steps forward, one step back. *Quaternary International*, 2016, 411: 316-328.

Pappu S., Gunnell Y., Akhilesh K., et al. Early Pleistocene presence of Acheulian hominins in South India. *Science*, 2011, 331 (6024): 1596-1598.

Parfitt S. A., Barendregt R. W., Breda M., et al. The earliest record of human activity in northern Europe. *Nature*, 2005, 438 (7070): 1008-1012.

Parfitt S. A., Ashton N. M., Lewis S. G., et al. Early Pleistocene human occupation at the edge of the boreal zone in northwest Europe. *Nature*, 2010, 466 (7303): 229-233.

Pei S. W., Gao X., Feng X. W., et al. Lithic assemblage from the Jingshuiwan Paleolithic site of the early Late Pleistocene in the Three Gorges, China. *Quaternary International*, 2010, 211: 66-74.

Peng F., Wang H. M., Gao X. Blade production of Shuidonggou Locality 1 (Northwest China): A technological perspective. *Quaternary International*, 2014, 347: 12-20.

Peterson N. The Pestle and mortar: An ethnographic analogy for archaeology from Arnhem Land. *Mankind*, 1968, 6 (11): 567-570.

Petraglia M. D. The Lower Paleolithic of the Arabian Peninsula: occupations, adaptations, and dispersals. *Journal of World Prehistory*, 2003, 17 (2): 141-179.

Petraglia M. D., Alsharekh A. The Middle Paleolithic of Arabia: Implications for modern human origins, behavior and dispersals. *Antiquity*, 2003, 77 (298): 671-684.

Petraglia M. D., Shipton C. Large cutting tool variation west and east of the Movius Line. *Journal of Human Evolution*, 2008, 55 (6): 962-966.

Petraglia M., Clarkson C., Boivin N., et al. Population increase and environmental deterioration correspond with microlithic innovations in South Asia ca. 35, 000 years ago. *PNAS*, 2009, 106 (30): 12261-12266.

Petraglia M. D., Alsharekh A. M., Crassard R., et al. Middle Paleolithic occupation on a Marine Isotope Stage 5 lakeshore in the Nefud Desert, Saudi Arabia. *Quaternary Science Reviews*, 2011, 30 (13): 1555-1559.

Picin A., Peresani M., Falguères C., et al. San Bernardino Cave (Italy) and the appearance of Levallois technology in Europe: Results of a radiometric and technological reassessment. *PLoS ONE*, 2013, 8 (10): e76182.

Picin A. Technological adaptation and the emergence of Levallois in Central Europe: New insight from the Markkleeberg and Zwochau open-air sites in Germany. *Journal of Quaternary Science*, 2018, 33 (3): 300-312.

Pleurdeau D. Human technical behavior in the African Middle Stone Age: The lithic assemblage of Porc-Epic Cave (Dire Dawa, Ethiopia). The *African Archaeological Review*, 2005, 22 (4): 177-197.

Porat N., Chazan M., Grün R., et al. New radiometric ages for the Fauresmith industry from Kathu Pan, southern Africa: Implications for the Earlier to Middle Stone Age transition. *Journal of Archaeological Science*, 2010, 37 (2): 269-283.

Presnyakova D., Braun D. R., Conard N. J., et al. Site fragmentation, hominin mobility and LCT variability reflected in the early Acheulean record of the Okote Member, at Koobi Fora, Kenya. *Journal of Human Evolution*, 2018, 125: 159-180.

Price T. D. The Mesolithic of Western Europe. *Journal of World Prehistory*, 1987, 1 (3): 225-305.

Price T. D. The Mesolithic of Northern Europe. *Annual Review of Anthropology*, 1991, 20: 211-233.

Proffitt T. Is there a Developed Oldowan A at Olduvai Gorge? A diachronic analysis of the Oldowan in Bed I and Lower-Middle Bed II at Olduvai Gorge, Tanzania. *Journal of Human Evolution*, 2018, 120: 92-113.

Quade J., Levin N., Semaw S., et al. Paleoenvironments of the earliest stone toolmakers, Gona, Ethiopia. *Geological society of America Bulletin*, 2004, 116 (11-12): 1529-1544.

Quintero L. A., Wilke P. J. Evolution and economic significance of naviform core-and-blade technology in the Southern Levant. *Paléorient*, 1995, 21 (1): 17-33.

Renfrew C. *The Explanation of Cultural Change*: *Models in Prehistory*. New York: Duckworth, 1973.

Revedin A., Aranguren B., Becattini R., et al. Thirty thousand-year-old evidence of plant food processing. *PNAS*, 2010, 107 (44): 18815-18819.

Richter D., Tostevin G., Škrdla P. Bohunician technology and thermoluminescence dating of the type locality of Brno-Bohunice (Czech Republic). *Journal of Human Evolution*, 2008, 55: 871-885.

Rimantiene R. The Neolithic of the Eastern Baltic. *Journal of World Prehistory*, 1992, 6 (1): 97-143.

Robertson G., Attenbrow V., Hiscock P. Multiple uses for Australian backed artefacts. *Antiquity*, 2009, 83 (320): 296-308.

Roche H., Delagnes A., Brugal J. P., et al. Early hominid stone tool production and technical skill 2.34 Myr ago in West Turkana, Kenya. *Nature*, 1999, 399 (6731): 57-60.

Roebroeks W., Kolfschoten T. *The Earliest Occupation of Europe*. Leiden: University of Leiden and European Science Foundation, 1995.

Roussel M., Soressi M., Hublin J. J. The Châtelperronian conundrum: Blade and bladelet lithic technologies from Quinçay, France. *Journal of Human Evolution*, 2016, 95: 13-32.

Rui X., Zhang J. F., Hou Y. M., et al. Feldspar multi-elevated-temperature post-IR IRSL dating of the Wulanmulun Paleolithic site and its implication. *Quaternary Geochronology*, 2015, 30: 438-444.

Sackett J. R. The meaning of style in archaeology: A general model. *American Antiquity*, 1977, 42 (3): 369-380.

Sackett J. R. Approaches to style in lithic archaeology. *Journal of Anthropological Archaeology*, 1982, (1): 59-112.

Saragusti, I., Goren-Inbar, N. The biface assemblage from Gesher Benot Ya'aqov, Israel: illuminating patterns in "Out of Africa" dispersal. *Quaternary International*, 2001, 75: 85-89.

Scarre C. *The Human Past*: *World Prehistory & the Development of Human Societies* (*Third Edition*), Thames & Hudson, 2013.

Scerri E. M. L., Shipton C., Clark-Balzan L., et al. The expansion of later Acheulean hominins into the Arabian Peninsula. *Scientific Reports*, 2018, 8 (1): 1-9.

Schick K., Toth N. *Making Silent Stones Speak*: *Human Evolution and the Dawn of Technology*. New York: Simon and Schuster, 1994: 130-133.

Schmidt I. Beyond Solutrean point types. *Journal of Anthropological research*, 2015, 71 (4): 493-508.

Schmidt P., Porraz G., Slodczyk A., et al. Heat treatment in the South African Middle Stone Age: Temperature induced transformations of silcrete and their technological implications. *Journal of Archaeological Science*, 2013, 40: 3519-3531.

Schmidt P., Bellot-Gurlet L., Floss H. The unique Solutrean laurel-leaf points of Volgu: Heat-treated or not?. *Antiquity*, 2018, 92 (363): 587-602.

Sekiya A. Ground-stone axes in the upper Paleolithic of Japan, archaeology. *Ethnology and Anthropology of Eurasia*, 2006, 28 (1): 58-62.

Semaw S., Renne P., Harris J. W. K., et al. 2.5-million-year-old stone tools from Gona, Ethiopia. *Nature*, 1997, 385 (6614): 333-336.

Semaw S. The world's oldest stone artefacts from Gona, Ethiopia: Their implications for understanding stone technology and patterns of human evolution between 2.6-1.5 million years ago. *Journal of Archaeological*

Science, 2000, 27 (12): 1197-1214.

Serangeli J., Conard N. J. The behavioral and cultural stratigraphic contexts of the lithic assemblages from Schöningen. *Journal of Human Evolution*, 2015, 89: 287-297.

Sharon G. The impact of raw material on Acheulian large flake production. *Journal of Archaeological Science*, 2008, 35 (5): 1329-1344.

Sharon G. Acheulian giant cores technology: A worldwide perspective. *Current Anthropology*, 2009, 50 (3): 335-367.

Sharon G. Large flake Acheulian. *Quaternary International*, 2010, 223-224: 226-233.

Sharon G., Barsky D. The emergence of the Acheulian in Europe- A look from the east. *Quaternary International*, 2016, 411: 25-33.

Shea J. J. The Middle Paleolithic of the East Mediterranean Levant. *Journal of World Prehistory*, 2003, 17 (4): 313-394.

Shea J. J. The origins of lithic projectile point technology: Evidence from Africa, the Levant and Europe. *Journal of Archaeological Science*, 2006, 33: 823-846.

Shea J. J. The Middle Stone Age archaeology of the Lower Omo Valley Kibish Formation: Excavations, lithic assemblages, and inferred patterns of early Homo sapiens behavior. *Journal of Human Evolution*, 2008, 55 (3): 448-485.

Shea J. J. Lithic Modes A-I: A new framework for describing global-scale variation in stone tool technology illustrated with evidence from the east Mediterranean Levant. *Journal of Archaeological Method and Theory*, 2013, 20 (1): 151-186.

Sheets P. D., Muto G. R. Pressure blades and total cutting edge: An experiment in lithic technology. *Science*, 1972, 175 (4022): 632-634.

Shen G. J., Gao X., Granger, D. E. Age of Zhoukoudian *Homo erectus* determined with Al/Be burial dating. *Nature*, 2009, 458 (7235): 198-200.

Shennan S. Evolution in Archaeology. *Annual Review of Anthropology*, 2008, 37: 75-91.

Shimelmitz R., Barkai R., Gopher A. The geometric kebaran microlithic assemblage of Ain Miri, Northern Israel. *Paléorient*, 2004, 30 (2): 127-140.

Shimelmitz R., Barkai R., Gopher A. Systematic blade production at late Lower Paleolithic (400-200Kyr) Qesem Cave, Israel. *Journal of Human Evolution*, 2011, 61 (4): 458-479.

Shipton C. Biface knapping skill in the East African Acheulean: progressive trends and random walks. *African Archaeological Review*, 2018, 35 (1): 107-131.

Simanjuntak T., Semah F., Gaillard C. The Paleolithic in Indonesia: Nature and chronology. *Quaternary International*, 2010, 223-224: 418-421.

Sinclair A. The technique as a symbol in Late Glacial Europe. *World Archaeology*, 1995, 27 (1): 50-62.

Singer R., Wymer J. J., Gladfelter B. G., et al. Excavations of the Clactonian industry at the Golf Course, Clacton-on Sea, Essex. *Proceedings of the Prehistoric Society*, 1973, 39: 6-74.

Sisk M., Shea J. Experimental use and quantitative performance analysis of triangular flakes (Levallois points) used as arrowheads. Journal of Archaeological Science, 2009, 36 (9): 2039-2047.

Song Y. H., Cohen D. J., Shi J. M., et. al. Environmental reconstruction and dating of Shizitan 29, Shanxi Province: An early microblade site in north China. *Journal of Archaeological Science*, 2017, 79 (3): 19-35.

Soriano S., Villa P., Wadley L. Blade technology and tool forms in the Middle Stone Age of South Africa: The Howiesons Poort and post-Howiesons Poort at Rose Cottage Cave. *Journal of Archaeological Science*, 2007, 34: 681-703.

Soriano S., Villa P. Early Levallois and the beginning of the Middle Paleolithic in central Italy. *PLoS ONE*. 2017, 12 (10): e0186082.

Straus L. G. Solutrean settlement of North America? A review of reality. *American Antiquity*, 2000, 65 (2): 219-226.

Straus L. G. The Late Upper Paleolithic-Mesolithic-Neolithic transitions in Cantabrian Spain. *Journal of Anthropological Research*, 2009, 65 (2): 287-298.

Surovell T. A. *Toward a Behavioral Ecology of Lithic Technology*: *Cases from Paleoindian Archaeology*. Tucson: University of Arizona Press, 2009.

Svoboda J. Middle Pleistocene adaptations in central Europe. *Journal of World Prehistory*, 1989, 3: 33-70.

Takashi T. MIS3 edge-ground axes and arrival of the first Homo sapiens in the Japanese archipelago. *Quaternary International*, 2012, 248: 70-78.

Telegin D. J. Neolithic Cultures of the Ukraine and adjacent areas and their chronology. *Journal of World Prehistory*, 1987, 1 (3): 307-331.

Teyssandier N. Revolution or evolution: The emergence of the Upper Paleolithic in Europe. *World Archaeology*, 2008, 40 (4): 493-519.

Thiébaut C., Mourre V., Chalard P., et al. Lithic technology of the final Mousterian on both sides of the Pyrenees. *Quaternary International*, 2012, 247: 182-198.

Tixier, J. *Typologie de l'Epipaléolithique du Maghreb*. C.R.A.P.E., 1963.

Toth, N. The Oldowan Reassessed: A close look at early stone artifacts. *Journal of Archaeological Science*, 1985, 12, (2): 101-120.

Toth N., Schick K. Why did the Acheulean happen? Experimental studies into the manufacture and function of Acheulean artifacts. *L'Anthropologie*, 2019, 123 (4-5): 724-768.

Tostevin G. B. *Seeing Lithics*: *A Middle-range Theory for Testing for Cultural Transmission in the Pleistocene*. Oxford: Oxbow Books, 2012.

Tryon C. A., McBrearty S., Texier P. J. Levallois lithic technology from the Kapthurin formation, Kenya: Achelian origin and Middle Stone Age diversity. *African Archaeological Review*, 2005, 22 (4): 199-229.

Tryon C. A. "Early" Middle Stone Age lithic technology of the Kapthurin Formation (Kenya). *Current Anthropology*, 2006, 47 (2): 367-375.

Tryon C. A., Faith, J. T. Variability in the Middle Stone Age of Eastern Africa. *Current Anthropology*, 2013, 54 (S8): S234-S254.

Valladas H., Mercier N., Hershkovitz I., et al. Dating the lower to Middle Paleolithic transition in the Levant: A view from Misliya Cave, Mount Carmel, Israel. *Journal of Human Evolution*, 2013, 65 (5): 585-593.

Vallverdu J., Saladie P., Rosas A. Age and date for early arrival of the Acheulian in Europe (Barranc de la Boella, la Canonja, Spain). *PLos ONE*, 2014, 9 (7): e103634.

Villa P., Delagnes A., Wadley L. A late Middle Stone Age artifact assemblage from Sibudu (KwaZulu-Natal): comparisons with the European Middle Paleolithic. *Journal of Archaeological Science*, 2005, 32: 399-422.

Villa P., Soriano S., Teyssandier N., et al. The Howiesons Poort and MSA Ⅲ at Klasies River main site, Cave

1A. *Journal of Archaeological Science*, 2010, 37 (3): 630-655.

Villa P., Soressi M., Henshilwood C. S., et al. The Still Bay points of Blombos Cave (South Africa). *Journal of Archaeological Science*, 2009, 36 (2): 441-460.

Wadley L. Announcing a Still Bay Industry at Sibudu Cave, South Africa. *Journal of Human Evolution*, 2007, 52 (6): 681-689.

Wadley L., Mohapi M. A segment is not a monolith: Evidence from the Howiesons Poort of Sibudu, South Africa. *Journal of Archaeological Science*, 2008, 35 (9): 2594-2605.

Wallace I. J., Shea J. J. Mobility patterns and core technologies in the Middle Paleolithic of the Levant. *Journal of Archaeological Science*, 2006, 33: 1293-1309.

Wang H. Q., Deng C. L. Zhu R. X., et al. Magnetostratigraphic dating of the Donggutuo and Maliang Paleolithic sites in the Nihewan Basin, North China. *Quaternary Research*, 2005, 64 (1): 1-11.

Wang W., Bae C. J., Huang S., M., et al. Middle Pleistocene bifaces from Fenshudao (Bose Basin, Guangxi, China). *Journal of Human Evolution*, 2014, 69: 110-122.

Webb J., Domanski M. Fire and stone. *Science*, 2009, 325 (5942): 820-821.

Wenban-Smith F. F. The use of canonical variates for determination of biface manufacturing technology at Boxgrove Lower Paleolithic site and the behavioural implications of this technology. *Journal of Archaeological Science*, 1989, 16 (1): 17-26.

Weinstein-Evron M., Bar-Oz G., Tastskin A., et al. Introducing Misliya Cave, Mount Carmel, Israel: A new continuous Lower/Middle Paleolithic sequence in the Levant. *Eurasian Prehistory*, 2003, 1 (1): 31-35.

White M. J. Raw materials and biface variability in southern Britain: A preliminary examination. *Lithics*, 1995, 15: 1-20.

White M. J. The Clactonian question: On the interpretation of core-and-flake assemblages in the British Lower Paleolithic. *Journal of World Prehistory*, 2000, 14 (1): 1-63.

White M. J., Schreve D. C. Insular Britain-Peninsula Britain: Palaeogeography, colonization and settlement history of Lower Palaeolithic Britain. *Proceedings of the Prehistory Society*, 2000, 66: 1-28.

White M. J., Ashton N. Lower Paleolithic core technology and the origins of the Levallois method in Northwestern Europe. *Current Anthropology*, 2003, 44 (4): 598-608.

White M. J., Pettitt P. B. The British late Middle Palaeolithic: An interpretative synthesis of Neanderthal occupation at the north-western edge of the Pleistocene world. *Journal of World Prehistory*, 2011, 24 (1): 25-97.

Wiessner P. Style and social information in Kalahari San projectile pints. *American Antiquity*, 1983, 48: 253-276.

Wilkins J., Chazan M. Blade production ~ 500 thousand years ago at Kathu Pan 1, South Africa: Support for a multiple origins hypothesis for early Middle Pleistocene blade technologies. *Journal of Archaeological Science*, 2012, 39 (6): 1883-1900.

Wojtczak D. Rethinking the Hummalian industry. *L'Anthropologie*, 2015, 119 (5): 610-658.

Wojtczak D. Cores on flakes and bladelet production, a question of recycling? The perspective from the Hummalian industry of Hummal, Central Syria. *Quaternary International*, 2015, 361: 155-177.

Wright K. The origins and development of ground stone assemblages in Late Pleistocene southwest Asia. *Paléorient*, 1991, 17 (1): 19-45.

Wright K. A classification system for ground stone tools from the prehistoric Levant. *Paléorient*, 1992, 18 (2): 53-81.

Wurz S. Technological Trends in the Middle Stone Age of South Africa between MIS7 and MIS3. *Current Anthropology*, 2013, 54 (8): 305-319.

Wymer J. *The Palaeolithic Age*. London: Croom Helm Ltd, 1982.

Yamaoka T. Transitions in the Early Upper Palaeolithic: an examination of lithic assemblages on the Musashino Upland, Tokyo, Japan. *Asian Perspective* S (Honolulu), 2010, 49 (2): 251-278.

Yang S. X., Huang W. W., Hou Y. M., et al. Is the Dingcun lithic assembly a "chopper-chopping tool industry", or "Late Acheulian"?. *Quaternary International*, 2014, 321: 3-11.

Yang S. X., Hou Y. M., Yue J. P., et al. The lithic assemblage of Xiaochangliang, Nihewan Basin: Implications for Early Pleistocene hominin behavior in North China. PLoS ONE, 2016, 11 (5): e0155793.

Yang S. X., Petraglia M. D., Hou Y. M., et al. The lithic assemblage of Donggutuo, Nihewan basin: Knapping skills of Early Pleistocene hominins in North China. *PLoS ONE*, 2017, 12 (9): e0185101.

Yang S. X., Zhang Y. X., Li Y. Q., et al. Environmental change and raw material selection strategies at Taoshan: a terminal Late Pleistocene to Holocene site in north-eastern China. *Journal of Quaternary Science*, 2017, 32 (5): 553-563.

Yaroshevich A., Nadel D., Tsatskin A. Composite projectiles and hafting technologies at Ohalo II (23 ka, Israel): Analyses of impact fractures, morphometric characteristics and adhesive remains on microlithic tools. *Journal of Archaeological Science*, 2013, 40 (11): 4009-4023.

Yerkes R. W., Barkai R. Tree-Felling, woodworking, and changing perceptions of the Landscape during the Neolithic and Chalcolithic periods in the Southern Levant. *Current Anthropology*, 2013, 54 (2): 222-231.

Yue J. P., Li Y. Q., Zhang Y. X., et al. Lithic raw material economy at the Huayang site in Northeast China: Localization and diversification as adaptive strategies in the Late Glacial. *Archaeological and Anthropological Sciences*, 2020, 12 (6): 107.

Zhang J. F., Wang X. Q., Qiu W. L., et al. The paleolithic site of Longwangchan in the middle Yellow River, China: Chronology, paleoenvironment and implications. *Journal of Archaeological Science*, 2011, 38 (7): 1527-1550.

Zhang X. L., Ha B. B., Wang S. J., et al. The earliest human occupation of the high-altitude Tibetan Plateau 40 thousand to 30 thousand years ago. *Science*, 2018, 362: 1049-1051.

Zhao C., Wang Y. P., Gu W. F., et al. The emergence of early microblade technology in the hinterland of North China: A case study based on the Xishi and Dongshi site in Henan Province. *Archaeological and Anthropological Sciences*, 2021, 13 (6): 98.

Zhu R. X., Hoffman K. A., Potts R., et al. Earliest presence of humans in northeast Asia. *Nature*, 2001, 413 (6854): 413-417.

Zhu R. X., Potts R., Xie F., et al. New evidence on the earliest human presence at high northern latitudes in northeast Asia. *Nature*, 2004, 431 (7008): 559-562.

Zhu Z. Z., Dennell R., Huang W. W., et al. Hominin occupation of the Chinese Loess Plateau since about 2.1 million years ago. *Nature*, 2018, 559 (7715): 608-612.

Zwyns N., Rybin E., Hublin J., Derevianko A. Burin-core technology and laminar reduction sequences in the initial Upper Paleolithic from Kara-Bom (Gorny-Altai, Siberia). *Quaternary International*, 2012, 259: 33-47.

后　　记

本书是我2016～2021年完成的国家社科基金青年项目"旧石器时代旧大陆东西方人类技术比较研究"（项目编号16CKG004）的最终成果，也可算作过去十年我在旧石器考古研究领域研究探索的阶段性总结，同时也是我个人正式出版的第一本学术专著。本书的选题与研究得到导师王幼平教授的热心鼓励和悉心指导。恩师的学术思想一直深刻影响和指引着我的学术研究，并不断鼓励我在旧石器时代考古领域探索前行！

2005～2015年我在郑州大学历史学院与北京大学考古文博学院求学期间，先后参与了河南新密李家沟遗址、河南郑州老奶奶庙遗址、河南登封东施遗址、河南登封方家沟遗址的考古发掘与研究工作，并多次参与郑州地区旧石器考古调查，为本研究的开展奠定了坚实的学术基础，并提供了广阔的创作思想。在此过程中我得到了郑州大学历史学院韩国河教授、张国硕教授、靳松安教授、郜向平教授等多位老师，以及北京大学考古文博学院赵辉教授、黄蕴平教授、雷兴山教授、何嘉宁教授等多位老师的关心和指导，恕不能逐一记名致谢。同时感谢郑州市文物考古研究院顾万发研究员、汪松枝老师等的指导和帮助。当然最为感谢的还是我的硕士导师张松林研究员与博士导师王幼平教授对我的谆谆教诲！

2015年我入职首都师范大学历史学院，从事旧石器时代考古教学与研究工作。学院郝春文教授、袁广阔教授、雷兴山教授、刘屹教授、钱益汇教授、王涛教授、夏继果教授、姚百慧教授、陈志坚教授、李永斌教授、王铭教授、董增刚书记、寇志刚副院长等领导和同事都给我的教学、研究工作提供了宝贵的教益与巨大的支持。学院考古学专业刘云飞、赵云啸、陈思奇、田朵朵、杨珺玉、苑晓亮等研究生为我的研究提供了持续的协助。

2018年以来我多次参与了青海省、黑龙江省海浪河流域、北京市延庆区等的史前考古调查与研究工作，这些田野工作大大拓展了我对旧大陆东部史前人类石器技术演化的认识，为本书的写作增添了源源不断的思想活力。多次野外工作过程中，青海师范大学侯光良教授及团队成员兰措卓玛教授、陈晓良博士、高靖易博士、金孙梅博士等，黑龙江省文物考古研究所李有骞研究员，北京市文物研究所于璞研究员等学者的治学思想使我受益良多。

2019～2020年我在哈佛大学人类学系访学期间聆听了Rowan K. Flad教授与Amy E. Clark教授等的多门课程，并查阅了相关考古文献。哈佛大学访学期间的交流与思考将本书的理论探究推向深入，并进一步促进了本书相关资料的搜集工作。

　　长期以来，我在与旧石器考古学界的多位先生的交流过程中不断吸取营养。高星研究员、陈全家教授、陈淳教授、谢飞研究员、石金鸣研究员、王社江研究员、杜水生教授、李超荣研究员、王益人研究员、高峰研究员、裴树文研究员、陈胜前教授、梅惠杰教授、宋艳花教授、赵海龙教授、张东菊教授、陈虹教授、关莹研究员、张晓凌研究员、王法岗研究员、李意愿研究员、李锋教授、张兴龙研究员、任海云研究员、李浩研究员、杨石霞研究员、阮齐军研究员、李昱龙研究员、赵潮博士、林壹博士、李文成博士等专家学者与我的各种交流都潜移默化地推动了本书的完成。此外，我曾就本书中涉及的一些学术问题请教过Ofer Bar-Yosef教授与Nicholas J. Conard教授，受益颇多。

　　本书的部分内容曾在《考古》《人类学学报》《中原文物》《华夏考古》《南方文物》《北方文物》等刊物发表。这些期刊对我的阶段性研究成果的发表不断鼓励和促进了本书的创作与完成。同时，国家社科基金结项过程中5位匿名评审专家提出了很多切实可行且具有建设性的修改意见。本书在最终出版过程中，科学出版社王琳玮女士为本书正式编辑出版花费大量精力，并增色不少。

　　我的夫人曲彤丽同时也是我一直以来的研究合作者，本书的多个章节中都蕴含着她的学术贡献，她对我的默默支持与鼓励更是我完成本书的重要动力来源！

　　谨向以上诸位表示衷心感谢！